Jane Roberts
Das Seth-Phänomen

JANE ROBERTS

Das Seth-Phänomen

Die unbekannten Dimensionen unserer Seele

Aus dem Amerikanischen von
Susanne Kahn-Ackermann

Goldmann Verlag

Originaltitel: Adventures in Consciousness
Originalverlag: Prentice Hall, New York
Deutsche Erstausgabe

Der Goldmann Verlag
ist ein Unternehmen der Verlagsgruppe Bertelsmann

Made in Germany · 9/91 · 1. Auflage

Umschlaggestaltung: Design Team München
Umschlagfoto: ZEFA-Keresztes, Düsseldorf
Satz: Uhl + Massopust, Aalen
Druck: May + Co, Darmstadt
Redaktion: Gundel Ruschill
DvW · Herstellung: Gisela Rudolph
ISBN 3-442-11897-2

Inhalt

Vorwort

Ich weiß nicht, wie viele Stunden ich in den letzten zehn Jahren in den verschiedensten Trancezuständen verbracht habe. Mindestens zweimal die Woche änderte mein Bewußtseinsfokus seine gewohnte Richtung, und ich sprach für eine Persönlichkeit namens Seth, die hellsichtig ist, Bücher schreibt, sich mit großem Verständnis Menschen zuwendet und auf sie eingeht und andere Eigenschaften, als ich sie habe, an den Tag legt.

1972 bahnte sich eine völlig neue Entwicklung in meinem Leben an. Ich entdeckte viele neue Bewußtseinsebenen, die jeweils ganz unterschiedlich waren und für mich eine eigene Art von Wahrnehmung und Erfahrung bedeuteten. Manche lieferten mir auch exzellente kreative Produkte. Doch nirgendwo, weder in den Theorien der Vergangenheit noch jenen der Gegenwart, konnte ich eine akzeptable Erklärung für meine persönlichen Erfahrungen entdekken. Sie waren relativ einzigartig, intensiv und außergewöhnlich genug, um mich nach eigenen Antworten suchen und sie auch finden zu lassen.

Dieses Buch erzählt die Geschichte einiger dieser Ereignisse und gibt eine Einführung in das, was ich Aspekt-Psychologie nenne. Sie bietet einen theoretischen Bezugsrahmen, mit dessen Hilfe bis dato geleugnete psychische und mediale Elemente des Lebens als angemessene, nützliche und natürliche Bedingungen und Zustände unseres Bewußtseins betrachtet werden können.

Eine solche Theorie scheint bitter nötig. Die an mich gerichteten Briefe zeigen mir, daß viele Menschen in Schwierigkeiten geraten, wenn sie versuchen, ihre medialen Erfahrungen zu verstehen. Diejenigen, die neugierig genug sind, ihrem Bewußtsein ein ungewöhnliches Maß an Freiheit einzuräumen, werden von Psychologen oft als »emotional gestört« abgestempelt oder im Licht religiöser Glaubensvorstellungen als »besessen« stigmatisiert.

Seit einigen Jahren arbeite ich nun auch mit einer Gruppe von Menschen, meinen Schülerinnen und Schülern, die sich mit mir zusammen auf Bewußtseinsabenteuer einlassen. Wir nehmen uns die Freiheit, die Realität des Augenblicks so wahrzunehmen, wie sie durch die Linse anderer, wechselnder Bewußtseinszustände in Erscheinung tritt. Und weil meine Erfahrungen und die meiner Schüler und Leser so viele Fragen aufwarfen, begann ich mit der Entwicklung der Aspekt-Psychologie.

Sogenannte mediale Ereignisse werden im Rahmen des ganz normalen Lebens erfahren; sie sind Bestandteil davon. Nur weil uns beigebracht wurde, sie als »unnormal« zu sehen, erscheinen sie uns oft so unnatürlich, seltsam und außergewöhnlich. Die Aspekt-Psychologie ist ein Versuch, unsere medialen Fähigkeiten mit unserem »gewöhnlichen« psychisch-emotionalen Verhalten in Einklang zu bringen und vor allem unsere Vorstellung von der Natur der Persönlichkeit zu erweitern.

Jede psychologische Theorie muß, soll sie zu Recht als solche bezeichnet werden, alle unsere psychisch wesentlichen und gültigen Erfahrungen erfassen können, gleich ob sie in unsere konventionellen Vorstellungen über die Eigenschaften und Merkmale des Bewußtseins passen oder nicht. Die Aspekt-Psychologie betrachtet präkognitive Träume, außerkörperliche Erfahrungen, Offenbarungen, Bewußtseinsveränderungen, Gipfelerlebnisse, mediale Kommunikation in Trance und andere psychische und mediale Phänomene, die beim Menschen auftreten können, als normal.

Ich glaube nicht an gute und böse Geister, Dämonen, Besessenheit oder die Macht des Bösen, wie sie gewöhnlich in der christlichen Lehre, in Spiritualismus und Gnostizismus oder irgendeinem anderen »Ismus« beschrieben werden. Ich bin auch entsetzt darüber, daß einige Erforscher des »Paranormalen« oder »Medialen« ohne Skrupel von boshaften Geistern sprechen, die angeblich die

Seelen »rechtschaffener Verstorbener« personifizieren, den Zeiger des Ouija-Bretts bewegen, bei automatisch Schreibenden die Feder führen oder einfach darauf lauern, dem Arglosen auf alle mögliche Weise nachzustellen.

Und doch hat die konventionelle Psychologie bislang keine akzeptablen Erklärungen für solche Persönlichkeiten wie Seth, für Trance-Persönlichkeiten im allgemeinen, für automatisches Sprechen oder Schreiben oder ähnliche Phänomene gefunden. Die Aspekt-Psychologie bietet hier zumindest einen Bezugsrahmen an, innerhalb dessen solche Erfahrungen als psychisch gültig und *per se* weder als gut noch schlecht betrachtet werden, sondern als Ausdruck für das Bemühen der Persönlichkeit, mit ihrer spirituellen und kreatürlichen Natur zu Rande zu kommen.

Die Aspekt-Psychologie beginnt mit dem Gedanken, daß das menschliche Bewußtsein mobil, im Körper fokussiert, aber, abgesehen vom dreidimensionierten Leben, nicht von ihm abhängig ist. Dieser Gedanke ist für mich keine theoretische Annahme, sondern Teil meiner Erfahrung und somit eine menschliche Eigenschaft. Die Theorie gründet sich fest auf die wesentliche Bedeutung sowohl unserer Kreatürlichkeit wie auch unserer Spiritualität. Ich untersuche zunächst die Grundkomponenten der Persönlichkeit, die ich als Aspekte eines größeren, weitgehend unbekannten Selbst, der Quelle unseres physischen Seins, betrachte. So wie Freud dachte, daß verbale »Schnitzer« oder Versprecher Hinweise auf unbewußte Bereiche der Persönlichkeit gäben, so meine ich, daß die verschiedenen Aspekte unserer Persönlichkeit auf unsere noch unentdeckten Fähigkeiten deuten, daß unsere medialen und kreativen Erfahrungen auf ein verborgenes, multidimensionales Selbst verweisen.

Der zweite Teil dieses Buches ist intuitiv entstanden. Vieles davon erhielt ich in veränderten Bewußtseinszuständen. Er schrieb sich sozusagen von allein. Für mich stellt es jedoch ein – auch im wahren Sinn des Wortes – wissenschaftliches Konstrukt dar, und zwar insofern, als ich mich des besten Forschungsinstruments zur Untersuchung des Bewußtseins bediente – des Bewußtseins selbst. Ich mache mir unterschiedliche Gewahrseinsebenen zunutze, um die Natur der Psyche und ihrer Realität zu erkunden. Das Ziel wird ganz bewußt im normalen Bewußtseinszustand festgesetzt, und dann programmiere ich mich selbst zu einer Reise in andere Teile der Persönlichkeit, betrachte die »Realität« aus ihrer Perspektive und mit der ihnen eigenen Art der Wahrnehmung.

Für die Entwicklung der Aspekt-Psychologie habe ich auch mein eigenes Trance-Material herangezogen, von meiner Seite des Bewußtseins aus Seths Realität erforscht, so wie sie in meiner Erfahrung und in seinem Verhalten und seinen Schriften in Erscheinung tritt. Bislang hat Seth zwei Bücher produziert: *Gespräche mit Seth – Von der ewigen Gültigkeit der Seele* und *Die Natur der persönlichen Realität.* Kürzlich begann er mit seinem dritten Buch: *Seth und die Wirklichkeit der Psyche – Unbekannte Realität.**

Diese »Seth-Ebene« erweiterte sich um zwei Bewußtseinszustände, die ich Seth Zwei und Drei nenne, wobei ich letztere Ebene erst zweimal erreicht habe. Die Sumari-Entwicklung, die meinen Wahrnehmungsbereich noch weiter ausdehnte, begann 1972. Sie umfaßt ebenfalls verschiedene Zustände veränderten Bewußtseins, die in dieses Buch und in die Aspekt-Psychologie Eingang fanden, mir gleichzeitig (glücklicherweise!) das notwendige Material dazu lieferten.

Die Erlebnisse an unseren Gruppenabenden versorgten mich mit zusätzlichen »inoffiziellen« Ereignissen. Es geschahen Dinge, die nach offiziellen oder konventionellen Vorstellungen von unserer Realität gar nicht geschehen konnten, so zum Beispiel »reinkarnative« Begegnungen, das Sehen von »Erscheinungen« und andere Begebenheiten. Auch diese Erlebnisse brachten mich dazu, die Natur von Ereignissen und ihrer Wahrnehmung auf eine Weise zu erforschen, wie ich sie noch vor wenigen Jahren nicht für möglich gehalten hätte.

Ein intuitives Schauen nach innen mag uns die Realität der Persönlichkeit sehr viel unverstellter und genauer erkennen lassen als jede objektive Theorie, die sich mit Fallstudien befaßt oder die psychische Befindlichkeit anderer Menschen von einem distanzierten Standpunkt aus betrachtet, geleitet von naturwissenschaftlich

* Alle hier und im weiteren *deutsch* angeführten Jane-Roberts-Titel sind bereits beim Goldmann Verlag, München, erschienen; Anm. d. Red.

und kulturell angepaßten Denkstrukturen und nicht vom tieferen Urquell der Psyche.

Wie empfinden diese Aspekte der inneren Ebenen des Selbst ihre eigene Realität? Wie sehen sie unser veräußerlichtes Leben? Da unsere individuellen Erfahrungen von diesen inneren Aspekten des Selbst herrühren, sollten sie zumindest angehört werden. Denn unsere intellektuell begründeten Theorien heben jene Teile unserer Persönlichkeit hervor, die uns am vertrautesten sind, und ignorieren jene Ebenen tieferer Erfahrung, die sie mit ihren Mitteln allein nicht erreichen können.

Wenn Sie objektive wissenschaftliche Daten erhalten wollen, dann arbeiten Sie mit dem Teil des Bewußtseins, der die äußeren Phänomene analysiert. Wenn Sie nach Antworten zur inneren Natur der Persönlichkeit suchen, dann müssen Sie mit jenen Seiten des Bewußtseins arbeiten, die mit der Psyche am vertrautesten sind.

Meine persönlichen Erfahrungen sind zwar relativ ungewöhnlich, unterscheiden sich aber nur in Qualität und Intensität von den Erfahrungen anderer. Jeder Mann oder jede Frau spürt in sich gelegentlich ein größeres Selbst, hat plötzlich eine Inspiration oder wird von einem Traum oder einer Vorahnung überrascht, die »wahr wird«. Viele Menschen machen erstaunliche, scheinbar unerklärliche mediale Erfahrungen. Oft gehören derartige Ereignisse dann zu den bedeutsamsten und intensivsten Erinnerungen eines Lebens, bleiben aber inoffizielle Ereignisse, die nicht geleugnet, aber auch nicht erklärt werden können, ähnlich wie der zu häufige Gebrauch von Partizipien im besten Fall Hinweis auf einen schlechten sprachlichen Ausdruck ist.

Ich hoffe, daß dieses Buch nicht nur eine Einführung in die Aspekt-Psychologie darstellt, sondern auch zeigt, was sie *impliziert*. Denn meine Schreibmethode schließt veränderte Bewußtseinszustände ein, und das Aspekte-Konzept kam mir eines Nachts als eine dieser Eingebungen sprichwörtlich aus heiterem Himmel.

Mit dieser Theorie läßt sich arbeiten. Sie hilft uns, uns selbst besser zu verstehen, oder liefert zumindest einen Bezugsrahmen, innerhalb dessen wir *alle* unsere Erfahrungen akzeptieren und betrachten können, nicht nur jene, welche von den orthodoxen Wissenschaften als respektabel erachtet werden. Ich biete diese Theorie nicht als *die* Wahrheit an, sondern nur als eine ausgezeichnete Methode, die Wahrheit über uns selbst zu entdecken; als ein Diagramm der Psyche, das sich jeder Mensch zunutze machen kann; als eine alternative Landkarte der Realität, der folgen kann, wer will. Denn wir alle befinden uns auf einer Pilgerreise. Ich hoffe, daß uns dieses Buch eine klarere Vorstellung von den Spielregeln und vom Wesen dieser Reise vermittelt.

JANE ROBERTS
Elmira. N.Y.

Teil 1

Abenteuer

1
Ein Gruppenabend, der zu weit ging. Seth und Bewußtseinsveränderungen

Ihren Anfang nahm die der Entstehung der Aspekt-Psychologie vorausgehende Geschichte mit einer Reihe von Ereignissen, die ich weder ignorieren noch zu meiner Zufriedenheit erklären konnte, die mich intuitiv faszinierten und intellektuell schockierten. Ich gebe das gern offen zu, denn es war meine unablässige Fragerei, die mich schließlich alles, was sich in meinem Kurs für Bewußtseinserweiterung ereignete, festhalten ließ, in Notizen, auf die ich nun bei der Arbeit an diesem Buch zurückgreifen kann.

Für mich stellte der Gruppenabend vom 21. Juni 1971 einen Wendepunkt dar. Wir hatten es nicht mit Experimenten in wissenschaftlichem Sinn zu tun, die sich in der einen oder anderen Weise überprüfen lassen. Vielmehr waren wir mit überaus ungewöhnlichen Ereignissen psychischer Natur konfrontiert. Entweder handelte es sich dabei um außersinnliche Wahrnehmungen oder um kollektiv hervorgerufene Halluzinationen – oder die Phänomene waren in einem merkwürdigen Bereich irgendwo zwischen diesen beiden Kategorien angesiedelt.

Ich bin eine eher zurückhaltende Person. Im ersten Jahr meiner Kursabende habe ich mich auf keine Seth-Trance eingelassen, heute aber machen mir solche spontanen Sitzungen Spaß. Hier sitze ich und bin ich selbst, und im nächsten Moment spüre ich diese Öffnung, einer psychischen Tür vergleichbar, gehe hindurch und werde Seth. Meine Realität ordnet sich in eine andere ein, ein Wechseln, ein Austauschen vollzieht sich. Ich trete beiseite, begebe mich in eine unsichtbare Warteposition, und Seth ist dort, wo ich war.

An jenem Abend war die Gruppe relativ klein; etwa fünfzehn Personen waren anwesend. Seth kam schon bald nach Beginn durch und führte die Teilnehmer durch eine Übung in Bewußtseinsveränderung. Meine Stimme wird, wenn ich für ihn spreche, oft sehr tief und gelegentlich auch sehr laut, was für Menschen, die an leise und gesetzt sprechende »Geistführer« gewöhnt sind, ein ziemlicher Schock sein kann.

An den vorangegangenen Kursabenden hatte Seth den verschiedenen Bewußtseinsebenen unterschiedliche Bezeichnungen gegeben; willkürliche Benennungen, die uns lediglich helfen sollten, die mit diesen Ebenen verbundenen unterschiedlichen subjektiven Bewußtseinszustände präziser auszumachen. Jede dieser Ebenen oder Sphären scheint spezifische Merkmale und Eigenschaften und damit einhergehende Veränderungen in der Wahrnehmung aufzuweisen. An diesem Abend sollte die psychische Reise in Alpha Zwei gehen, ins benachbarte Stadium des normalen Bewußtseinszustands.

Während Seth seine einfachen Anweisungen gab, surrten die Recorder der Kursteilnehmer, und der Verkehrslärm drang von der nahen Straßenkreuzung herauf. Im Wohnzimmer brannten alle Lichter, doch die Leute setzten ihre Weingläser ab, drückten ihre Zigaretten aus und schlossen die Augen. Auf Seths Stimme hörend zog sich ihr Bewußtseinsfokus nach und nach aus dem verqualmten Zimmer und der äußeren Umgebung zurück. Statt dessen spähten sie in innere Landschaften und folgten Abzweigungen des Bewußtseins an Schnittpunkten, die nur in der Welt des Geistes existieren.

Seth kommt immer als sehr energievolle Persönlichkeit durch, und während er jetzt seine Anweisungen gab, blieben »seine« Augen offen und »seine« Stimme klang fest und bestimmt. Zunächst sagte er den Teilnehmern, sie sollten sich Alpha Zwei wie eine Tür vorstellen. »Ich möchte, daß euch klar ist, daß eure Wahrnehmungen an diesem Punkt nur deshalb begrenzt sind, weil ihr selbst euch dazu entschlossen habt, sie zu begrenzen«, erklärte er. »Ihr existiert inmitten anderer Realitäten, aber aus Gewohnheit nehmt ihr sie nicht wahr. Jetzt fangt ihr an, eure Wahrnehmungen frei zu lassen, geschlossene Türen zu öffnen. Stellt euch nun deshalb Alpha Zwei als eine an euer normales Bewußtsein angrenzende Tür vor und seht, daß sie offensteht.«

Anschließend erläuterte er, daß jede Person ihre Erfahrungen auf ihre eigene Weise interpretieren würde.

Jenseits dieser Tür finden sich andere Realitäten und Menschen, mit denen ihr schon immer vertraut wart. Ich möchte, daß ihr euer inneres Auge weit öffnet. Bewegt euch voller Freude in diesen anderen Realitäten, die so gewiß existieren wie dieses Zimmer.

Öffnet eure inneren Sinne nach diesen Anweisungen. Euer physischer Körper wird euch nicht behindern. Im Gegenteil, er wird euch behilflich sein, denn auch im Fleisch liegen Mechanismen verborgen, die die inneren Sinne in ihrer Funktion unterstützen. Seid euch klar, daß ihr Einblicke in eine Realität gewinnt, die jetzt existiert und so sehr Teil von euch ist wie euer eigener Herzschlag. Ihr könnt diese Umwelt manipulieren lernen.

Danach forderte Seth die Teilnehmer auf, einen Moment an dieser Bewußtseinsschwelle zu verharren und sich eine weitere Tür vorzustellen, »... oder, wenn euch das lieber ist, einen Pfad, eine Allee, eine Landschaft oder eine Gasse, jedenfalls wiederum eine andere sich öffnende Realität, die an eure gegenwärtige Ebene angrenzt. Aus diesem neuen Blickwinkel könnt ihr andere Wahrscheinlichkeiten erahnen, Wahrscheinlichkeiten, die ihr selbst zur Existenz gebracht habt. Ich möchte, daß ihr ihre Kraft und Vitalität spürt und begreift, daß sie auch zur Stärkung eures eigenen Lebens beitragen.«

Seth gab noch weitere Erklärungen zu dieser Bewußtseinsebene und bat die Teilnehmer, dort zu verharren. Dann sagte er:

Nun möchte ich, daß diejenigen von euch, die dazu imstande sind, noch weiter gehen, denn unsere Reise wird uns über diese Wahrscheinlichkeitsbereiche, in denen alle Zeit geboren wird, hinausführen in eine weitere Sphäre, in der keine Zeit hervorgebracht wird, und keine Stunden oder Jahre irgendwelcher Art existieren. Nach euren Begriffen sind hier alle Wahrscheinlichkeiten noch ungeboren, in umfassenderer Hinsicht jedoch sind sie bereits vollendet und gelangen doch stets zu neuer

Existenz. Auch dies ist eine Realität, diese Dimension, die eure eigene Welt nährt, sich in euer System erstreckt. Solche Realitäten befinden sich noch in der Randzone jener Realität, in der ihr eure gegenwärtige Existenz habt. Und jenseits davon existieren noch weitere, (euch) *so fremde Realitäten, daß ich sie euch nicht erklären könnte. Und doch sind sie mit eurem persönlichen Leben verknüpft und finden Ausdruck auch in den kleinsten Zellen eures Fleisches.*

Ich habe hier nur die allgemeinen Hauptpunkte von Seths Anweisungen wiedergegeben. Er verwandte ziemlich viel Zeit darauf, die Teilnehmer wieder zu ihrem normalen Bewußtseinszustand zurückzuführen und sie zu lehren, ihre mentalen Fußspuren zurückzuverfolgen. Alles in allem dauerte die ganze Episode aber keine halbe Stunde. Wie gewöhnlich kam ich leicht wieder aus der Trance heraus und erfuhr dann von den Teilnehmern, was sich abgespielt hatte. Ich erinnere mich nur selten genau daran, was Seth gesagt hat. Zwar nehme ich an, daß ich mir, während Seth spricht, seiner Worte bewußt bin, doch jedes dieser Worte existiert in einem spezifisch energetisierten Jetzt. Ist dieser Moment vorüber, verschwindet auch das Wort oder jedes Kontinuitätsempfinden.

Alle Teilnehmer berichteten, auf der Alpha-Zwei-Ebene ein Gefühl der Erfrischung und Entspannung erfahren zu haben, aber einige Personen hatten darüber hinaus sehr lebhafte, geradezu überraschende Erlebnisse. Zwei davon beeindruckten mich ganz besonders und lösten eine Welle von Fragen aus.

Meine Freundin Sue Watkins beschrieb zögernd, wie sie ganz deutlich einen Mann wahrgenommen hatte. Sie schien mit ihm auf einer weiten Ebene zu stehen. Weiter hinten sah sie einen See und einige Gebäude. Seths Stimme schien aus weiter Ferne zu ihr zu dringen. Der Mann sagte, sein Name sei Jason, und er habe sie in vergangenen Leben gekannt.

Während dieser ganzen Episode war sich Sue der Anweisungen Seths bewußt. Als er sagte, die Teilnehmer sollten sich Alpha Zwei als eine Tür vorstellen, sah Sue eine sich öffnende Tür und eine dreidimensionale Lichtpyramide. Sie selbst war Teil dieser Szenerie, beobachtete sie also nicht etwa von außerhalb, und alles wirkte sehr physisch und real. Plötzlich schien Seths Stimme noch ferner, und ihr wurde klar, daß er die Übung beendet hatte. Was würde wohl geschehen, so fragte sie sich, wenn sie versuchte, Jason mit ins Zimmer zurückzubringen? Beide verfolgten sie ihre Spuren zurück zu jener Tür, aber als Sue diese durchschritt, verschwand Jason.

Nachdem sie mit ihrem Bericht geendet hatte, fügte Sue fast trotzig hinzu: »Zudem trug er ein langes Gewand oder Kleid.« Wir grinsten beide. Sue und ich sind uns in einer Hinsicht sehr ähnlich. Wir lassen uns viel intuitive oder mediale Freiheit, versuchen dann aber, dem Geschehen einen intellektuell nachvollziehbaren Sinn zu geben. Das hier beunruhigte uns beide: Geistführer in langen Gewändern? Das war irgendwie zu glatt, und der Name »Jason« klang verdächtig romantisch. Doch es war Sues Erfahrung gewesen. Es hatte sich ereignet, ob wir es nun billigten oder nicht, und war auf jener Bewußtseinsebene eine gültige Erfahrung gewesen. Die Bedingungen dieser Gültigkeit mußten wir allerdings erst noch verstehen lernen.

Die andere dramatische Erfahrung hatte ein junger Mann, den ich Joel nennen will. Er fand sich im Alpha-Zwei-Stadium in einer Gruppe von Christen wieder, die Richtung Süden durch Europa zog, um sich den Kreuzzügen anzuschließen. Sie stießen auf einige herumstreifende Moslems, und Joel und die anderen wurden in eine heftige Schlacht verwickelt. Er sah ziemlich blaß aus, als er uns davon berichtete. »Alles war schrecklich deutlich, allzu deutlich«, sagte er. »Am Anfang waren die Felder und Wiesen von frischem Grün, und am Ende war der Boden durchtränkt von Blut. Ich sah aufgeschlitzte Pferde –« Erschüttert fügte er hinzu, daß die Christen äußerst brutal vorgegangen seien. Zum Schluß seines Erlebnisses hatte er einen Mönch aus einem nahegelegenen Kloster treten sehen. Er habe einfach dagestanden und getrauert.

Wir alle wußten, daß Joel kürzlich das Priesteramt aufgegeben hatte. Waren hier seine persönlichen Gefühle auf einer anderen Bewußtseinsebene dramatisiert worden? Handelte es sich um einen Einblick in seine reinkarnative Vergangenheit? Oder war es ein kurzer Rückblick in die Geschichte gewesen, ein psychischer Schnappschuß von einer entschwundenen Zeit? Wir sprachen über die verschiedenen Möglichkeiten und machten dann eine halbstündige Pause.

Ich hatte vorgehabt, danach die Diskussion wieder aufzunehmen, änderte aber meine Pläne, als ich spürte, daß Seth sprechen wollte. Diesmal kam es zu einem jener merkwürdigen Übergänge, bei denen ich auf einer anderen Aktivitätsebene für Seth Zwei spreche. Unseren Begriffen nach ist dies ein »künftiger« Seth oder Seth in einem anderen Entwicklungsstadium. Seth Zwei kommt selten durch, vielleicht vier- oder fünfmal im Jahr.

Kurz vor diesem Übergang sagte Seth: »Ich möchte euch einen kurzen Augenblick übermitteln, in dem ihr bis zu einem gewissen Grad die ungeheuren Weiten erspürt, in denen eure Realität ihre Bedeutung hat, sowie die anderen Dimensionen von Existenz, an welchen ihr auch euren Anteil habt.«

Dann schwand aus meinem Gesicht jeglicher für Seth charakteristische Ausdruck. Seine für ihn typischen Gesten hörten auf. In solchen Momenten entsteht immer eine gewisse Leere in meinem Körper. Ich fühle stets, wie ich ihn verlasse und mich rasch auf eine Pyramidenform zubewege, die sich über mir in unermeßliche Ferne erstreckt. Der Kontakt scheint »da draußen« stattzufinden. Dann dauert es einen Augenblick, bis die Stimme einsetzt – eine helle, sehr schwache und emotionslose Stimme. Kursteilnehmer sagen, sie klänge wie geometrische Figuren, wenn diese sprechen könnten.

Wenn Seth Zwei spricht, brauche ich immer ein paar Minuten, um wieder zurückzukommen, während bei Seth der Übergang fast augenblicklich geschieht. Aber dieses Mal kam ich mühelos zurück, so als rutschte ich einen Bewußtseinsschacht hinunter. Die Gruppe war offensichtlich aufgeregt und beeindruckt, aber als mir die Teilnehmer berichteten, was Seth Zwei gesagt hatte, hatte ich sehr gemischte Gefühle. Hier ist der Teil der Botschaft, der mich beunruhigte.

Es werden für euch bestimmte Übersetzungen vorgenommen, damit diese Informationen einen Sinn ergeben. Unsere Energie formt Welten. Wir helfen euch, euer Leben aufrechtzuerhalten, wie ihr andere Existenzen aufrechterhalten helft, von denen ihr keine bewußte Kenntnis habt. Wir beobachten euch, wie ihr andere beobachtet, aber die Entfernungen sind so unermeßlich, daß eine Kommunikation schwierig ist.

Wir beobachten nicht in menschlicher Gestalt. Ihr nehmt uns in dieser Hinsicht auf verzerrte Weise wahr. In eure Begriffe übersetzt, haben wir eine geometrische Form. Wir verstehen nicht die Natur der Realität, die ihr schafft, obwohl euch deren Keime von uns gegeben wurden. Wir respektieren sie, und wir verehren sie. Laßt euch nicht vom schwachen Klang dieser Stimme irreführen. Die Kraft, die dahinter steht, kann die Welt, wie ihr sie kennt, formen und für Jahrhunderte erhalten.

Die Stimme von Seth Zwei sprach dann davon, daß wir beobachtet würden, uns aber nichts davon abhielte, auf jede uns mögliche Weise »die Beobachter zu beobachten«. Vielmehr wären wir dazu eingeladen. Die Kursteilnehmer spielten mir die Tonbandaufnahme dieser Botschaft noch mal vor. Wie immer verblüffte mich der Unterschied zwischen Seth und Seth Zwei. Allein der Klang dieser emotionslos und mit schwacher Stimme vorgetragenen Worte ließ auf die Entfernung schließen, die zwischen mir und dem, was immer es nun wirklich war, das ich da kontaktierte, bestand.

Im Moment war aber keine Zeit für eine ruhige Analyse, denn alle sprachen auf einmal. Zwei Teilnehmer hatten eine Pyramide über meinem Kopf gesehen und sagten, sie sei erst verschwunden, als ich aus der Trance kam. Einige Personen bestanden darauf, während der ganzen Episode an der Zimmerdecke verschwommene dreidimensionale Gesichter gesehen zu haben. Andere berichteten, daß sie die Gesichter nicht real gesehen, jedoch gespürt hätten. In einem waren sich alle entschieden einig: Sichtbar oder unsichtbar, im Zimmer waren, neben ihnen selbst, andere bewußte Wesen anwesend gewesen.

Alles befand sich in leichtem Aufruhr. Einige Teilnehmer schrieben ihre Eindrücke sofort auf. Andere besprachen sich mit ihren Nachbarn. Ich hörte jemanden sagen: »Es ist mir gleich. Ich habe gesehen, was ich gesehen habe.« Ich war etwas durcheinander und fragte mich, was nun wirklich geschehen war. Rasch rief ich die Gruppe zur Ordnung und meinte, wir sollten uns doch besser fragen, wieviel Suggestion im Zusammenhang mit den Gesichtern und anderen Phänomenen im Spiel gewesen sein könnte.

Geradezu Entrüstung war die Reaktion. Zum einen seien, wie verschiedene Personen argumentierten, alle Lampen im Zimmer angewesen, und alle hätten mit offenen Augen zugehört. Niemand hätte vor Ende des Geschehens etwas gesagt. Die Personen, die die Gesichter sahen, hätten nicht gewußt, daß andere die Gesichter an derselben Stelle gefühlsmäßig wahrgenommen hatten – oder irgendwoanders, was das anging.

Sicherlich hatten sich viele in einem veränderten Bewußtseinszustand befunden, und genau in diesen Momenten kann uns unsere Wahrnehmung Informationen zukommen lassen, die gewöhnlich nicht zugänglich sind.

Ich war noch immer damit beschäftigt, die Gruppe zu befragen, als etwas anderes meine Aufmerksamkeit gefangennahm. Erst vage, dann intensiver spürte ich neben mir die Anwesenheit einer unsichtbaren Persönlichkeit; ich sah sie nicht, fühlte ihre emotionale Realität aber genauso stark, wie ein physischer Anblick es hätte bewirken können.

Ich war dieser Person, einem Mann, schon an früheren Gruppenabenden »begegnet«, bei denen er mir übermittelt hatte, daß er eines meiner vergangenen Leben repräsentiere. Seinen Aussagen zufolge war ich damals ein eifersüchtiger Führer gewesen, der von seiner Gefolgschaft absolute Loyalität verlangt hatte. Meine Freundin Sue war eine meiner Anhängerinnen gewesen. Nun wollte er sie zur Rede stellen, da er das Gefühl hatte, daß sie diesmal ihrer eigenen Wege ging, anstatt in seine Fußstapfen zu treten, was sie seiner Ansicht nach tun sollte.

Was sollte ich tun? Ich versuche bei den Gruppenabenden spontan zu sein, jedenfalls innerhalb eines vernünftigen Rahmens, und so sagte ich: »Sue, dieses ›andere Ich‹ ist hier.« Ich lachte – nur daß es aus meiner Sicht nicht mein, sondern sein Lachen war – reichlich süffisant, nachsichtig und amüsiert zugleich. Innerlich spürte ich, wie sich meine Gesichtszüge ihm anpaßten und zu einem seltsamen Ausdruck formten.

Sue starrte mich an. »Ja, ich weiß, er ist da, und ich wollte, er würde verschwinden«, sagte sie.

Im selben Augenblick begann ich mich sehr viel größer und stärker zu fühlen, als ich es physisch bin, und diese andere Persönlichkeit begann nun allen Ernstes in Aktion zu treten. Ärger auf Sue – und *das* war nun gewiß nicht meine Emotion – durchströmte mich. Er wollte sich direkt mit ihr konfrontieren, indem er durch mich sprach. Das ist nicht fair, dachte ich. Wenn er hier etwas austragen wollte, dann sollte er gefälligst die Person kontaktieren, die Sue *gewesen war.* Sue und ich würden damit nichts zu tun haben. Ich bemühte mich standhaft, distanziert zu bleiben, und um der Sache ein Ende zu setzen, rief ich: »Zeit für alle, eine Pause zu machen.«

Aber ich schaffte es nicht ganz. Während die Leute aufstanden und herumspazierten, hörte ich dieses Lachen, das nicht das meine war, und sich gegen Sue richtete. »Ich habe dich mit diesem Ausdruck auf meinem Gesicht viele Male angesehen«, sagte »ich«. »Du solltest ihn eigentlich gut kennen.«

Aus welchen Gründen auch immer rief Sue: »Diesmal habe ich einen zweijährigen Verteidiger« (damit meinte sie ihr Kind), und »ich« erwiderte verächtlich: »Das ist eine der dümmsten Bemerkungen, die du mir gegenüber machen konntest.«

Aber nun entschied ich, daß die Sache zu weit ging. Weder billigte ich das aufgeblasene Verhalten dieses anderen »Selbst«, noch die hinterlistige Weise, auf die es versucht hatte, sich durchzusetzen, angesichts der Tatsache, daß meine Einstellung ihm gegenüber klar gewesen war. Diesmal machte ich völlig dicht – man muß nur wirklich »nein« sagen und es auch meinen –, und ich merkte, daß ich die Konfrontation zuvor nur halbherzig hatte beenden wollen. Einerseits wollte ich die Persönlichkeit so weit ausschließen, daß sie nicht durch mich sprechen konnte, andererseits aber auch nicht so weit, daß mir ein Einblick in *ihre* Realität versagt blieb. Nun verschwand sie ganz und gar.

»Das müssen wir gelegentlich mal durcharbeiten«, sagte Sue.

»Ja, aber laß uns damit warten«, antwortete ich, und wir grinsten uns an, beide damit zufrieden, die Episode vorerst auf sich beruhen zu lassen.

Die Diskussion nach der Pause hatte nur wenige Minuten gedauert, und während dieser neuerlichen Pause diskutierten die Teilnehmer über das, was sich davor ereignet hatte. Manche waren noch damit beschäftigt, ihre Notizen zu vervollständigen.

Es wurde spät. Nach Ende der Pause kam Seth durch, anscheinend nur, um guten Abend zu sagen, aber selbst er ließ sich ablenken. »Ich wünsche euch einen guten Abend«, sagte er. »Das Experiment geht weiter und wird sich fortsetzen, während ihr in dieser Woche euren Alltagsbeschäftigungen nachgeht. Nun, es gibt nichts, was euch daran hindert, die Beobachter zu beobachten. Tatsächlich werdet ihr feststellen, daß dies außerordentlich faszinierend sein kann.«

Wie man mir später berichtete, wollte Seth die Sitzung gerade beenden, als ein Teilnehmer, den ich Ron nennen will, ihn unterbrach, um eine Frage zu stellen. Jemand stieß einen gespielten Seufzer aus. Ron war bekannt dafür, daß er sich in seinen eigenen Fragen verhedderte. Auch hielt er sich für hoch intellektuell, nahm sich sehr wichtig und liebte es, Seth Fragen »vorzulegen«. Im Grunde war er ein sehr netter junger Mann, der noch viel zu lernen hatte, und Seth behandelte ihn gewöhnlich freundlich und mit einer gewissen amüsierten Toleranz.

An diesem Abend aber war die ganze Gruppe noch stark mit der Botschaft von Seth Zwei und ihren eigenen Eindrücken beschäftigt. Vor allem waren alle fasziniert von den Implikationen des »Experiments«, und die Stimmung im Raum war sehr ernst geworden. Als Ron seine Frage stellte, nahm Seth ihn in einer Weise humorvoll auf die Schippe, die sofort zur Reinigung der Atmosphäre beitrug. Nichts ist geeigneter als ein herzhaftes Lachen, um uns wieder auf den Boden der uns vertrauten Welt zurückzubringen und in den festen Rahmen unserer Gefühle und Emotionen zu stellen.

Ron formulierte seine Frage etwa so: »Siehst du ... ich meine, wenn Jane spricht ... kannst du das Zimmer sehen? Oder ... siehst du nichts anderes als das Zimmer ...?« Ron hielt inne, fuhr sich mit der Zunge über die Lippen und sagte dann: »Verstehst du, worauf ich hinauswill?«

Seth erwiderte: »Wenn ich spreche, bringe ich mich dazu, mich auf diesen winzigen Ausschnitt von Zeit und Raum, der für euch dieses Zimmer ist, zu konzentrieren. Ansonsten kann ich dich ansehen, zum Beispiel deine reinkarnativen Existenzen, und bin nicht darauf beschränkt, nur das eine Selbst wahrzunehmen, das du dir vorstellst zu sein.«

»Nimmst du, sagen wir, die Kanne auf dem Tisch wahr?« fragte Ron.

»Nur, wenn ich an der Kanne auf dem Tisch interessiert bin.« Als Seth grinste ich breit.

»Aber wie sieht sie für dich aus?« beharrte Ron.

»Wie eine Kanne auf dem Tisch.« Seths Ton war süffisant.

Ron runzelte die Stirn. »So wie sie aussehen würde...?«

»Wenn ich von Wahrnehmungen in eurer Realität Gebrauch mache«, sagte Seth, »dann übersetze ich automatisch innere Informationen in physische Begriffe. Ansonsten bin ich nicht auf diese Art von Wahrnehmung beschränkt.« Lächelnd und um des Effekts willen langsam sprechend, setzte er hinzu: »Ich muß diesen Gegenstand nicht als Kanne wahrnehmen, aber ich kann ihn als Kanne wahrnehmen. Du hingegen *mußt* ihn als Kanne wahrnehmen. Und *nun* sage ich guten Abend.«

»Aber du hast meine Frage nicht beantwortet«, beharrte Ron eigensinnig.

»Ich habe sie sehr wohl beantwortet. Du hast nicht zugehört. Du bist besessen von deinen Fragen und hörst nicht zu.«

Ron trug eine weitere verquere Version dessen vor, was er zu sagen versuchte. Er lief rot an, wollte aber nicht aufgeben.

Mit einem gewissen Ton von Endgültigkeit in der Stimme sagte Seth: »Die Realität der Kanne auf dem Tisch – wie du sie kennst – ist ein Ausschnitt meiner gesamten Wahrnehmung von ihr.«

Sehr gesetzt und würdig erwiderte Ron: »Du hast meine Frage beantwortet. Ich verstehe.« »Danke«, sagte Seth so trocken, daß alle in Gelächter ausbrachen. Selbst Ron grinste. Er fühlte sich auch keineswegs abgefertigt, sondern vielmehr bestätigt, weil er sich seinem Gefühl nach trotz allem behauptet hatte. Seth machte noch ein paar allgemeine Bemerkungen und sagte schließlich: »Und nun wünsche ich euch *noch mal* einen guten Abend. Und denkt daran, das Experiment geht weiter.«

Alle waren noch immer aufgeregt, doch der Dialog zwischen Seth und Ron hatte den Abend wieder in eine normalere Perspektive gerückt. Als Seth geendet hatte, wußte ich allerdings nicht, was ich denken sollte. Zumindest ein Teil von mir wünschte sich, Seth Zwei hätte sich nicht gemeldet. Und vor allem wünschte ich, die Leute hätten keine Gesichter an der Zimmerdecke gesehen. Ich glaubte einfach nicht, daß »Wesen« aus einer anderen Realität in mein Wohnzimmer gespäht hatten. Auch die emotionale Konfrontation mit Sue gefiel mir nicht, vor allem, weil ich mir gar nicht sicher war, ob ich Reinkarnation für eine Tatsache oder einen symbolischen Ausdruck von etwas anderem halten sollte.

Doch *irgend etwas* war hier vorgegangen. Die Leute hatten gewisse Daten oder Informationen erhalten. Selbst nur in Hinblick auf den Aspekt der Wahrnehmungsveränderung waren die Ereignisse des Abends bedeutsam gewesen. Aber zu jener Zeit schienen sie mir intellektuell gesehen so unrespektabel, daß ich, unfähig mit den Implikationen zurechtzukommen, die Aufzeichnungen beiseite legte.

Mich beunruhigte, daß es keinen passenden Bezugsrahmen gab, in den sich die Vorgänge einordnen ließen. Was wir hatten, war eine Ansammlung von Ereignissen und Wahrnehmungen psychischer Natur, auf die viele Menschen mit Verachtung und Spott reagieren würden. Und doch handelte es sich um menschliche Erfahrungen. Joel würde sich noch lange, nachdem er die Fakten des Tages, wie etwa, was er gefrühstückt und welchen Anzug er getragen hatte, vergessen hatte, an den schrecklichen Kampf auf der grasbewachsenen Ebene erinnern. Sue würde sich an Jason und ihren Versuch, ihn mit ins Zimmer zu bringen, erinnern, lange nachdem andere, »realere« Ereignisse der Vergessenheit anheimgefallen waren.

Warum sollten wir uns vor unseren eigenen Erfahrungen fürchten, nur weil sie sich in den Augen der Welt seltsam ausnehmen, oder weil wir Angst haben, daß dies der Fall sein könnte? Warum sind wir so sehr um eine intellektuelle Respektabilität besorgt, wenn sie doch eine beschränkte Wahrnehmung impliziert oder dazu führt, daß wir unsere persönlichen Erfahrungen auf vorfabrizierte Vorstellungen reduzieren müssen? Ich denke, daß viele von uns so reagieren, weil wir schon von Kindheit an dazu angehalten werden, unserer Imagination und Intuition zu mißtrauen und unsere Wahrnehmungen ständig an der definiten Welt der Fakten zu überprüfen. Diese Welt der Fakten wurde uns als *einziges* Kriterium für

Realität dargestellt. Eine Lüge ist letztlich eine Unwahrheit – etwas wird behauptet, was sich in der Welt der Fakten nicht ereignet hat. Und das impliziert, daß es auch um Moral geht, wenn wir etwas sehen, was andere nicht sehen: Einer muß hier lügen.

Wenn wir sagen können, daß Suggestion im Spiel war, sind wir zumindest halb gerettet. Denn damit meinen wir, daß wir gelogen haben, wenn auch nicht absichtlich: Wir dachten, wir hätten gesehen, was wir gesehen haben, aber wir haben uns getäuscht. Natürlich ist Suggestion ein wirksamer Faktor. Nur weiß keiner so genau, was Suggestion eigentlich ist. Und unmittelbar durch Suggestion, im herkömmlichen Sinn, verursachte Wahrnehmungen könnten genauso stichhaltig sein wie andere. Unsere Wahrnehmung von der physischen Welt wird uns von unseren Sinnen suggeriert. Schon eine leichte Bewußtseinsveränderung führt dazu, daß wir Ereignisse auf andere Weise erfahren.

Ich wußte das alles, und doch bemühte ich mich immer noch, meine Erfahrungen in einen Bezugsrahmen zu zwängen, der für ihren Inhalt zu eng war. Immer wieder ging ich die Ereignisse im Geist durch. Der emotionsgeladene Austausch zwischen Sue und »meiner« anderen Persönlichkeit hatte zweifellos stattgefunden. Agierten Sue und ich Gefühle aus, die zwischen uns auf unbewußter Ebene existierten und ein Ventil brauchten? War das alles? Eine dramatisierte Begegnung, bei der innere Mechanismen im Spiel waren, die wir beide auf bewußter Ebene nicht wahrnahmen? Wenn dem so war, so war das Ganze sicherlich eine therapeutische und kreative Episode gewesen. Warum reichte das nicht? Weil es natürlich auf einen anderen Sinn verwies.

War alles davon wahr oder war es falsch? Hatte Joel einen Ausschnitt aus einer Erfahrung eines vergangenen Lebens wieder durchlebt oder nicht? Waren *tatsächlich* Gesichter an der Zimmerdecke erschienen oder nicht? So warfen mich die Ereignisse dieses Abends in einen Strudel von Fragen, in dem mein Intellekt und meine Intuition zuweilen Gegenspieler zu sein schienen. Es dauerte eine Weile, bis sie sich allmählich zu einer neuen Synthese verbanden, die mich schließlich zur Aspekt-Psychologie und zu einem Bezugsrahmen führen sollte, in dem solche Ereignisse problemlos einer Betrachtung unterzogen werden konnten; ein Bezugsrahmen, der umfassend genug war, um die Bedeutung aller unserer Erfahrungen aufnehmen zu können.

Als mein Intellekt und meine Intuition schließlich zusammenarbeiteten, führten sie mich zur Entdeckung einer inneren Ordnung von Ereignissen und machten mich mit anderen Realitäten bekannt, von denen jede ihre eigenen Gesetze hat, was auch bedeutet, daß die Fakten innerhalb eines Systems in einem anderen System ganz sinnlos erscheinen mögen. Aber das wußte ich zu diesem Zeitpunkt noch nicht. Ich wußte nur, daß ich mir unter allen Umständen psychische und intuitive Freiheit einräumen und meinen Intellekt zur kritischen Untersuchung aller Erfahrungen benutzen würde. Denn ich hatte noch bis vor kurzem die Meinung vieler anderer geteilt, daß die Hauptfunktion des Intellekts die der kritischen Überprüfung sei, und daß er getrennt und unabhängig von den intuitiven Ebenen unserer Persönlichkeit arbeite.

Die Bände des Seth-Materials, alle in Trance diktiert, hätten mich bereits eines Besseren belehren sollen, da in ihnen Intellekt und Psyche so elegant miteinander verwoben sind. Aber selbst noch im Jahr 1971 betrachtete ich das Phänomen Seth vom Standpunkt der Dualität von wahr oder falsch und war weitgehend blind für seine größere Realität, da ich versuchte, sie innerhalb eines zu engen Kontexts zu verstehen.

2
Ein Reinkarnations-Drama und andere »inoffizielle« Ereignisse

Die Energie jenes denkwürdigen Abends schien im persönlichen Leben meiner Kursteilnehmer fortzuwirken. Sue Watkins rief mich in der darauffolgenden Woche an, um mir von einem Erlebnis zu berichten, das ihrer Meinung nach eindeutig mit dem Experiment von Seth Zwei zu tun hatte.

»Ich wollte gerade zu Bett gehen«, erzählte sie. »Die Lichter waren alle an. Plötzlich fühlten sich meine Arme und Beine riesig an und sehr viel schwerer. Ich sah sie mir an, und ich schwöre, sie *waren* es tatsächlich. Gleichzeitig gingen mir diese merkwürdigen Gedanken durch den Kopf. Ich dachte: Wie fantastisch doch Körper sind! Was für erstaunliche Vorrichtungen. Und ich war voller Bewunderung, wie Körper arbeiten. Aber es war nicht ich, die dies dachte. Es war eine äußerst seltsame Empfindung. Es war... jemand, der überhaupt nicht daran gewöhnt ist, in einem Körper zu leben.«

Eine andere Kursteilnehmerin, Dorothy, rief mich an, um mir zu erzählen, daß sie dreimal hintereinander an ihrer Eßzimmerdecke dreidimensionale Dreiecke gesehen hätte. Und wenn *mein* Intellekt Material haben wollte, mit dem er sich beschäftigen konnte, so sorgte mein intuitives Selbst unbedingt dafür, daß er bekam, was er wollte. Beim nächsten Kursabend nämlich wurde ich wiederum mit eben jenen Erfahrungen konfrontiert, die mich so faszinierten, aber auch in ein Dilemma brachten.

Fünf Kursteilnehmer berichteten von Träumen über Kursabende auf anderen Realitätsebenen mit Seth als Lehrer. Träume dieser Art sind, in vielen Variationen, mittlerweile regelmäßiger Bestandteil der »außerlehrplanmäßigen« Aktivitäten meiner Kursteilnehmer. Ich bin davon überzeugt, daß sie in diesen Träumen Themen und Erfahrungen weiterentwickeln, die an den Gruppenabenden ihren Anfang nahmen. Seth dient dabei oft als Symbol für das eigene größere oder umfassendere Bewußtsein der betreffenden Person.

Beim Gruppenabend der letzten Woche berichtete zum Beispiel ein junger Mann, Larry, von einem Traum, in dem er Seths Gesicht ganz nah vor dem seinen gesehen hatte. Seth habe physisch und real gewirkt und genauso ausgesehen wie auf dem Portrait, das mein Mann, Rob, vor Jahren von ihm gemalt hatte; es hängt nun im Wohnzimmer, wo die Gruppenabende stattfinden. In ihren Träumen sehen viele meiner Kursteilnehmer Seth in dieser Gestalt.

Als Larry seinen Bericht beendet hatte, kam Seth mit einer seiner bislang besten Sitzungen durch. Sie begann mit der Frage: Wer ist Seth? Und diese richtete sich zunächst an Larry. Ich zitiere hier ein paar Ausschnitte, weil sie Informationen enthalten, über die ich zu jenem Zeitpunkt, als die Kursteilnehmer anfingen, von Traum-Gruppenabenden zu berichten, noch nicht verfügte.

An Larry gewandt sagte Seth folgendes:

Wer ist Seth? Das ist die Frage, die ich dir *stelle. Und welche Magie ist hier* (in der Gruppe) *am Wirken, die du bewirkst, und die wir alle zusammen bewirken? Nun will ich dir folgendes sagen: Einerseits bin ich jemand, den du nicht kennst, verschwunden schon vor den Annalen der Zeit, wie ihr sie versteht, verschwunden in den Annalen der Vergangenheit und Zukunft, wie ihr sie versteht.*

Andererseits ist es das, was ich bin. Und das ist ein Satz, der es in sich hat.

Andererseits bin ich du ... Durch mich siehst und begegnest du den Selbsts, die du bist. Und so erstehe ich, in euren Begriffen gesprochen, aus der Kraft und dem Uralten und der wunderbaren Blüte deines eigenen Wesens, aus einem Universum, in dem Zeit bedeutungslos ist, hinausprojiziert in die Welt der Zeit.

1971 hatten mich die Implikationen verstört, die ich mit Seth als einem »Geistführer«, der sich in den Träumen der Leute tummelte, verband, vor allem, da sie dies auf eine für mich beunruhigende Weise als Beweis für Seths unabhängige Existenz ansahen. An jenem Abend faszinierten mich zwar die Traumberichte, aber ich weigerte mich, allzu glatte Erklärungen zu akzeptieren. Doch auch ich konnte keine anderen finden, die mich befriedigt hätten.

Doch diese Träume waren nur der Anfang. Ich hörte noch den Berichten zu, als ich plötzlich wieder die Pyramide von Seth Zwei über meinem Kopf spürte, nicht physisch, aber ebenso real. Ich fühlte, wie mein Bewußtsein nach oben drängte, zunächst langsam ausströmte, dann schneller. Erst dachte ich noch mit einer Mischung aus Verwunderung und Skepsis: körperlose Beobachter aus einer anderen Welt; Dreiecke, die aus dem Nirgendwo an Eßzimmerdecken erscheinen. Und dann: Jetzt geht's schon wieder los. Dann war ich weg.

Wenn Seth Zwei beteiligt ist, gelange ich ab einem gewissen Punkt zu einer Leere, die ich, wie ich fühle, durchreisen muß, und dann zu einem lebendigen Kontaktpunkt. Und dann fängt diese tonlose Stimme zu sprechen an. Wie immer wurde mir hinterher berichtet, was sie gesagt hatte, und die Sitzung auf Tonband aufgenommen.

»Das Experiment wird fortgesetzt«, war der erste Satz.

Wir versuchen die Natur eurer gegenwärtigen Existenz zu erfassen und zu würdigen. Und so mögen uns jene von euch folgen, die gern etwas über die Natur nichtphysischer Realität erfahren wollen, indem sie sich dieser Stimme als Wegweiser bedienen, zu einer Existenz, die ... weder Blut noch Gewebe kennt. Folgt uns also in jene Reiche jenseits des Wissens des Fleisches, aus denen das Fleisch geboren wird. Fühlt, wie sich der Kern, das innerste Wesen eures Bewußtseins, über das Wissen der Jahreszeiten hinaus erhebt.

Für euch mag es eine unerträgliche Einsamkeit sein, da ihr es gewohnt seid, euch auf den warmen Sieg des Fleisches zu beziehen, und (hier) *gibt es kein physisches Wesen, auf das ihr euch beziehen könntet. Doch jenseits und in dieser Isolation existiert ein Punkt des Lichts, der Bewußtsein ist. Er pulsiert mit der Kraft, die hinter allen euch bekannten Emotionen steht, nährt diese und schickt sie funkelnd und taumelnd hinunter in die Realität, die ihr wahrnehmt.*

Dies ist die Wärme, die den Puls physischer Existenz formt, und die doch aus eben dieser Hingabe unserer Isolation, aus der Kreativität geboren wird, die jenseits von Fleisch und Bein existiert. Die Wärme, welche Finger formt, ohne Finger zu fühlen; die Jahreszeiten formt, ohne Sommer oder Winter zu kennen; die die Realität, die ihr kennt, erschafft, ohne sie selbst zu erfahren.

Aus dieser Hingabe und Kreativität entsteht alles, was ihr kennt; und alles das wurde auch uns gegeben. Denn die Energie, über die wir verfügen, ist nicht allein uns zugehörig, noch sind wir ihre Quelle. Sie durchströmt uns, wie sie euch durchströmt.

Das Experiment setzt sich also fort, wie es das immer getan hat. Nur wart ihr euch in eurer Vergangenheit dessen nicht bewußt.

Die Stimme schwieg. Ich begann meinen Abstieg, verirrte mich für einen Moment, verlor die Orientierung, um dann plötzlich sicher durch viele Ebenen des Bewußtseins hinunterzusinken.

Fast alle Kursteilnehmer hatten, während Seth Zwei sprach, eine gewisse Bewußtseinserweiterung erlebt. Rog, ein Ingenieur, hatte das Gefühl, allein im Weltraum zu sein, in dem es nichts gab, »wogegen« er sich hätte wenden können, und fand sich überwältigt von Einsamkeit. Viele andere erfuhren mehr oder weniger den gleichen Schwebezustand, die gleiche Isolation. Joel (der junge Mann, der sich beim letzten Gruppenabend auf einem Kreuzzug in eine Schlacht verwickelt sah) hatte ebenfalls das Gefühl, sich im Weltraum zu befinden. Er schien körperlos und wurde von einer riesigen Blume angezogen. Als er kopfüber in ihre geöffnete Blüte fiel, dehnte sich diese Blume im Innern aus und schien bodenlos zu sein. Er hatte das Gefühl, ewig fallen zu können.

Sein Erlebnis machte mich nachdenklich. Hatte ich, als Seth Zwei durchkam, auf eine andere Bewußtseinsebene umgeschaltet und die physische Realität aus dieser Perspektive beobachtet? Waren die »Wesen«, von denen Seth Zwei sprach, eine unbewußte Dramatisierung eben dieser Bewußtseinsebene? Oder existierten diese Wesen auf andere Weise, so wie Joels Blume? War auch diese Blume vielleicht Joels Interpretation einer anderen Art von Bewußtsein?

Mit anderen Worten, wie buchstäblich war die Botschaft von Seth Zwei zu nehmen? Wenn Seth Zwei, in dramatisierter Form, einen anderen Teil unserer eigenen Psyche repräsentierte, konnte seine Botschaft dann nicht dahingehend interpretiert werden, daß andere nichtphysische Teile unseres gegenwärtigen Selbst, eingebettet in unsere eigene Psyche, unsere Realität beobachteten? Und wurden wir nicht dazu ermuntert, die unermeßlichen Bereiche unserer eigenen Seele, aus denen unsere physische Realität erwächst, bis zu einem gewissen Grad zu erfahren?

Der Unterschied zwischen Seth und Seth Zwei wurde auch an diesem Abend wieder sehr deutlich, denn nachdem die Teilnehmer das Geschehene diskutiert hatten, kam Seth durch. Bei Seth Zwei mußten sie sich anstrengen, die ruhige, emotionslose, so gut wie tonlose Stimme zu verstehen; mein Gesicht war ausdruckslos, mein Körper schlaff. Seths Stimme hingegen dröhnte; mein Körper wirkte nun muskulöser, aktiver. Und Seth war präsent, redete und sah sich um. Oft sieht er eine bestimmte Person an, wendet sich ihr zu, läßt keinen Zweifel daran, wen er meint.

Jetzt sprach er sofort Joel an: »Deine Blume war ein exzellentes Bild. Es repräsentiert, in euren Begriffen, die Charakteristika des Weltraums, wie ihr euch auf ihn beziehen mögt. Vor allem ist sie dein Symbol für das, was die Physiker das Schwarze Loch nennen. Diese (Schwarzen Löcher) sind andere Dimensionen von Wirklichkeit; in ihnen ist die euch bekannte Realität nicht ausgelöscht, sondern wird automatisch in andere Begriffe übersetzt.«

Dann sagte er, die Kursteilnehmer lernten nun, sich auf anderen Bewußtseinsebenen zurechtzufinden. Ich wußte das natürlich, war aber auf das Folgende nicht gefaßt. Wir sprachen über die Ereignisse des Abends und Seths Interpretation von Joels mentalem Abenteuer, als ich plötzlich aus einer Ecke des Zimmers laute Stimmen vernahm. Ich hörte das Wort »Indianer«. Dann drehten sich die Leute zu Joel und Bette um.

Ihr Gebaren sagte mir sofort, daß sie in ein »Reinkarnations-Drama«, wie ich das nenne, verwickelt waren. Das heißt, sie waren davon überzeugt, eine bestimmte Episode aus einem vergangenen Leben auszuagieren.

Wie ich schon sagte, faszinieren mich diese Dramen, doch bin ich mir dabei stets bewußt, wie wenig wir über das Wesen des Bewußtseins oder das Erinnern wissen. Heute sehe ich Reinkarnation in einem sehr viel umfassenderen Kontext als damals, wie Sie später im Buch noch feststellen werden. Die folgende Episode hatte unter anderem gewiß sehr viel mit den intensiven Fragen zu tun, die mich schließlich zur Aspekt-Psychologie brachten.

Bette trug einen knöchellangen Rock, wie er damals in Mode kam. Die Beine von sich gestreckt, die Hände in die Hüften gestemmt – man konnte sich leicht eine Flinte auf ihren Knien vorstellen. Ihre eher kleinen Augen funkelten wütend. Sie war ein genaues Abbild einer Pionierin des neunzehnten Jahrhunderts, die sie in diesem Moment auch zu sein glaubte. »Du hast nur meine ganze verdammte Familie umgebracht, die Kinder, alle«, zischte sie Joel an und fixierte ihn mit ihrem Blick.

»Du hast deinen eigenen Mann umgebracht«, sagte er. Seine normalerweise eher unauffälligen indianischen Gesichtszüge schienen für uns alle nun überdeutlich hervorzutreten. Seine Stimme klang angespannt, war aber nicht so emotional geladen wie die Bettes. Dann sagte er langsam: »*Du* hast ihn umgebracht. Nicht wir. Warum hast du es getan?«

»Weil er ein Feigling war. Weil ich einen Haufen flennender Kinder um mich hatte und nicht obendrein auch noch einen flennenden Mann brauchen konnte. Ja, ich habe es getan, und ich würde es wieder tun. Ist es das, was du wissen willst?« Ihre Stimme war gefährlich ruhig.

Die Gruppe war still. Wir waren wachsam, bereit einzugreifen, falls Joel und Bette ausrasten sollten.

Ich hatte meine eigenen Probleme. Vor meinem inneren Auge sah ich die von ihnen beschriebene Szene: Bette kauerte, fast auf Händen und Knien, in einer armseligen Hütte von Haus und teilte an ihre Kinder Gewehre aus, während die Indianer über einen Hügel auf die Lichtung zustürmten. Einen Augenblick lang hörte ich die schauerlichen Schreie – eigentlich ein Geheul, das das Blut in den Adern gefrieren ließ, und ich spürte Bettes Wut. Bettes Schreie stiegen in meiner Kehle hoch. Ich riß mich zusammen. Ich mußte an die Gruppe denken und wollte auch Bettes und Joels Erfahrung überwachen, statt mich ihr mit ihnen gemeinsam zu überlassen.

Joel war allerdings etwas in die Defensive gegangen, wie ich merkte. »Ihr habt unser Land genommen«, sagte er. »Wir haben es nur verteidigt. Hat es dich denn gar nicht gekümmert, was ihr uns angetan habt?«

»Zum Teufel, nein!« schrie sie und starrte ihn wütend an. »Warum auch? Mir war es völlig gleich, was mit den Indianern passierte. Ich habe mich um die Meinen gekümmert, um meine Kinder. Und ich habe sie beschützt, das kann ich dir sagen. Aber ich wußte, wann ihr auf dem Kriegspfad wart. Das wußte ich.« Ihre Augen waren nun sehr klein und glitzerten. Drohend beugte sie sich vor. Ihre Angriffslust war im ganzen Raum spürbar.

Einen Augenblick lang herrschte Schweigen. Dann sahen wir, wie die Angespanntheit aus Joels breiten Gesichtszügen wich. Etwas Sanftes, Glättendes schien sich in ihnen auszubreiten, und er fing an, als eine Persönlichkeit namens Dave zu sprechen. Ich hatte Dave schon einmal reden hören, die Gruppe hingegen hatte noch nicht Bekanntschaft mit ihm gemacht, wußte aber von ihm.

Von meinem Platz aus beobachtete ich Bette und Joel und die Reaktionen der Kursteilnehmer. Aller Aufmerksamkeit war auf Joels Gesicht gerichtet im Bemühen, die Unterschiede zwischen dem Joel, der für Dave sprach, und dem Joel, den sie kannten, festzustellen.

Meine Gefühle waren gemischt. Ich spürte, wie sich die Gruppe dieser neuen Persönlichkeit zuwandte; ich spürte ihre Ehrfurcht, ihre Hoffnung, daß hier vielleicht die Antwort lag. Vielleicht kannte Dave die Antwort auf die Probleme des Lebens und konnte sie auf einfache Weise erklären. Sie würden sich nicht abmühen müssen, ihre eigene Antwort zu finden – jemand anders würde das für sie übernehmen.

Großartig, sie haben eine Menge gelernt, dachte ich sarkastisch. Da saßen sie, Lehrer, Geschäftsleute, Studenten, und hörten wieder mal einer anderen Stimme zu, einem weiteren »Guru«, jemand anderem, der vielleicht all die Antworten hatte und mit genügend Schmeichelei oder Beschwatzen dazu gebracht werden konnte, sie auszuspucken. Aber ich bin unfair, sagte ich mir, und ich war es auch bis zu einem gewissen Grad. Das Phänomen des Sprechens für eine andere Persönlichkeit ist an sich schon ungewöhnlich und erstaunlich genug, um die allgemeine Aufmerksamkeit auf sich zu ziehen. Es erinnert an unsere alten Legenden von Göttern, die durch Sterbliche sprechen, an Geister, die durch menschliche Augen blicken, an Götter, Teufel und andere Wesen, die in den Sphären der menschlichen Psyche herumtollen.

Daves Stimme unterschied sich kaum von der Joels. Er sprach ernst, aber leidenschaftslos, während Bette ihn mit einer Mischung aus Ehrfurcht und Trotz ansah. Sie war noch immer wütend – aber auf Joel, nicht auf Dave.

»Du hast gewußt, daß indianische Männer und Frauen starben«, sagte Dave. »Hat dich das überhaupt nicht berührt?«

»Wir wußten nur, wer wann auf dem Kriegspfad war«, erwiderte sie mit harter Stimme.

»Wußtest du auch, wann *deine* Rasse auf dem Kriegspfad war?« fragte Dave ruhig, so als übersetze er oder spräche zu einem Kind.

»Nein!« schrie Bette ärgerlich. »Ich hatte mit meinem eigenen Leben zu tun. Mir ging es nur um meine Kinder, und ihr habt dafür gesorgt, daß ...« Finster hielt sie inne, denn Joel war ja durch Dave ersetzt worden. Von nun an sprach sie Dave, wenn sie ihm antwortete, mit »Sir« an, und dies in einer perfekten Mischung aus Ehrerbietung und Sarkasmus. Nach einer längeren Diskussion erklärte sie allerdings, daß sie nun Joel gegenüber freundlichere Gefühle hege; ihr sei klar geworden, daß seine Leute auch nur aus ihren Gefühlen heraus gehandelt und lediglich versucht hätten, ihr Land zu verteidigen. Sie grinste und sagte: »Und hör auf, mit mir zu kämpfen. Sei einfach nett.«

Ihre Haltung hatte sich so sehr verändert, daß ein paar Leute lachten.

»Ich meine es ernst«, sagte sie. »Ich habe eine Menge aus jenem Leben gelernt, und in diesem Leben werde ich, wenn es um die Indianer geht, regelrecht zum Kreuzritter ... Ich empfinde tiefes Mitgefühl für sie. Wenn jemand von den Schwarzen als unterdrückte Minderheit spricht, erinnere ich immer auch an die Indianer – also habe ich ihnen wohl das, was sie mir angetan haben, vergeben.« Als Dave darauf antwortete, konnte sich Bette allerdings nicht enthalten, zu erwidern: »Oh, vielen Dank, *Sir*«, und der harte Ausdruck kehrte in ihre Augen zurück.

Die ganze Episode dauerte fast eine Stunde. Einen Teil der Zeit sprach Dave allein oder antwortete auf Bettes Fragen. Ab und zu stellte ich eine Frage, achtete aber darauf, daß ich bewußtseinsmäßig auf das Zimmer konzentriert blieb, denn sobald ich mir eine Abschweifung erlaubte, fand ich mich sofort mit Bette in jener Hütte wieder. Ich fühlte ihre Schreie in meiner Kehle und war entschlossen, ihnen keine Stimme zu verleihen.

Zum einen wollte ich zu diesem Zeitpunkt meine eigenen Wahrnehmungen nicht einbringen. Dies war in erster Linie Bettes und Joels Erfahrung, und ich war neugierig, was sie damit anfangen würden. Zum andern mußte ich an die ganze Gruppe denken und wollte keinesfalls all die Emotionen im Raum zum Explodieren bringen, schon gar nicht, da ich mich selbst in dieses Ereignis verwickelt fühlte und womöglich dann nicht mehr imstande sein würde, das Geschehen auf angemessene Weise zu überwachen.

Was den Angriff der Indianer anging, so wurden keine Daten genannt. Dave erwähnte einen Namen, Kewate oder Kewata, aber ohne nähere Angaben. Als er nach dem Stammesnamen gefragt wurde, antwortete er: »Es war ein Ableger von einer größeren Nation oder einer Verbindung von Stämmen, und ihre Sprache ist *mir* nicht vertraut, aber es war so etwas wie Shu ... Shu shon ack.«

Als alles vorbei war, erzählte Bette, daß sie Joel gegenüber schon von Anfang an feindselige Gefühle gehegt habe und nun den Grund dafür verstehe, wie auch dafür, daß sie die Indianer grundsätzlich so leidenschaftlich verteidigte. Die starken, im Raum herumschwirrenden Emotionen verpufften nun einfach. Dann schüttelte Joel den Kopf, hustete, sah einen Augenblick benommen drein und fragte schließlich: »He, was war los?«

Ja, was eigentlich?

Eines war mir sofort klar gewesen. Dave war Joel genau in dem Moment zu Hilfe gekommen, als Bettes Angriffslust am stärksten gewesen war. Er hatte den Wind aus ihren emotionalen Segeln genommen, ein Fakt, den Bette, dessen war ich mir sicher, sofort bemerkt und verübelt hatte. Dave war – innerhalb des Kontexts, in dem sie agierten – nicht Joel, und seine »überlegene« Haltung verwandelte die Dringlichkeit ihrer Auseinandersetzung in eine Konfrontation, in der Bette ihre bislang »ebenbürtige Position« einbüßte.

Was Joel anging, so hatte er zumindest exzellente psychische »Beinarbeit« geleistet. Bei ihm waren drei Aktivitätsebenen involviert – der gewohnte Joel, Joel als Indianer in einem vergangenen Leben und Joel als Dave, der wohl das Wissen der anderen beiden in sich vereinigte.

Doch etwas an diesem Phänomen beunruhigte mich. Es hatte etwas Gezwungenes, so als ob ein Teil von Joels Persönlichkeit nicht wüßte, was er mit dem anderen Teil anfangen sollte. Der Auftritt hatte... etwas seltsam Gespaltenes an sich, als ob sich jemand allzusehr bemühte, wenngleich in bester Absicht. Irgendein Kontakt wurde nicht ganz hergestellt, spürte ich.

Ich sah Dave nicht als »Geistwesen« im herkömmlich verstandenen Sinn an, aber schließlich konnte ich ja auch Seth nicht so sehen. Die ganze Geschichte löste in mir natürlich wieder Fragen nach der Natur Seths aus. Aber er ist auf schwer zu erklärende Weise eine völlig runde Persönlichkeit und war es schon, als ich meine ersten Erfahrungen mit ihm machte. Dabei war nie etwas Angestrengtes oder Gezwungenes gewesen. Ich wußte die Bewußtseinsebenen, derer sich Joel bediente, zwar zu schätzen, hatte daneben aber ein gewisses Gefühl von Verzerrtheit, von einer Begabung, die darum rang, eingesetzt zu werden, zugleich aber im Dilemma psychischer Falschheit oder Unauthentizität steckte.

Doch all das hatte wenig zu tun mit den Fragen, die durch das Reinkarnationsmaterial selbst aufgeworfen wurden. Hatten Bette und Joel diese Begebenheit, die sie so intensiv zu erinnern schienen, tatsächlich erlebt? Hörte ich in meinem Innern die durchdringenden Schreie einer Frau, die mitansehen mußte, wie ihre Kinder ermordet wurden? Ich hatte das Gefühl gehabt, mich selbst, wenigstens für eine Weile, an jenem Ort in jener anderen Zeit verlieren zu können.

Aber Bette war, wie ich wußte, gerade zu *dieser* Zeit in ihrem (gegenwärtigen) Leben von Angriffslust erfüllt. War die ganze Episode ein kreatives emotionales Drama, das sie innerhalb eines ungefährlichen Kontexts von dem Druck, unter dem sie stand, befreite? In diesem Fall hatte Joel sicherlich seine eigenen Gründe, daran teilzunehmen. Auf jeden Fall schien die ganze Gruppe danach befreiter, gereinigt. Hatten die beiden »Hauptakteure« etwa die gesammelte unterdrückte aggressive Energie der gesamten Gruppe ausagiert?

Wie es schien, nahmen meine Fragen kein Ende. Die meisten Kursteilnehmer gingen ganz selbstverständlich davon aus, daß ein bestimmtes Ereignis aus einer früheren Existenz noch mal durchlebt worden war. Ich gab zu, daß die ganze Episode ihre eigene Gültigkeit hatte, äußerte aber den Verdacht, daß die Grundlagen dieser Gültigkeit die Ebene unserer Vorstellungen und Theorien überstieg. Und wieder hatte ich das Gefühl, daß Reinkarnation von weitaus komplexerer Natur ist, als wir gemeinhin annehmen, daß wir uns womöglich, wenn wir sie einfach per se als gegeben akzeptieren, an der Entdeckung ihrer »wirklichen« Bedeutung hindern.

Wie Sie sehen werden, sollte ich kurze Zeit später mit einem außergewöhnlichen Fall von »Persönlichkeit eines vergangenen Lebens« in einer überraschenden Begegnung zwischen Sue und meinem Mann Rob konfrontiert werden – ein Erlebnis, das einiges Licht auf den Auftritt Joels als Dave werfen sollte. Im Moment wußte ich zwar genug, um die Erfahrungen dieses Abends nicht in gewohnt dogmatischer Weise zu interpretieren (das Dogma des Spiritualismus – oder der Reinkarnation – kann ebenso beschränkend wirken wie jedes konventionell-kirchliche Dogma), konnte aber auch keinen anderen Bezugsrahmen entdecken. So stieß ich mir meinen Kopf weiterhin an mentalen Wänden.

Von Seth Zwei zum indianischen Kriegsgeheul – für diesen Abend reichte es. Von körperlosen Beobachtern aus einem anderen Realitätssystem bis zum emotionalen Sturm von Bettes Wut auf einen Mann, der, wie sie glaubte, vor über einem Jahrhundert ihre ganze Familie ausgelöscht hatte – was immer hier vor sich ging, wir alle mußten am nächsten Morgen früh raus. So beendete ich diesen Abend.

Und während sich das Zimmer nach und nach leerte, dachte ich:

Es ist doch großartig, daß wir uns alle frei genug fühlen, die Natur unseres Bewußtseins gemeinsam zu erkunden. Wer weiß, was wir entdecken werden? Und so empfinde ich immer noch.

Am nächsten Tag verbrachte ich zwei Stunden damit, meine Eindrücke vom letzten Abend und meine eigene Haltung dazu aufzuschreiben und zu sortieren. Ich spannte einen Bogen Papier in die Schreibmaschine und schrieb einfach auf, was mir in den Sinn kam, ohne weiter nachzufragen. Ich habe entdeckt, daß dies eine exzellente Methode ist, Ideen und Gedanken zum Vorschein zu bringen. In der Tat war mir, bevor ich las, was ich da geschrieben hatte, gar nicht zu Bewußtsein gekommen, daß ich aus verschiedenen gedanklichen Richtungen, die mich alle anzogen, eine ausgewählt hatte.

Ich fand den Begriff oder die Zuordnung »Geistführer« immer hinderlicher. Aber genau das war es, als was die Leute Seth ansahen. Wann immer ich dagegen Einwände erhob, brachte ich sie in Verwirrung. Zum einen wollen viele Leute geradezu verzweifelt an ein Leben nach dem Tod glauben und sehen »Geistführer« automatisch als Beweis dafür an. Zum andern liefert dieses Konzept einen Bezugsrahmen, innerhalb dessen man einem Geistwesen ohne andere Zwischenträger im Wohnzimmer irgendeines Mediums begegnen kann, das Trost spendet, Probleme löst und einen intimen Kontakt mit spirituellen Realitäten herstellt, was die Kirchen schon lange aufgegeben haben.

Selbst als meine eigenen diesbezüglichen Erfahrungen schon begonnen hatten, glaubte ich nicht, daß die Dinge so einfach waren. Und auch Seth beschrieb sich nicht in diesen Begriffen oder Kategorien. Doch bis zu diesem Gruppenabend im Juni hatte ich meinen eigenen Zweifeln mißtraut. Vielleicht blockierte mich ja mein Intellekt, dachte ich. Vielleicht war Seth ja tatsächlich ein Geistführer – so wie die Leute sagten, und genau in diesem Sinn. Und vielleicht gab es ja auch die Reinkarnation in dieser Weise, wie es andere dachten.

Als ich aber am nächsten Tag meine Notizen durchlas, war mir klar, daß ich Seth nicht zum Klischee verkommen lassen würde und zulassen mußte, daß sich meine persönlichen Erfahrungen auf ihre eigene Weise entfalteten. Meine Einstellung gegenüber Seth kam ganz gut in folgendem Abschnitt der Notizen zum Ausdruck:

Letzte Nacht führte uns Seth Zwei zu Bewußtseinsabenteuern, die befreiend, kreativ und gültig sind. Ich denke, daß sie mit Sicherheit das persönliche Wahrnehmungsvermögen schärfen und erweitern und vielleicht im Rahmen der Gruppe eine kollektive Gewahrseinsebene herstellen, die auch auf den Traumzustand übergreift. Ich möchte mich aber nicht »gezwungen« fühlen, mir einen körperlosen Geist vorstellen zu müssen, der gelegentlich bei uns hereinschaut. Ich denke, wir sind etwas auf der Spur. Ich weiß aber noch nicht, was es ist. Wenn wir wie selbstverständlich davon ausgehen, daß alles, was wir nicht erklären können, »Geistern« zuzurechnen ist, dann haben wir es nur wieder mit einem Dogma zu tun.

Über das Reinkarnations-Drama schrieb ich:

Wiederum ein sensationelles Bewußtseinsabenteuer für die daran Beteiligten, die hier Realität auf andere Weise erfuhren und das tiefe Miteinanderverwobensein in neuer Gestalt konkretisierten. Sie betrachteten das Wesen der Existenz von einem völlig anderen als sonst üblichen Fokus aus, und dies brachte mehr oder weniger alle Kursteilnehmer dazu, dasselbe zu tun. Und das war, denke ich, konstruktiv, dynamisch und aufregend. Ich weiß nicht, ob Joel und Bette ein bestimmtes Ereignis aus der Vergangenheit von neuem durchlebt haben oder nicht, oder ob lediglich die Vorstellung einer Reinkarnation einen Bezugsrahmen herstellte, innerhalb dessen sich diese Erfahrungen entfalten konnten, und der die beiden aus der Rolle, die sie sonst in ihrem Leben zu spielen gewohnt sind, entließ.

Vielleicht ist das auch belanglos. Aber ich denke, von Leuten, die mit Medialem befaßt sind, und zwar gleichermaßen von Amateuren wie von Professionellen, geht ein starker Druck aus, solche Begebenheiten für bare Münze zu nehmen. Manchmal entnehme ich ihren Bemerkungen und Briefen, daß viele Menschen so dringend an irgend etwas *glauben möchten, daß sie sich bedroht fühlen, wenn ich meine eigenen Erfahrungen in Frage stelle. Oder sie wollen, daß ich eine Art Bibel schreibe, aus der alle Ungewißheit entfernt ist – für* sie. *Aber dann verfinge ich mich in einem Dogma – wäre verpflichtet, es zu schützen und hätte nie wieder den Mut, meine eigenen Ideen kritisch zu überprüfen. Ich kann einfach nicht nach netten kleinen klischeehaften Symbolen suchen, in denen ich meine Erfahrungen unterbringen könnte.*

Denn hinter allem existiert etwas Unschätzbares, das wir, als Gemeinschaft, immer übersehen haben. Und ganz vielleicht kann ich ein paar Hinweise bekommen, was das ist...

Ich schrieb diese Abschnitte mit einem gewissen Ungestüm, übertrieb sicher bis zu einem gewissen Grad, fühlte nun aber seit längerer Zeit wieder mehr Klarheit, was meine persönliche Einstellung anging. Und so werden Sie sich vorstellen können, wie meine Reaktion auf Martin Crocker ausfiel, der am nächsten Gruppenabend dabeisein sollte. Dieser Termin war schon vor Monaten verabredet worden. Offensichtlich personifizierte Martin all die Ideen, auf die ich verzichten konnte, wie ich gerade beschlossen hatte.

3
Ein Geistführer ist ein Geistführer ist ein ...?

Mr. Martin Crocker war Masseur und Heiler. Seine Frau saß neben ihm auf der Couch, sehr still, so als versuche sie, unsichtbar zu sein. Martin selbst – ein flotter, pedantischer Herr in den Fünfzigern, überaus adrett im dunklen Anzug und weißen Hemd, mit schmalem, blassem Gesicht, altmodischer Brille und rotem Haar, ein kleiner Gockel von einem Mann –, war, wie sich herausstellte, sehr wohl in der Lage, sich zu behaupten.

Während er an diesem Gruppenabend seine Reden schwang, wurde ich immer nervöser, und, um ehrlich zu sein, ich war empört. Doch er war ja so aufrichtig und so gut und sprach über Liebe und warf mit dem Namen Gottes um sich, und das band mir gewissermaßen die Hände, wie ich meinte. So wie er das sah, bestand Liebe aus einem ausgewogenen »Zahn um Zahn« und »Aug um Aug«; aus Reue, Bestrafung und einem gerechten Gott, den niemand, der bei rechtem Verstand war, zum Vater haben wollte, geschweige denn zum Freund.

Er erzählte uns von Tassen, die durchs Dunkel dumpfiger Seance-Räume flogen, sie »flitzten nur so durch die Luft, daß man sich ducken wollte. Aber natürlich trafen sie dich nicht, denn sie wurden ja von der anderen Seite kontrolliert.« Kontrolliert, schon möglich, doch von einem irdischeren Ort als dem Himmel, wie ich das sah. Martin Crocker aber glaubte, was er glaubte. Seine Überzeugungen waren Teil von ihm, waren so sehr in sein innerstes Gewebe und seine Gedanken eingestrickt, daß, hätte man ihm auch nur eine seiner Überzeugungen genommen, auch alles andere aufgeräufelt worden wäre. Und das hätte ich natürlich nie getan, selbst wenn ich es gekonnt hätte.

Allerdings konnte ich auch nicht scheinbar beifällig dabeisitzen und nichts sagen, während eine Kursteilnehmerin, Audrey, ihn hoffnungsvoll und mit gläubigen Augen anstarrte. Wenn Tassen wirklich von Geisterhänden geschleudert durch die Luft fliegen konnten, warum dann nicht hier? Und die ganze Zeit saß Martin adrett, aber entschlossen, seinen Standpunkt zu vertreten, auf seinem Platz – der gute Christ unter lauter Ungläubigen, wie offensichtlich war, ganz nette Ungläubige vielleicht, aber dessen war er sich wohl nicht so ganz sicher. Er trat an wie Daniel in der Löwengrube, die Wahrheit zu verkünden, ganz gleich, was wir dachten. Und dafür hatte man ihm Anerkennung zu zollen.

Eigentlich entspreche ich nicht gerade dem Bild einer Löwin, ein Kätzchen aber, das all sein Zeug aufschlabbern würde, war ich auch nicht. So ging es hin und her. Die Gruppe nahm die Sache relativ gelassen, bis Martin sagte, er verstünde nicht, wie Frauen Medien oder Heilerinnen sein könnten. Jedermann wüßte doch, daß Frauen negativ und Männer positiv seien; Frauen zögen Krankheiten und schlechte Einflüsse an, während Männer Gott näher stünden und von Natur aus gut seien. Oder jedenfalls besser.

Bei diesen Sätzen nickte Martins Frau mit ihrem fügsamen Haupt, während alle anderen im Raum mehr oder weniger laut aufbrüllten. Das Protestgeheul klang gut in meinen Ohren, aber wie eine Idiotin brachte ich sie, um Martin besorgt, zum Schweigen; er strengte sich so sehr an, war ein so »guter Mensch«, wenn auch etwas mißgeleitet.

Ich war dumm. Jeder, der die Gesetze des Universums auf seiner Seite hatte, war fürwahr nicht auf meine Hilfe angewiesen. Und Martin war sich sicher, sie *waren* auf seiner Seite. Im Versuch sehr tolerant, aber doch auch bestimmt zu sein, erklärte er, warum er »keinen Tropfen« anrühre, Alkohol jeglicher Art die Sinne einschläfere und die spirituellen Schwingungen ruiniere. »In meiner Jugend habe auch ich ganz gern dann und wann ein Bierchen getrunken«, sagte er schelmisch, und ich lächelte ihn geradezu liebevoll an – dieser aufrechte Mann, der dem Herrn sein Glas Bier opferte.

Ich trank meinen Wein und rauchte eine Zigarette und hörte zu, wie er über die Verderbtheit des Fleisches sprach. So sei es. Der arme Körper! Daß dieser wunderbare, gottgegebene Mechanismus von jenen, die so sehr auf Gottes Güte beharren, sündig genannt wurden ... Wenn der Körper so sündig ist, wozu hat ihn uns dann ihr Gott gegeben? Warum machen so viele philosophische und religiöse Systeme den Versuch, den Menschen dazu zu bringen, sich seines eigenen Bildes zu schämen? Aber ich ließ Martin eine Weile sitzen in seiner glanzvollen Rechtschaffenheit und seine Theorien erklären – er sollte nicht weniger Redezeit haben als die anderen.

Die Kursteilnehmer waren in ihrer Reaktion geteilt. Sue und ich zeigten uns am wenigsten verständnisvoll. Aber da waren die Hoffnung, die Magie, die Fragen. In seiner Welt wirbelten Tassen durch das Dunkel, statteten Heilige und tote Propheten freundlich und unterschiedslos den Menschen Besuche ab, die in den dunklen Wohnzimmern zahlloser Medien hockten. Wäre das nicht großartig! Wäre es das?

»Der Intellekt hat von der Wahrheit nichts zu befürchten«, sagte ich. »Wenn jetzt hier eine Tasse durchs Zimmer flöge, in dem alle Lichter an sind, wäre ich die erste, die das akzeptierte. Ich leugne nie die Evidenz meiner Erfahrung. Aber wenn die Lichter aus wären, wäre ich die erste, die sie anmacht. Und wenn hier eine Tasse durch die Luft flitzte, die irgend jemand oder irgend etwas geworfen hat, dann würde sie weiterfliegen und sich nicht vom Licht abhalten lassen.«

Martin schloß halb die Augen und schürzte die Lippen. »Dann hört auch das an«, sagte er. »Einmal hörte ich eine Stimme in einem Seance-Zimmer, eine Stimme, die unmittelbar aus dem Nirgendwo sprach. Es war eine sehr laute und heisere Stimme, und sie gehörte zu einem Geistwesen namens Charles. Charles sagte, er würde sich nun durch den Fußboden begeben, und die Stimme würde das beweisen. Und so hörten wir tatsächlich die Stimme erst oben an der Decke, dann weiter unten, dann noch weiter unten. Dann kam sie von unter dem Fußboden. Nun, was sagt ihr *dazu*?« In seiner Frage schwang ein Hochgefühl von Schlauheit und Triumph. Jetzt hatte er mich.

»War das Licht an?« fragte ich sanft.

»Natürlich nicht. Das hätte die Schwingungen ruiniert«, erwiderte er. Er dachte, ich sei stur und skeptischer, als es einem Medium zukam. Ich dachte, er sei im besten Falle leichtgläubig.

»Ich leugne nicht, daß derartige Dinge möglich sind«, sagte ich. Und das tue ich auch nicht. Aber wenn ich solche Berichte von Leuten höre, an deren gesundem Menschenverstand ich bereits zweifle, bin ich immer etwas vorsichtiger.

Natürlich sagte ich das nicht laut. Statt dessen fragte ich ihn nach seiner Heiltätigkeit.

»Ich heile nicht«, antwortete er. »Ich kann es nicht. Keine Person kann etwas von sich aus. Der Heilige Geist heilt durch mich. Ich bin nur der Channel –«

»Ich nehme an, wir bedienen uns hier nur verschiedener Begriffe«, meinte ich hoffnungsvoll. »Aber da Gott uns geschaffen hat, müssen wir doch wohl fähig sein, *etwas* zu tun. Wir müssen eigenständige, geheiligte, großartige und sinnerfüllte Wesen sein –«

»Das sind wir«, erwiderte er. »Aber trotzdem können wir nichts von uns aus tun. Nur der Heilige Geist heilt.«

»Und wir sind ein Teil dessen, was der Heilige Geist ist«, sagte ich.

Doch er blickte mich nur störrisch an, überzeugt davon, daß ich ihn mit Worten austricksen wollte. Ich sah auf die Uhr; es war Zeit für eine Pause. Nachdem ich sie verkündet hatte, kam Martin zu mir herüber.

»Ich hoffe, Sie verzeihen mir, wenn ich früher gehe«, sagte er. »Ich merke, daß ich die Gruppe blockiere. Ich weiß, wie das ist, wenn man mit einer Gruppe zu arbeiten versucht ... und jemand da ist, der nicht hineinpaßt.«

Sofort hatte ich das Gefühl, unfreundlich und gefühllos gewesen zu sein. Schließlich war Martin nur für diesen einen Abend den ganzen Weg von Ohio gekommen. »Natürlich blockieren Sie die Gruppe nicht. Sie mögen Sie«, sagte ich. Und das taten sie auch, was das anging. Auf einer bestimmten Ebene mochte auch ich ihn. Ich versuchte meine Ungeduld und Irritation zu verbergen. Schließlich sollte ich inzwischen erwachsen genug sein, dachte ich, um genug zu verstehen ...

Martin lächelte (selbstgefällig?) und setzte sich wieder. Und sofort wünschte ich, ich hätte ihn sich verabschieden lassen. Ich war nicht ehrlich. Ehrlichkeit von seiner und von meiner Seite hätte die Atmosphäre reinigen können, aber ich hatte zu große Angst, ihn in seinen Gefühlen zu verletzen. Kaum hatte sich Martin gesetzt, kam Seth durch. Er wandte sich zunächst ihm zu. Als Seth beugte ich mich freundlich lächelnd vor:

»Ich möchte nicht, daß unser Freund hier das Gefühl hat, daß er uns in unserem Stil beeinträchtigt.« Dann nickte er Martin zu: »Es gibt einen Vorfall in deinem Leben, der mit innerer Wahrnehmung zu tun hat. Kein gewöhnliches Ereignis nach euren Maßstäben. Mit dieser Geschichte war eine andere Person verbunden, die auf telepathische Weise wußte, was vorging, dazu beitrug, daß es passierte, und dir dann davon erzählte.«

An die Gruppe gewandt, fuhr er fort:

Nun, Martin ist ein guter Mann, wie Ruburt (Seths Name für mich) *schon vorhin sagte, und ich mag ihn. Er mag Ruburts Gewohnheiten nicht billigen, aber Ruburt billigt auch nicht die seinen. Das ist ihre Angelegenheit. In Martins Denken finden sich Verzerrungen, wie auch in eurem Denken. Er begreift Lebendigkeit anders als ihr, aber er nutzt sie sehr gut.*

Öffnet der Energie die Tore. Haltet sie nicht verschlossen. Alles Mythische wird sich sonst verflüchtigen. Die Mythen eines Menschen sind wie seine Kleider. Sie sind seine persönliche Angelegenheit. Unter dem Gewand stecken die Person und ihre Realität.

Seth erläuterte diese Gedanken noch kurz, und dann kam ich aus der Trance. Die Kursteilnehmer lächelten. Martin sah aus, als fühle er sich bestätigt.

Großartig, dachte ich und erkundigte mich, was ich als Seth gesagt hatte. Bevor noch irgend jemand antworten konnte, grinste Martin in einer äußerst merkwürdigen Mischung aus Scheu und Selbstgefälligkeit. »Seth sagte mir etwas, wovon niemand hier wußte. Zu Beginn der Sitzung erwähnte er einen Vorfall in meinem Leben und den Gebrauch innerer Wahrnehmung. Ich glaube, ich weiß, was er meint.«

Martin hielt inne, befeuchtete sich die Lippen und warf einen bedeutungsvollen Blick in die Runde. Dann fuhr er fort: »Letzte Woche erwähnte ich in einem Zirkel, daß ich hierher kommen würde und fragte, ob Seth schon vorher aus der Geisterwelt etwas zu mir sagen könnte. Er meldete sich durch das Medium und klang ziemlich so, wie heute abend hier.« Martin hielt wiederum inne, diesmal ehrfürchtig. »Niemand hier wußte davon und was mir Seth gesagt hat. Ich habe es nicht mal meiner Frau erzählt. Ich bin also zufrieden.« Und wieder erschien dieses wichtigtuerische, verhohlen triumphierende Lächeln.

Für einen Moment war ich sprachlos. Ich denke, meine Entrüstung muß sich geradezu komisch ausgenommen haben. Mein Seth sollte sich in solchen Gespensterversammlungen herumtummeln? Nicht sehr wahrscheinlich. Abgesehen davon glaube ich, wie gesagt, nicht, daß Seth in solchen Kategorien existiert. An diesem Abend stand Martin für all jene Vorstellungen von Geistführern, die mich so nervten. Und was ihn anging, so spürte ich bei ihm ein unsichtbares Knäuel religiösen Aberglaubens. Ich bat einen Kursteilnehmer, mir noch mal die ersten Sätze Seths vorzulesen. Sie waren ziemlich vage, wie mir schien.

Aber für Martin Crocker waren sie sein Beweis des Abends, die Demonstration von Seths eigenständiger Natur. Seth hatte durch zwei verschiedene Medien gesprochen und so offenkundig seine unabhängige Existenz bewiesen. Es ist ziemlich sinnlos, auch nur den Versuch zu unternehmen, die Mißverständnisse aufzuklären, dachte ich. Und so sagte ich Martin nur, daß ich bezweifelte, daß Seth an seiner Versammlung teilgenommen hatte. Martin lächelte über diesen weiteren Hinweis darauf, daß das Medium selbst von der ganzen Sache keine Ahnung hatte.

Solche Geschichten waren mir auch früher schon passiert. Leute nahmen den fadenscheinigsten Hinweis als »Beweis« für diese oder jene Sache, wanderten dann frohgemut von Medium zu Medium, von Geistwesen zu Geistwesen, und klammerten sich an jeden Strohhalm. Ein Spiel, das ich nicht mitspiele. Seths Existenz ist eine überzeugende psychische Realität. Eine Realität, die uns zu Fragen nach der Natur des menschlichen Bewußtseins, so wie wir es kennen, und nach unseren eigenen Fähigkeiten bringen soll. Der

Gedanke, daß Seths Realität von der Gnade eines solchen »Beweises«, wie Martin ihn verstand, abhängen sollte, erfüllte mich mit tiefer Traurigkeit. Aber ich steckte immer noch mit einem Fuß in Martins Bezugsrahmen, denn ich versuchte nach wie vor, Seth in den Kerker einer beschränkten Welt von »wahr oder falsch« zu zwängen.

Das war mir damals aber nicht klar, obwohl ich es eigentlich hätte begreifen müssen, denn Seth kam wieder durch und geleitete die Kursteilnehmer durch eine Übung, in der sie ihr Bewußtsein auf wahrscheinliche Realitäten konzentrieren sollten.

Seth behauptet nicht nur, daß wahrscheinliche Welten existieren, sondern auch, daß wir unter bestimmten Bedingungen unsere »wahrscheinlichen Selbsts« wahrnehmen können. Derartige Gedanken lassen sich, wie auch Seth selbst, unmöglich einer einzigen Kategorie treffend zuordnen. Und mit Sicherheit passen sie nicht in den Bezugsrahmen konventionellen christlichen Gedankenguts. Was für Vorschläge hätte beispielsweise ein Theologe in bezug auf die Rettung einer wahrscheinlichen Seele? Und viele Atomphysiker, die die Existenz von Wahrscheinlichkeiten durchaus akzeptieren, würden überhaupt die Existenz einer Seele nicht anerkennen.

Seths Anweisungen und die Übung dauerten etwa zwanzig Minuten. Er bat die Kursteilnehmer, sich als Hilfsmittel eine Pyramide vorzustellen:

> *Konzentriert euch auf die Empfindung in eurem Hinterkopf. Die Empfindung ist hier das Wesentliche, denn aus ihr wird die Pyramidenform entstehen. Für jeden von euch mag sich diese Pyramide anders ausnehmen, denn sie ist euer persönlicher Weg zu wahrscheinlichen Realitäten. Sie mag als Pfad oder Lichtstrahl oder in irgendeiner anderen Form in Erscheinung treten, aber folgt ihr voller Zuversicht und in aller Freiheit. Benutzt meine Stimme einfach als Leitfaden, aber konzentriert euch auf eure eigenen Gefühle und Empfindungen.*

Seth erläuterte dann die verschiedenen Varianten, in denen sich diese Pyramide öffnen konnte – zu Wegen oder Räumen oder Gängen. »Lernt mit dieser Beweglichkeit eures Bewußtseins spielerisch umzugehen«, fuhr er fort, »und begebt euch noch tiefer in diese Pyramide hinein, sie ist ein Kanal zwischen eurer Welt und anderen existenten Welten. Ich möchte, daß ihr aus dieser Stimme Energie und Kraft bezieht und sie auf eure Weise benutzt. Laßt daraus werden, was immer für euch daraus werden soll in diesem spezifischen Wahrscheinlichkeitssystem, in dem ihr euch befindet.

Wenn ihr Welten vorfindet, die ihr nicht versteht, dann seht sie euch mit Staunen an, aber schickt euer Bewußtsein so weit aus, als euch möglich ist, mit großer Energie, in Freiheit und Freude...«

Ich habe hier nur ein paar Auszüge zitiert, um einen Eindruck davon zu vermitteln, wie diese Übung durchgeführt wurde. Wie üblich verwandte Seth einige Zeit darauf, die Kursteilnehmer zu ihrer gewohnten Orientierung »zurückzuführen«.

Nachdem ich aus der Trance herausgekommen war, berichteten sie mir von ihren Erlebnissen. Und wieder waren einige besonders interessant. Sue Watkins erzählte: »Ich schien mich in einem wahrscheinlichen System zu befinden, das nicht wie das unsere, aber doch ähnlich genug war, so daß ich mich darauf beziehen konnte. Ich traf auf eine menschenähnliche Gestalt in einem seltsam verkümmerten Wald. Sie sprach mich an, aber ich kann mich nicht erinnern, was sie sagte.«

John, ein anderer Kursteilnehmer, hatte winzige Leute gesehen, die Energie symbolisierten. Sie bildeten einen Kreis und tanzten um ihn herum. Als Seths Stimme lauter wurde, führten sie John zu einer Pyramide. In ihr war ein Mann, und John begrüßte ihn als einen schon seit langer Zeit verschwundenen Freund, doch nun, da er diese Geschichte erzählte, hatte er vergessen, wer dieser Mann war.

Ein anderer Kursteilnehmer sagte: »Es macht vielleicht keinen Sinn, aber ich sah einen Mann. Er ging ins Nichts... spaltete das Nichts... und sah das physische Universum.«

Ich fragte Martin Crocker, wie es ihm in der Übung ergangen sei. Er schüttelte heftig den Kopf und erwiderte: »Nichts passierte, absolut nichts. Ich habe nichts gesehen oder gefühlt. Gar nichts.« Ich mußte innerlich lachen, denn offensichtlich fand Martin unsere Ideen von wahrscheinlichen Selbsts und wahrscheinlichen Realitäten ebenso unwahrscheinlich wie wir seine Welt von guten und bösen Geistern, einem gerechten Gott, der die Leute ins Höllenfeuer warf, und Tassen, die durch die Nacht flitzten.

Aber zwischen diesen beiden Ansätzen besteht ein gewaltiger und wesentlicher Unterschied, wie ich meine. Alle meine Kursteilnehmer akzeptieren solche Übungen als Bewußtseinsabenteuer. Es macht ihnen großen Spaß, ihren Gewahrseinsfokus in verschiedene Richtungen zu lenken und die Natur der Realität von verschiedenen subjektiven Blickpunkten aus zu erforschen. Aber diesen mentalen Begebenheiten werden keine Etiketten angeheftet. Wir haben das Gefühl, von einer inneren Landschaft mentale Schnappschüsse aufzunehmen, und uns ist klar, daß wir auf Grund unserer vorgefaßten Anschauungen wahrscheinlich gar nicht anders können, als sie bis zu einem gewissen Grad zu verzerren.

Martin Crocker und alle Martin Crockers hingegen gehen grundsätzlich davon aus, daß die Welt und jegliches Leben nach dem Tode in eindeutig bestimmter und bekannter Form existieren. Sie programmieren sich selbst zu einer Interpretation ihrer Erfahrungen nach ihren starren Erwartungen und ignorieren alles, was nicht hineinpaßt. Martin Crockers gibt es überall oder in jeder Form menschlichen Bestrebens. Aber gewöhnlich haben jene, welche davon überzeugt sind, im Besitz der Wahrheit, der »ganzen Wahrheit«, zu sein, am wenigsten davon.

Doch Menschen sind Menschen; und Martin war ein einzigartiger kleiner Gockel von einem Mann, und genausowenig in eine Schublade einzuordnen wie wir alle. Er kam zum Kurs in der Gewißheit, daß es Geistwesen gibt, die als »Meister« fungieren, und er fand seinen Glauben bestätigt. Er brachte es fertig, alle Ereignisse so zu deuten, daß sie in seine vorgefertigten Theorien paßten. Und vielleicht tun wir das alle mit den Erfahrungen unseres Lebens, jeder auf seine Weise. Ich habe oft an Martin Crocker denken müssen, mit einem gewissen Unbehagen. Er verbog seine Erfahrungen, damit sie in seine Vorstellungen paßten. In welchem Maße tat ich das auch?

4
Wahrscheinliche Selbsts und noch mehr Fragen

Während ich noch damit beschäftigt war, Seths Position in *unserer* Welt einzuordnen, führte er uns tiefer in die Dimensionen unseres eigenen Bewußtseins und erweiterte unsere Vorstellungen von dem, was *wir* sind. Trotzdem sollten die Ergebnisse der Übung des folgenden Kursabends, des Abends nach Martin Crockers Besuch, mich sehr überraschen. Noch bevor Seth zu sprechen begann, hatte ich ein merkwürdiges Gefühl im Hinterkopf, so als erstrecke sich eine hohe Pyramide von hier aus bis zu einem anderen, unsichtbaren Punkt in unermeßlicher Ferne. (Die Pyramide befand sich nicht über meinem Kopf, wie es der Fall ist, wenn Seth Zwei spricht, sondern parallel dazu.)

Gleichzeitig »wußte« ich, daß sich die Pyramide am anderen Ende wiederum öffnete und irgendwie mit einem wahrscheinlichen Selbst verbunden war. Die gleiche Form medialer Ausdehnung spürte ich zudem hinter jeder der anwesenden Personen.

Ich weiß nie, was ich bei solchen Anlässen sagen werde. Wie üblich sprach ich auch jetzt spontan und erklärte, was ich erlebte. Dann schlug ich vor, daß alle Kursteilnehmer versuchen sollten, ihre eigene Pyramidenstruktur zu erfühlen. In diesem Moment setzte Seth ein, so glatt, daß kaum ein Übergang zwischen meinen letzten und seinen ersten Worten zu bemerken war. Zunächst gab er ganz ähnliche Instruktionen wie am vergangenen Kursabend. Einen kurzen Moment fühlte ich einen Schock: Robs Portrait von Seth hing hinter mir, aber ich fühlte mich plötzlich in das Bild hineinversetzt und sah durch die Augen des Portraits ins Zimmer. Meine Brust und Arme fühlten sich kräftiger, größer und kompakter an als gewöhnlich.

Während Seth weitersprach, verstärkte sich dieses Gefühl im Nacken. Es pochte und dehnte sich aus. In diesem Moment sagte Seth (wie ich später erfuhr), daß eine andere wahrscheinliche Gruppe ebenfalls am Experimentieren war, und wir möglicherweise in der Lage seien, einen Blick auf unsere wahrscheinlichen Selbsts zu werfen. Ein paar Minuten später schlug er vor, alle sollten die Augen öffnen, sich im Zimmer umsehen und sie dann wieder schließen.

Als ich wieder aus der Trance kam, war ich ungewöhnlich desorientiert. Mehr noch, die Kursteilnehmer schienen mir auf merkwürdige Weise verändert zu sein, gar nicht sie selbst. Und während ich mich ziemlich verwirrt umsah, wurde ich von mindestens zehn Personen begrüßt, die mich alle zugleich anzusprechen versuchten. Eine Kursteilnehmerin, Brenda, sagte, sie hätte das Gefühl, daß sich ihre Gesichtszüge verändert hätten, wobei mir im selben Moment auffiel, daß sie wirklich seltsam aussah. Ihr Gesicht wirkte schwammig, irgendwie nicht fixiert, so als sei sich die Muskulatur nicht sicher, wie sie sich formen sollte. Gleichzeitig deuteten sowohl Sue als auch Bette sowie eine junge Studentin namens Anna auf Brenda: »Das ist nicht Brenda.« Brenda selbst saß schwer atmend da. Ihre Augen tränten, und ihre Gesichtszüge... wechselten und verschoben sich permanent, als seien sie aus Gummi.

Die Kursteilnehmer redeten weiter; alle hatten etwas zu erzählen. Lora, eine junge Hausfrau, berichtete, daß sich Margie, eine ältere Frau, in eine Ägypterin verwandelt habe; daß, als Lora sich im Zimmer umsah, wie Seth geraten hatte, diese Ägypterin auf Margies Platz gesessen habe. Bill, ein Vertreter in den Vierzigern, wirkte benommen. Er sah sich in einer Pyramide durch einen dunklen Gang gehen. Jemand rief: »Laßt ihn nicht herein! Er weiß!« Und eine Tür, die sich vor ihm befand, wurde plötzlich kleiner und verschwand.

Helen, gewöhnlich eine sehr ernsthafte Frau, saß lachend da, und ihr ganzes Gesicht strahlte vor Vitalität. »Junge, ist mir nach Tanzen«, sagte sie. »Ich bin so energiegeladen, daß ich die ganze Nacht tanzen könnte.« Und ich dachte: Ich könnte schwören, das ist nicht Helen. Aber bevor ich noch irgendein Wort äußern konnte, brach es aus einer anderen, normalerweise sehr schweigsamen jungen Frau heraus. Die Sätze kamen völlig mühelos. »Es ist so leicht, sich auszudrücken«, sagte sie lächelnd. »So herrlich einfach. Wie konnte ich bloß denken, daß es schwierig ist?«

Da saß sie und sah aus wie eine Zwölfjährige, obwohl sie Anfang zwanzig war. In diesem Moment war ihr Gesicht völlig glatt, wie das eines Kindes.

Unterdessen schwang Helen die Beine und wippte mit den Füßen und fragte, ob jemand tanzen wolle.

Roger, ein Buchhalter, war noch immer völlig benommen, als er von seinen Erlebnissen berichtete. Erst hatte er fünf Versionen von sich selbst gesehen. Dann befand er sich in einer Pyramide und betrachtete einen luxuriös ausgestatteten Raum mit dunkelgrünem Teppich, einer Couch und goldgerahmten Bildern an der Wand. In diesem Moment forderte Seth die Kursteilnehmer auf, die Augen zu öffnen. Und Roger machte fast einen Sprung, denn auch jetzt sah er diesen Raum!

Dies waren nur einige der vielen verblüffenden Erfahrungen. Ich fragte der Reihe nach weiter jede Person nach ihren Erlebnissen, hatte aber gleichzeitig selber Schwierigkeiten, mich zu orientieren und mir klar zu werden, was hier vor sich ging. Meine Stimme wurde während meiner Befragung immer schwächer. Beunruhigt merkte ich, daß ich mich nicht so, wie ich sollte, auf das Gespräch konzentrierte. Statt dessen zog eine seltsame Empfindung in meiner rechten Hand und meinem rechten Arm meine Aufmerksamkeit auf sich.

Ich saß im Schaukelstuhl, die Arme auf den Lehnen. Meine rechte Hand fühlte sich sehr knochig an, die Finger fast wie dürre Krallen. Zu meinem Unbehagen breitete sich dieses Gefühl über den ganzen Körper aus, bis er sich gänzlich fleischlos anfühlte. Ich wußte, ein Blick auf meinen Körper würde zeigen, daß ich ganz normal mit Rock und Bluse bekleidet war, aber das war nicht wichtig. Geistig sah ich durch die Augen eines Skeletts.

Ein Gefühl ruhigen Losgelöstseins und Verstehens brachte eine flüchtige nostalgische Empfindung schnell zum Verschwinden: Ich hatte, wie auch meine Kursteilnehmer, dieses Zimmer und diese physische Realität schon vor langem verlassen. Ich saß in einem Skelett, in einem Schaukelstuhl, und sprach zu anderen Skeletten, die auf Stühlen und Sofas in einem Zimmer saßen, das selbst schon lange verschwunden war. Und das galt auch, wie ich wußte, für die Stadt und die Zivilisation, in der alles einmal existiert hatte. Alles das, der Kurs und die Kursteilnehmer, hatte sich vor Millionen von Jahren ereignet. Selbst diese Skelettgestalten, die im Moment die einzig authentischen zu sein schienen, waren nur Luftgebilde. Und doch war ich nicht traurig, nicht einmal neugierig. Nur ein Gefühl von unermeßlichen Entfernungen nahm meine Aufmerksamkeit für einen Moment gefangen. Und mit einer merkwürdigen neuen... Höflichkeit stellte ich weiter meine Fragen an jene, die im Zimmer anwesend waren.

Allmählich verschwanden diese Empfindungen, und dann kam Seth durch.

Untersucht nun eure Gefühle und Empfindungen. Wenn ihr jemals gelernt habt, die Natur eures Bewußtseins zu untersuchen, dann tut es jetzt, denn ihr habt mehr oder minder einen Austausch mit euren wahrscheinlichen Selbsts vollzogen. Einige von euch befinden sich im falschen Zimmer.

Ich möchte, daß ihr diesen Kanal zurückverfolgt und eure Reise in umgekehrter Richtung antretet. Die Selbsts, die ihr kennt, kehren nun an ihren angestammten Platz zurück. Konzentriert euch deshalb und kehrt in diese Zeit und an diesen Ort zurück.

Ich kam aus der Trance und blickte mich um. Wir waren wieder wir selbst. Wir selbst? Oder waren wir nur das Selbst, von dem wir, wie uns gesagt wurde, denken sollten, daß wir es seien?

Mein Erlebnis mit dem Zimmer voller Skelette fiel mir wieder ein. Was bedeuteten unsere Erfahrungen? Wie sollten wir die Resultate unserer Bewußtseinsveränderung interpretieren?

Von Anfang an war mir klar gewesen, daß mir die Seth-Phänomene eine einzigartige Gelegenheit boten, die Natur des Bewußtseins zu studieren. Die Erfahrungen in unserem Kurs warfen in aller Deutlichkeit das Problem der Wahrnehmung auf. Und wieder dieses Wahr oder Falsch: Wie gültig waren unsere Erfahrungen und in welcher Hinsicht? Waren neulich abend wirklich Gesichter an der

Zimmerdecke erschienen? Hatten wir buchstäblich einen Austausch mit wahrscheinlichen Selbsts vorgenommen? Ab und zu fragte ich mich: War das denn eigentlich von Belang? *Alle* diese Erfahrungen bereicherten unser Leben. Zum Beispiel hatten die Reinkarnations-Dramen zur Folge, daß die Kursteilnehmer in ihren Beziehungen zu ihren Familien und Freunden sehr viel flexibler und verständnisvoller wurden. War es da wichtig, ob es dies erinnerte Leben tatsächlich gegeben hatte oder nicht?

Ich weiß, daß viele Leute in Kursen und Seminaren kontrolliert mit anderen Bewußtseinszuständen experimentieren und lernen, ihren Bewußtseinsfokus zu verändern. Aber wenige scheinen dabei vom Bedürfnis motiviert zu sein, diese veränderten Wahrnehmungen in die Alltagswelt zu integrieren oder sich Gedanken darüber zu machen, was sie über die Natur unserer Existenz und unseres Wesens eigentlich aussagen. Im Verlauf unseres Kurses wurde mir immer klarer, daß unsere Welt der Fakten extrem beschränkt ist. Tatsache war, daß dieser »faktische« Bezugsrahmen unsere Erfahrungen in keiner Weise erklären konnte.

Dies wurde mit der Veröffentlichung von *Das Seth-Material* im Jahr 1970 ganz offensichtlich. Mit dieser Publikation wurden meine persönlichen Erfahrungen der Öffentlichkeit zugänglich, nahmen »Realität« an in der normalen Welt, jener Welt, in der die Menschen fragen konnten: »Ist das wahr? Ist das wirklich passiert?« Diejenigen, die Seth und meine Erfahrungen akzeptierten, taten dies oft auf der Grundlage eines Bezugssystems, das mich buchstäblich die Wände hochgehen ließ. Seth machte für sie absoluten Sinn innerhalb eines Kontexts, wie ihn Martin Crocker vertrat – in dem es gute und böse Geister gab, religiöse Dogmen, Bestrafung und Besessenheit. Dort hatte Seth sofort seinen Status: Ich verfügte über einen guten Geist, der sie vor bösen Geistern schützte.

Manche dieser Leute schrieben mir oder kamen in den Kurs, und ich mußte bald feststellen, daß meine Ideen ebensowenig in einen solchen Bezugsrahmen paßten, wie sie sich auch nicht in konventionelle psychologische oder wissenschaftliche Dogmen einfügen ließen. Noch am meisten traue ich – mit erheblichen Einschränkungen – den Physikern. Einige von ihnen erhielten von Seth exzellente

Informationen, die die Perspektive ihrer jeweiligen Forschung erweiterten. Aber mit der Zeit merkte ich, daß ich es mit Sicherheit auch in ihren Augen nicht zu einer gewissen Respektabilität bringen würde. Zwar gefiel es ihnen, in ihren Kreisen über Seth zu diskutieren und sich seiner Ideen zu bedienen, aber ganz gewiß würde weder sein noch mein Name je in einer wissenschaftlichen Veröffentlichung als Quelle angegeben werden.

Mir war nicht einmal bewußt, daß ich »respektabel« sein wollte, aber ich fand es schwierig zuzugeben, daß ich in keinen spezifischen Bereich hineinpaßte, weil ich Seth und meine Erfahrungen in einen Kontext stellte, in dem – soweit ich wußte – solche Dinge nie einer Betrachtung unterzogen worden waren.

Nachdem ich vor Jahren aus der katholischen Kirche ausgetreten war, hegte ich gegenüber der institutionalisierten Religion ein tiefes Mißtrauen, aber immerhin hatte die Kirche sich nur um *einen* Gott und *einen* Teufel zu bekümmern. Nach der Veröffentlichung von *Das Seth-Material* fingen die Leute an, mir okkulte oder »gnostische« Literatur zuzuschicken. Zu meinem Entsetzen und Erstaunen entdeckte ich hier noch weitaus rigidere Dogmen. Da gab es eine je nach okkulter Richtung variierende, aber doch festgelegte Anzahl von Existenzebenen, von denen jede ihren eigenen Herrscher oder Wächter hatte, der den unvorsichtigen geistig Reisenden zu verscheuchen trachtete.

Ein paar Tage nach Martin Crockers Besuch rief mich beispielsweise das Oberhaupt einer solchen Sekte an. Er habe sich, so erzählte er mir, während einer außerkörperlichen Reise in einem ganz bestimmten Existenzreich wiedergefunden. Der Herr dieser Ebene habe ihm befohlen, bestimmte rituelle Bewegungen auszuführen, so unter anderem niederzuknien und sich zu verbeugen. Andernfalls würde er vernichtet werden. Also sei er niedergekniet und habe sich wie vorgeschrieben verbeugt.

Klug von ihm, dachte ich in Anbetracht seiner Überzeugungen und der gegebenen Umstände. Doch der Mann stellte seine Erfahrung nicht einen Moment in Frage. Ich wußte sehr wohl, daß außerkörperliche Reisen möglich sind, und habe oft selbst damit experimentiert. Ich wußte aber auch, daß ein außerkörperlicher Zustand nicht unbedingt bedeutet, daß man den Verstand zurückläßt, und daß wir, ob wir uns nun innerhalb oder außerhalb des Körpers aufhalten, stets das vorfinden, was vorzufinden wir erwarten.

Doch dieser »spirituelle Meister« nannte *mich* eine weiße Göttin und bestand darauf, daß Seth und ich das gleiche sagten wie er, nur mit anderen Worten. Er verbot seinen Schülern, meine Bücher zu lesen, bevor sie nicht eine bestimmte Stufe erreicht hätten. Wie konnte es passieren, daß ich mich auch nur im geringsten mit einem solchen Bezugssystem verknüpft fand?

Andere »Meister« im medialen Bereich waren der Ansicht, ich würde auf gefährliche Weise die Öffentlichkeit zum Umgang mit dem Ouija-Brett verleiten, wo doch jeder gute und verantwortungsbewußte Sensitive wußte, daß die bösen Geister auf solche naiven Pfuscher nur lauerten. Wie es schien, hatten die Toten nicht viel mehr Verstand als die Lebenden und eine noch armseligere Vorstellung von Unterhaltung und Vergnügen.

Guter Gott!

Während der Sommerkurs weiterging, trafen allmählich die Briefe ein. Ich hörte von meinen Lesern – von *Menschen,* Menschen mit allen möglichen Problemen, Menschen, die zu dem Glauben erzogen worden waren, ihre Probleme nicht selber lösen zu können, die aber doch glaubten, daß fast jeder andere sie für sie lösen könnte. Erstaunliche, vitale Menschen, denen durch alle möglichen psychologischen und religiösen Dogmen der Boden unter den Füßen weggezogen worden war. Dogmen, die alle das eine besagten: Du kannst dir nicht trauen, weder deinen Fähigkeiten noch deinem Wissen. Theorien, die den Menschen permanent niedermachten.

Ihre Realität wurde Teil der meinen. Ich bereite zum Beispiel gerade das Abendessen vor; der Tisch ist gedeckt, das Fleisch brutzelt im Ofen, und das Telefon klingelt. Und unversehens spreche ich mit einer überaus verängstigten fremden Person, die sich umbringen will, wenn Seth nicht auf der Stelle Abhilfe schaffe.

Derartige Dinge brachten mich ins Schleudern. Wo begann meine Verantwortlichkeit oder wo endete sie? Seth hatte ein Heiler, ein Eheberater und ein Mentor zu sein und ich seine Gehilfin – die Jane an der Seite eines metaphysischen Tarzans. Ich entdeckte, daß sich viele Sensitive auf Aktivitäten dieser Art spezialisierten. Wenn du Menschen auf diese Weise helfen kannst, warum es nicht tun? Bist du nicht dazu verpflichtet?

Ich entdeckte aber auch, daß viele Sensitive die Menschen dazu ermuntern, sie als Krücken zu benutzen. So kamen einige Leute, denen ich zu helfen versucht hatte, immer wieder auf mich zurück, um *noch mehr* Hilfe zu bekommen – und das in Angelegenheiten, in denen sie sich durchaus selbst helfen konnten. Ich wußte, daß ich weitaus mehr anzubieten hatte. Schon von Anfang an hatte ich das Gefühl, daß meine Erfahrungen möglicherweise zur Entwicklung eines Seinskonzepts führen konnten, durch welches die religiösen und medialen Erfahrungen vom Aberglauben befreit würden; welches unser Bewußtsein buchstäblich seiner gegenwärtigen praktischen Begrenzungen entheben konnte, zumindest bis zu einem gewissen Grad.

Würde ein solches Konzept wahr oder falsch sein? Wenn ich es jemals schaffte, aus diesem Bezugsrahmen herauszukommen, würde diese Frage belanglos sein, denn schon 1971 spürte ich, daß diese noch ungeborene Konzeption, was mich und meine Schüler betraf, funktionierte. Unsere Vorstellungen von Bewußtsein veränderten in der Tat unsere persönlichen Erfahrungen von dem, was Bewußtsein ist.

Aber uns wird beigebracht, uns selbst nicht zu vertrauen. Je mehr Zweifel mir im Verlauf dieses Kurses vom Jahr 1971 kamen, desto intelligenter, kritischer und ausgewogener fand ich mich. Die wissenschaftlich Orientierten gratulierten mir zu meiner Objektivität; die spirituell Orientierten machten mich warnend darauf aufmerksam, daß meine medialen Erfahrungen von meinem Intellekt dominiert würden, womit sie meinten, daß dieser mich blind machte für die Existenz guter und böser Geister und all des restlichen Krams, der gewöhnlich als Bestandteil mediumistischer Abenteuer angesehen wird.

Ich war also in einer verzwickten Lage. Meine Skepsis bezog sich nicht auf die Gültigkeit der spirituellen Welt, sondern auf den abergläubischen Unsinn, der sich mit der Interpretation dieser Realität verband. Seths Theorien und auch meine eigenen führen mich weit über solche Beschränkungen hinaus. Aber ich befinde mich in gewisser Hinsicht im Nachteil, weil Seths und meine Theorien noch offen sind, kein geschlossenes Gedankengebäude darstellen. Seth hält nach wie vor seine Sitzungen ab, und erst neulich übermittelte er einiges Material, das die Perspektive seiner Konzepte von der Natur des Seins erheblich erweitert. Das vorliegende Buch liefert lediglich eine Einführung in die Aspekt-Theorie, die sich ebenfalls noch immer im Zustand des Werdens befindet.

Und ein weiterer wichtiger Punkt: Ich leugne keinesfalls die Realität eines Lebens nach dem Tod oder die Existenz von so umfassenden und komplexen Persönlichkeiten oder Wesen, verglichen mit denen wir winzig *scheinen*. Gerade weil ich ihre umfassendere Realität spüre, kann ich unsere größeren menschlichen Fähigkeiten, die ja auch diese Wahrnehmung erst möglich machen, zumindest erahnen. Oft schreiben wir diese uns rechtmäßig zukommenden Fähigkeiten Geistwesen zu, weil uns beigebracht wurde, daß wir unbedeutend sind.

Speziell einer meiner Kursteilnehmer sagt mir immer, daß ich mir zu viele Sorgen mache. Wenn ich offen und tolerant genug wäre, dann wäre mir klar, daß alle diese Symbole im Grunde das gleiche meinen. Oft bin ich versucht, ihm beizupflichten. Und ich schätze die Schönheit und Nützlichkeit von Symbolen sehr. Das Problem ist nur, daß viele Leute oft vergessen, was Symbole bedeuten beziehungsweise, daß sie für etwas anderes stehen. Die Wahrheit kann ihre Symbole verschleißen, so wie Menschen ihre Kleider abtragen.

Doch warum sollte ich Seth nicht einfach einen Geistführer nennen und es dabei belassen? Mit anderen Worten, warum sollte ich nicht die Interpretation anderer Leute von meinen Erfahrungen annehmen und die meine ausradieren lassen? Weil das eine großartige Methode ist, die eigene persönliche Vision zu verlieren. Den Menschen wurde beigebracht, ihre einzigartigen offenbarenden Erfahrungen nach spezifischen vorgegebenen Theorien und Vorstellungen zu strukturieren. So werden sie ihrer Originalvision beraubt und die Welt darum ärmer.

Mit »originaler Vision« meine ich das, was eine Person auf ihre ganz individuelle Weise fühlt und erfährt; von niemand anderem kann es auf die gleiche Weise erfahren werden. Es kann aufgezeichnet und übersetzt werden. Aber nur, wenn wir uns in unseren persönlichen Visionen treu sind, wahrhaftig bleiben, können wir wirklich etwas lernen oder gar hoffen, andere zu lehren.

Damit will ich nicht sagen, daß Heilen oder anderen Menschen Helfen nicht wichtig wäre. Gott weiß, es ist nicht so, daß ich kein Gefühl für ihre Bedürfnisse und Not hätte. Aber ich weiß auch, daß die alten therapeutischen Bezugsrahmen grauenhaft beschränkt sind. Ich weiß, daß wir unsere eigene Realität schaffen, individuell und kollektiv, und daß diese größere Wahrheit *mein* Bezugsrahmen sein muß. Nur wenn ich anderen sage, daß sie selbst sich ihre Erfahrungen schaffen, kann ich ihnen auf meine besondere Weise helfen.

Und um das zu tun, muß ich Seth seine Bücher schreiben lassen. Ich muß gelassen und energisch genug sein, um meiner persönlichen mystischen Natur zu folgen, und ich muß versuchen, anderen zu zeigen, wie sie ihre eigenen Fähigkeiten erkennen. Das heißt, ich kann nicht viel Zeit auf die Beantwortung von Briefen oder das Abhalten von Sitzungen für persönliche Probleme verwenden. Viele andere Sensitive wie auch Ärzte, Psychologen und Priester bieten in diesem Zusammenhang Hilfe an, und alle innerhalb desselben grundsätzlichen Bezugsrahmens.

Ich wußte, daß ich mich von vielen allgemein akzeptierten Theorien und Praktiken in bezug auf die mediale Arbeit fernhalten sollte, war aber ständig mit ihnen konfrontiert. Und obwohl mir Rob half, war es doch ein einsamer Weg. Wieviel einfacher wäre es doch zum Beispiel, mich anzupassen, vorzugeben, daß ich das gleiche meinte wie die Spiritualisten, die Gnostiker oder die östlichen Religionen? Es gibt Übereinstimmungen, aber das Wesentliche meiner Arbeit besteht gerade in den Unterschieden. Diese Unterschiede werden im Verlauf dieses Buches deutlich werden.

Was die Aspekt-Theorie angeht, so tappe ich noch immer im dunkeln. Ich habe lediglich einige erste Schritte getan, fühle aber, daß ich mich zumindest in die richtige Richtung bewege und viele Fallen vermieden habe, die mich hätten blockieren können.

Wie ich schon sagte, uns wird beigebracht, am allermeisten uns selbst zu mißtrauen, und der Zweifel wird zum Maßstab unserer Stabilität. Uns wurde beigebracht, unsere persönlichen lebendigen und tiefen Erfahrungen und Visionen in alte Konzeptionen zu quetschen, bis wir sie nicht mehr als unsere eigenen Erfahrungen und Visionen erkennen. Zu viele Menschen haben Angst davor, von den kollektiven Theorien und Vorstellungen abzuweichen, fürchten, daß ihre persönlichen Visionen sie verletzlich machen, sie in den Augen der anderen als verschroben oder sogar als Schwindler erscheinen lassen.

Nicht daß es nicht Tausende von Kulten gäbe, die eine Alternative zum besser organisierten Establishment böten; aber auch hier folgen die Menschen oft blind irgendwelchen Dogmen, die sich von den etablierten Dogmen nur insofern unterscheiden, als sie sich exotischer oder farbiger geben.

Seth sagt ganz einfach: Ihr schafft und gestaltet eure eigene Realität. Die Menschen werden nicht dazu aufgefordert, *ihm* zu folgen, sondern *sich selbst.* Er hofft, ihnen Vertrauen in ihre *eigene* Existenz und Bedeutung zu vermitteln.

5
Reinkarnation im eignen Heim – ein wenig zu nah. Nebene und Shirin

Der Sommer 1971 ging rasch vorüber. Montag- und Mittwochabend übernahm ich nach dem Abendessen den Abwasch, machte anschließend einen kleinen Spaziergang, und gegen neun begann eine Seth-Sitzung. Seth beendete gerade sein erstes eigenes Buch, *Gespräche mit Seth. Von der ewigen Gültigkeit der Seele.* Die letzten Kapitel beinhalteten einiges Material über biblische Zeiten. Da wir beide wenig über dieses Thema wußten, verwandte Rob ziemlich viel Zeit darauf, sich sachkundig zu machen, um in seinen Anmerkungen zu diesem Buch Fehler zu vermeiden.

Zu seiner Überraschung entdeckte er, daß die Bibelforscher sogar in der Datierung von wichtigen Ereignissen recht unterschiedlicher Meinung waren. Und zu *meiner* Überraschung entdeckte ich, daß Rob bei der Lektüre ihrer Bücher stets ziemlich in Rage geriet. Zunächst machte ich mir wenig Gedanken darüber. Schließlich ging es ihm darum, daß seine Anmerkungen korrekt waren. Mit der Zeit aber konnte ich nicht umhin, seine wachsende Irritation zur Kenntnis zu nehmen.

Einige Male hörte ich ihn Selbstgespräche führen, während er nach dem einen oder anderen Datum forschte. Er schien wie von einer starken, wenn auch unterdrückten Wut getrieben. Eines Abends stand er voller Groll vor einem Buch, das aufgeschlagen auf seinem Schreibtisch lag. Im Schein der Tischlampe wirkte sein Gesicht weiß, verzerrt und wütend.

»Schatz, du machst dir soviel Mühe«, sagte ich. »Müssen diese Anmerkungen denn so detailliert sein? Wahrscheinlich haben sie einfach für eine Menge Ereignisse keine genauen Daten.«

»Aber warum nicht?« fragte er. Und dann in scharfem Ton: »*Weißt du es?* Wann wurde Johannes der Täufer geboren?«

»Woher soll ich das wissen?« antwortete ich mit einem halben Lachen.

»Nun, *jemand* sollte es aber wissen. Diese sogenannten Experten wissen überhaupt nichts.« Abrupt wandte er sich wieder seinen Notizen zu, ohne mich noch weiter zu beachten, und etwas verwundert kehrte ich in mein eigenes Arbeitszimmer zurück.

Am nächsten Abend gelangte die ganze Sache zu einem Höhepunkt. Sue Watkins kam vorbei und brachte noch einiges Quellenmaterial mit, die Texte der Schriftrollen vom Toten Meer und Will Durants *Caesar and Christ.* Sue war in Begleitung eines Freundes, den wir zuvor schon einige Male getroffen hatten. Unsere Stimmen mußten auch in Robs Arbeitszimmer zu hören sein, und so erwartete ich, daß er sich bald zu uns gesellen würde, vor allem da Sue extra vorbeigekommen war, um ihm die Bücher zu bringen.

Doch Rob arbeitete noch über eine Stunde an seinen Anmerkungen, bevor er schließlich im Wohnzimmer auftauchte. Ohne Sue und ihren Freund Tim zu begrüßen, wie er das üblicherweise getan hätte, wandte er sich sofort den Büchern zu und blätterte ungeduldig darin herum. Er las ein paar Abschnitte, sah dann hochmütig auf Sue und mich herab und sagte: »Seht ihr, sie wissen es nicht. Diese sogenannten Experten widersprechen sich selbst permanent.« Und so ging es weiter, fast eine Stunde lang; immer wieder las er ein paar Abschnitte vor, um dann Kommentare in diesem Tenor abzugeben. Ich starrte ihn an: Ausgerechnet Rob nagelte Sue und Tim praktisch auf der Couch fest und zwang sie, sich Ausschnitte aus der Religionsgeschichte anzuhören. Ich konnte es nicht fassen.

Ein solches Verhalten hatte ich bei ihm noch nie erlebt. Normalerweise ist er ein überaus aufmerksamer Gastgeber. Sobald nun aber einer von uns versuchte, das Thema zu wechseln, sah er nur mit kaltem Blick kurz auf und setzte dann seine Lesung und Kommentare fort. Sue und ich wechselten einen Blick. Sie verzog das Gesicht zu einer komischen Grimasse und zuckte mit den Schultern.

»Schatz, warum erzählst du uns nicht von den Aufzeichnungen und korrigierst all diese falschen Daten?« Ich lachte und dachte, meine scherzhafte Frage würde Rob wieder zu sich bringen.

Er aber wandte sich mir zu und sagte ganz ernst: »Verstehst du nicht? Mich regt diese Dummheit auf. Es ist doch ganz einfach, Ereignisse festzuhalten und Aufzeichnungen zu machen –«

Sue und ich brachen in Gelächter aus. Ich versuchte Rob zu sagen, wie ungewöhnlich er sich benehme, aber er konnnte das durchaus nicht so sehen. Und nicht nur das, sein Verhalten war auch völlig humorlos. Zweimal setzte ich an, etwas zu sagen, aber er fuhr mir so grob über den Mund, daß ich ganz verwirrt war und mich gedemütigt fühlte.

Nun bin ich sehr gut im Auffangen von Robs Gefühlen und wußte daher, daß *er* nicht wütend auf mich war. Woher kam dieser Ärger, den ich fühlte? War ich wütend auf Rob, verbarg es und projizierte meine Gefühle nun nach außen? Nein, ich war sicher, das war es nicht. Doch Rob brachte ganz klar tiefe Mißbilligung zum Ausdruck... Und diese Mißbilligung weckte irgendwie den Wunsch in mir, ihn zu provozieren. Schließlich fingen Sue und ich an, ihn mit gespielter Ernsthaftigkeit wieder über diese Aufzeichnungen zu befragen.

In diesem Moment »sah« ich plötzlich klar und deutlich die geistige Gestalt eines großen Mannes in langem Gewand hinter Robs Stuhl stehen. Er trug einen spitzen Hut und sah in der Tat sehr einschüchternd und mißbilligend aus. An seiner Präsenz war nicht zu zweifeln. Sue saß mir gegenüber auf der Couch, den Blick auf Rob geheftet. Sobald ich diese Gestalt wahrnahm, drängte mich etwas, Sue anzusehen. Sie verkroch sich geradezu in der Couch, ihr Gesicht flammte rot, ihre Augen waren weit aufgerissen und starrten. Ich hatte kein Wort über das, was ich sah, gesagt.

Unwillkürlich rief ich: »Sue!« und meinte damit: Stimmt was nicht?

»Ich... ich fürchte mich plötzlich vor Rob. Eingeschüchtert ist das bessere Wort.« Sie starrte ihn weiter an, offensichtlich selbst überrascht von ihrer Reaktion.

»Tatsächlich?« Rob sprach so unschuldig, daß ich hätte schwören können, er wußte überhaupt nicht, was los war. Als ich aber sagte: »Schatz, ich glaube, du weißt mehr über diese biblischen Aufzeichnungen, als dir klar ist«, erwiderte er in ganz normalem Ton: »Ja, das tue ich.«

Ich wußte nicht, warum ich diese Bemerkung gemacht hatte, und sah noch immer diesen Mann hinter Robs Stuhl stehen. Ich wollte nichts von meiner Vision erwähnen und hoffte, die anderen würden diese Gestalt ohne irgendwelche Hinweise meinerseits auch wahrnehmen. Mir war klar, daß dieser Mann im langen Gewand irgendwie mit Rob und den Aufzeichnungen verknüpft war.

»Sag mir, was du weißt«, bat ich in so neutralem Ton wie möglich. »Oder wenn du willst, stelle ich Fragen und du beantwortest sie spontan.« Ich spürte, daß die Gestalt hinter Rob sprechen wollte, und dachte, Rob könnte so möglicherweise den Gedanken dieser anderen Persönlichkeit Ausdruck geben. Plötzlich aber begriff ich, daß Rob genau das schon den ganzen Abend über tat.

»In Ordnung«, erwiderte er. Sue hatte ihn weiterhin unverwandt angesehen. Tim sagte kein Wort.

»Was weißt du über die Aufzeichnungen aus dieser Zeit?« fragte ich.

»Ich habe sie gemacht.« Rob sprach ruhig und gleichmütig.

»Bist du deshalb so verärgert?«

»Ja. Ich war da.«

»Kanntest du Christus oder Paulus?«

»Nein, aber ich habe von ihnen gehört ... ich habe Aufzeichnungen gemacht.«

»Wie war dein Name?«

»Naz ... Naz ... etwas. Den Rest kriege ich nicht.«

Sue starrte Rob wie gebannt an, und so fragte ich ihn: »Hast du dem Mädchen auf der Couch etwas zu sagen?«

Wieder wußte ich nicht, warum ich die Frage gestellt hatte, außer weil Sue so stark involviert zu sein schien. Rob sah Sue direkt an und sagte: »Du warst ein ziemliches Problem.« Er sprach ruhig, mit seiner Stimme, in der aber auch etwas Fremdes mitschwang, wie mir auffiel. Und plötzlich redeten er und Sue gleichzeitig und so rasch, daß ich kaum mitkam.

Beide fingen an, eine identische Szenerie zu beschreiben, eine Schule in Jerusalem. Sie stimmten in allem überein, von der Konstruktion des Baus bis hin zur Sitzordnung der Schüler. Sue sprach sehr viel emotionaler als Rob, und die beiden unterbrachen sich gegenseitig häufig. Rob erwähnte etwa ein Detail, und Sue fiel ungeduldig ein: »Ja. Ja, natürlich. Und erinnerst du dich –« und sie legten wieder los. Dem Gespräch war zu entnehmen, daß Rob zu jener Zeit ein Lehrer namens Nebene an einer Schule gewesen war, die von Sues Eltern geführt wurde.

Ich war aus mehreren Gründen überrascht. Bislang waren Robs »mediale Erfahrungen« auf seine Malerei und verschiedene innere oder nach außen projizierte Bilder, die er als Modelle benutzte, konzentriert gewesen. Abgesehen davon hatte er, bis auf einige Experimente mit außerkörperlichen Zuständen, das mediale Experimentieren mir überlassen. Er war sich auch, wie ich wußte, meiner ambivalenten Gefühle gegenüber den Reinkarnations-Dramen in meinem Kurs durchaus bewußt.

Während die beiden ihr Gespräch fortsetzten, spürte ich noch immer die Präsenz dieses Mannes hinter Robs Stuhl. Schließlich richtete er seine Aufmerksamkeit auf mich. Ich sollte für ihn als Medium agieren, und nun bestand kein Zweifel mehr über die Identität des Mannes: Dies war Nebene. Rob ließ sich zwar auf die Erfahrung ein, blieb aber, wie ich merkte, mit Rücksicht auf Sue vorsichtig und unterdrückte einige starke Emotionen. Diese Zurückhaltung ärgerte Nebene. Ich hatte Schwierigkeiten, Sues und Robs angeregter Konversation zu folgen, während Nebene gleichzeitig mit mir kommunizierte und wollte, daß ich seine Anwesenheit bekanntgab.

Ich unterbrach also das Gespräch und beschrieb Nebenes Gestalt. Dann erhob ich mich und stellte mich hinter Robs Stuhl, um zu zeigen, wo er stand.

Kaum hatte ich das getan, schrie mir der »unsichtbare« Nebene innerlich zu: »Er soll sie auf die Tontafel ansprechen! Erzähl ihr, was sie bedeutet hat. Erzähl ihr, was sie für die Schule bedeutet hat.« Er war offensichtlich schrecklich wütend und nun bereit, durch mich zu sprechen.

Ich blockte ab und beschloß statt dessen, die Botschaft weiterzugeben. Nebenes Haltung nahm mich nicht gerade für ihn ein. Er hielt mich offensichtlich für frivol und seiner Beachtung nicht würdig und konnte nicht verstehen, wie es kam, daß eine solche Person medial so begabt war. Ich spürte sofort sein stark ausgeprägtes diszipliniertes Wesen, doch wurde seine Kreativität von seinen perfektionistischen Tendenzen vollkommen dominiert. Ich mochte ihn nicht und weigerte mich, für ihn zu sprechen, was mich allerdings große Mühe kostete. Im Vergleich zur Lautstärke seiner mentalen Stimme nahm sich meine wie ein Flüstern aus, als ich zu Rob sagte: »Erzähl ihr davon, wie sie die Tontafel zerbrochen hat –«

»Oh!« schrie Sue auf, noch bevor ich meinen Satz beenden konnte.

Aus Robs Stimme schwand alle Wärme: »Du hast die Tafel zerbrochen. Absichtlich.«

»Und ich rannte nach Hause. Und *du* hast es meinem Vater erzählt.« Sue war den Tränen nahe.

An diesem Punkt versuchte Nebene erneut, mich dazu zu bringen, für ihn zu sprechen, und wieder weigerte ich mich. Da sah Sue auf und hielt den Atem an, und auch Rob wandte sich mir plötzlich zu. »Janes Gesicht verändert sich«, rief Sue. Und ich fühlte mich in der Tat äußerst merkwürdig: größer, angespannt, fast kalt. Vor allem hatte ich das Gefühl, meine Gesichtszüge würden älter, das Kinn sehr fest, die Lippen schmal und verkniffen.

»Liebes, bist du in Ordnung?« fragte Rob. Ich nickte, halb ärgerlich, halb amüsiert, denn über Robs Besorgnis verstand Nebene plötzlich, daß Rob und ich Mann und Frau waren. Er zog sich etwas zurück, grollend. Rob hielt für einen Moment meine Hand, und meine Gesichtszüge lockerten sich wieder. Innerlich teilte ich Nebene mit, was ich von ihm hielt. Und doch war ich erstaunt über seine schnellen Reaktionen und die Tatsache, daß ihm unsere Gegenwartssituation bislang verborgen geblieben war. Jedenfalls konnte man das annehmen, denn er schien ziemlich überrascht von der Erkenntnis, daß Rob verheiratet war. In der Tat nahm Robs Besorgnis um mich einigen Wind aus Nebenes Segeln, und schließlich konnte ich seine Präsenz nicht mehr spüren.

Rob, Sue und ich waren müde. Wir beschlossen, daß jeder für sich Notizen von den Ereignissen des Abends machen sollte, und gingen dann auseinander. Im Bett drehte sich Rob kurz vor dem Einschlafen zu mir um und sagte schon halb weggetreten: »Mein Vater war auch in dieser Klasse. Ich sah ihn als ein Mädchen.«

Gleich am nächsten Morgen nach dem Frühstück klingelte das Telefon. Es war Sue. Sie war sehr aufgeregt, aber nach und nach fand ich doch heraus, was passiert war. Sie hatte mit ihrem Bericht von der Nebene-Episode angefangen, als sie plötzlich anfing, automatisch zu schreiben; sie schrieb für das Mädchen, das die Schülerin Nebenes gewesen war: Shirin. Blatt um Blatt waren schnell mit Shirins Aussagen vollgekritzelt.

Nachdem sie damit fertig war, widmete sich Sue ihren Haushaltspflichten. Doch als sie den Boden kehrte, fand sie sich plötzlich von einem Gefühl tiefen Schmerzes überwältigt. Erschrocken stand sie da, bis ihr klar wurde, daß es sich um Shirins Trauer über den Tod eines Bruders damals in der Vergangenheit handelte. »Das war vielleicht ein Morgen«, sagte sie und versprach, ihre Aufzeichnungen am Abend vorbeizubringen.

Es war Freitag, und wir erwarteten auch den Besuch unserer Freunde Peg und Bill Gallagher. Sue traf zuerst ein. Errötend murmelte sie im Spaß »Kuchen für den Lehrer« und setzte einen selbstgebackenen Kuchen und eine Packung Dosenbier ab. Eine Geste für Nebene, dachte ich, aber Rob malte noch in seinem Atelier. Verlegen reichte Sue mir ihre Aufzeichnungen, und ich las sie unter ihren forschenden Blicken, während wir auf Rob und die Gallaghers warteten.

Sie waren einige Seiten lang. Ich zitiere hier ein paar Abschnitte, weil die beschriebene Episode so bezeichnend für die Beziehung zwischen Nebene und Shirin war. Die folgende Passage richtet sich an Nebene.

Du hast einmal im Unterricht etwas über mich gesagt und hast herumgetobt und gebrüllt. Du bist wirklich explodiert und neben mir auf- und abmarschiert, weil ich meine Lektionen oder diese blöden Formeln und Regeln nicht gelernt hatte, und du hast geschrien, ich sei nicht besser als diese ungebildeten Huren in Rom, und genau das würde auch aus mir werden.

Das hast du vor all diesen anderen Bälgern gesagt, und ich habe mir voller Wut diese Tafeln gegriffen, diese Tafeln mit dem Zeug aus Griechenland drauf, weswegen du nach Griechenland gegangen warst, und ich schleuderte diese Tafeln gegen die Wand, mit aller Kraft, krach, krach, krach, direkt gegen die Wand, und die Stücke flogen im ganzen Raum herum, und der Lärm war noch zu hören, als ich schon schreiend den Gang hinunterstürmte.

Ich bin den ganzen Weg nach Hause gerannt und ging zu meinem Vater. Ich tobte immer noch vor Wut, aber er hatte überhaupt kein Mitleid mit mir. Er hat mich bestraft, weil ich dir etwas Schreckliches angetan hatte, während er dich respektierte und verstand. Mein Vater war ein ruhiger, unbeirrbarer Mann, und ihr beide habt viel miteinander geredet. Danach habe ich dich lange gehaßt, aber mein Vater zwang mich, in diese Schule zurückzugehen, doch ich habe dich nie angesehen und dir nie zugehört, ganz gleich, was du gesagt hast. Aber ich wußte nun, daß ich etwas zerstört hatte, was für dich sehr kostbar gewesen war, und das tat mir leid, und dafür mochte ich mich nicht besonders, aber ich war stolz, o Gott, war ich stolz, und nach dieser Sache konnte ich kein Wort zu dir sagen.

Die hier zitierte Passage bestand eigentlich aus einem einzigen langen Satz, nur ab und zu durch ein »und« getrennt; die Worte »krach, krach, krach« in Großbuchstaben und unterstrichen. Aus den Worten, ja selbst aus dem Papier schien frische, ungebrochene Emotion zu dringen. Fast verlegen begegnete ich Sues Blick, als ich ihr Papier zu Ende gelesen hatte, doch in diesem Moment klopften die Gallaghers an die Tür, und auch Rob kam aus seinem Atelier. Ich reichte ihm die Aufzeichnungen.

Die Atmosphäre im Zimmer muß geladen gewesen sein, denn die Gallaghers blieben unvermittelt im Raum stehen, bevor sie sich niederließen. »Was ist los?« fragte Bill.

»Nichts«, antwortete Rob, setzte sich und begann sofort zu lesen. Ich grinste unsicher und sagte so etwas wie: »Rob und Sue haben da eine Reinkarnations-Sache zu laufen.« Sue zuckte nur die Achseln, und die Gallaghers und ich begannen ein unverfängliches Gespräch.

Unterdessen glitt Sue in einer so eleganten und leichten Bewegung, daß sie mir fast entging, von der Couch und setzte sich auf den Boden. Sie stützte die Ellbogen auf das längliche Couchtischchen und sah Rob, der immer noch las, unverwandt an. Mir war sofort klar, was diese Körpersprache bedeutete: Sie nahm Rob gegenüber eine Position ein, die ihre Beziehung zu Nebene in jener Schulklasse spiegelte.

Rob las weiter.

»Nun?« fragte Sue mit einem Anflug von Trotz in der Stimme.

»Ich bin gerade damit fertig geworden«, sagte Rob. »Der Teil, an den ich mich selbst am besten erinnere, ist die Beschreibung deines Vaters. Ich sehe ihn so deutlich vor mir, daß ich sofort sein Bild malen könnte. Ich kann mich aber nicht erinnern, dich so angeschrien zu haben, wie du hier schilderst –«

Und Sue *war* Sue-Shirin oder Shirin-Sue. Rob klang mehr oder weniger wie er selbst, wenn er sich auch offensichtlich an Shirin wandte. Sue schien sehr viel mehr Shirin zu sein, als Rob Nebene war. »Du erinnerst dich nicht?« schrie sie. »Bloß daß du mich vor der ganzen Klasse eine Hure genannt hast. Es hat mich fast mein ganzes Leben lang verfolgt, und du erinnerst dich nicht?«

»Wenn ich das gesagt habe, so tut es mir leid. Es tut mir wirklich leid«, erwiderte Rob. »Aber dein Vater ist mir sehr viel stärker im Gedächtnis – sofern man hier von *meinem* Gedächtnis sprechen kann –, als du es bist.«

Ich hatte das Gefühl, Sue-Shirin würde in Tränen ausbrechen. Und Rob blockte Nebene ab – ruhig, eigensinnig und sehr wirkungsvoll. Sobald Rob geäußert hatte, daß er sich besser an Shirins Vater erinnnern konnte als an sie selbst, versuchte Shirin in Sue Nebene in Rob zu provozieren, ihn herauszulocken. Sie war ebenso bestrebt, ihn dazu zu bringen, sich zu zeigen, wie Rob entschlossen war, ihn unter Kontrolle zu halten.

Sue sagte mit Unschuldsmiene: »Es *wäre* aber doch großartig, wenn man mehr über diese alten Aufzeichnungen herausfinden könnte.«

»An mir soll's nicht liegen«, meinte Rob, aber seine Stimme klang milde und eher unbeteiligt. Sues Miene verfinsterte sich, und mir wurde klar, daß Shirin in Sue die Aufmerksamkeit Nebenes auf sich ziehen wollte, wie sie das immer versucht hatte, während Rob sich genau wie Nebene verhielt und ihr die erwünschte Aufmerksamkeit verweigerte, jetzt allerdings aus völlig anderen Motiven.

Ich machte Rob auf diesen Punkt aufmerksam. Daraufhin blickte er Sue direkt an und sagte: »Es tut mir leid. Du hast dich auch sehr verändert. Aber das habe ich auch.« Und damit stand er unvermittelt auf und ging in die Küche, um Bier zu holen.

Kaum war er durch die Tür, als Sue aufschrie und auf die Tür deutete: »Er ist da, Nebene. Dreidimensional.« Bill Gallagher schnappte sich einen Stift und schrieb mit, was sie schilderte. Sue flüsterte und wandte keinen Blick von der Tür.

Nebene wirkte ganz physisch, ganz und gar nicht wie ein Geist; er war etwa ein Meter achtzig groß. Er trug ein dunkelblaues Gewand mit weiten langen Ärmeln, offensichtlich dasselbe, in dem ich ihn in der Nacht zuvor gesehen hatte. Er war dünn; seine Halsmuskeln traten hervor. Seine Nase war lang und die untere Gesichtshälfte etwas eingefallen. Seine schmalen Lippen kräuselten sich zu einem dünnen Lächeln. Er sah aus, als sei er um die fünfundvierzig.

Sue sah ihn mehrere Minuten lang, dann verschwand er. Als Rob zurückkehrte, war alles vorbei.

Sues Beschreibung deckte sich mit meinem Bild von Nebene, obwohl ich ihn diesmal nicht gesehen hatte. Peg und Bill auch nicht. Rob schien nicht im geringsten überrascht. Das anschließende Gespräch drehte sich dann wieder um die biblischen Zeiten und die Schriftrollen vom Toten Meer, Themen, über die ich wenig weiß und die mich an diesem Abend überhaupt nicht interessierten. So saß ich einfach nur da und ließ die Worte an mir vorbeirauschen. Mein Blick wanderte hinüber zu Sue, die immer noch auf dem Boden saß. Auch sie beteiligte sich nicht an dem Gespräch.

Und dann sah ich zweimal hin. Das da war nicht Sue. Äußerlich mochte dieses Mädchen zwar wie sie aussehen, aber damit hatte die Ähnlichkeit auch schon ein Ende. Durch Sues Augen blickend zeigte sich Shirin so klar und scharf, daß ich den Atem anhielt. Sie kam mir sofort ungewöhnlich lebendig, spontan und vital vor, gleich was oder wer sie sonst sein mochte oder was da passierte. Diese Persönlichkeit, die sich durch Sue zeigte, war so reaktionsschnell und agil wie ein Tier.

Und nun »übernahm« Shirin ganz und zeigte sich auch in Sues Gesichtszügen. Die Verwandlung zu beobachten, war faszinierend. Shirin sah sich mit aggressiver Neugier um und betrachtete dann sehr genau alles, was auf dem Tisch stand. Ihr Verhalten hatte etwas

Heimliches, Verstecktes, ein listiges Entzücken darüber, daß sie mit dem, was sie tat, davonkam, und unbedingte Entschlossenheit, die Gelegenheit voll zu nutzen. Klick, klick, klick – man konnte geradezu sehen, wie sie jede Information für den späteren Gebrauch speicherte.

Mir schien sie ein gieriges, schmuddeliges, egoistisches kleines Mädchen von zwölf oder dreizehn Jahren zu sein; gewitzt, hoch intelligent, energiegeladen, aber ungeliebt und wütend auf die Welt. Ich wagte es nicht, die Aufmerksamkeit auf sie zu lenken, aus Angst, daß sie dann verschwinden würde. Rob und die Gallaghers schienen in ihr angeregtes Gespräch vertieft.

Ich saß da, vollkommen gefesselt, und beobachtete. Mein Herz ging auf für dieses Mädchen, denn dies war die wirkliche Shirin, und nicht jene kleine Dame, auf die man aus gewissen Passagen in Sues Aufzeichnungen (hier nicht enthalten) hätte schließen können, in denen der Reichtum und die gesellschaftliche Stellung der Eltern stark herausgestrichen worden waren. Sie war ein kleines Luder und helle genug, das auch zu wissen.

Zu Beginn wanderte ihr forschender Blick aus schmalen Augen nur von Gegenstand zu Gegenstand. Was waren diese Dinge? Wozu wurden sie benutzt? Man sah, wie es in ihr arbeitete. Dann senkte sie den Kopf, schob den Unterkiefer vor – eine rasche Seitwärtsbewegung, und Shirin faßte kühn Peg Gallagher ins Auge. Ein genauer Blick, dem nichts entging. Dann senkte sie wieder den Kopf. Derselbe Bewegungsablauf, und Bill kam an die Reihe und schließlich – triumphierend – Rob.

Mir stockte fast der Atem. Dieses Mädchen war lebendig, im Hier und Jetzt. Ich dachte daran, wie Joel im Kurs für Dave gesprochen hatte. Wie unecht oder eindimensional Joels Auftritt doch im Vergleich zu Shirins vitaler Authentizität gewirkt hatte! Und während ich darüber nachdachte, starrte Shirin wieder Rob an. Diesmal flüsterte ich unwillkürlich seinen Namen. Rob brach mitten im Satz ab, wandte sich mir zu, und Shirin verschwand blitzartig.

Ich erklärte, was geschehen war. Die Gallaghers waren völlig in die Unterhaltung versunken gewesen und hatten nichts bemerkt. Rob hatte Shirins Präsenz gespürt, war aber, denke ich, der Situation um Sues willen absichtlich ausgewichen. Sue wiederum war sich die ganze Zeit über der Gefühle und Reaktionen Shirins bewußt gewesen. »Ich fühlte, wie sie da in eine Welt spähte, die ihr fremd war; wie sie sich Nebene ganz genau ansehen konnte, oder den, der Nebene jetzt ist.« Sue grinste und setzte hinzu: »Sie konnte sich gar nicht wieder einkriegen, daß Rob und ich Freunde sind, oder daß ich mich nicht mehr in einer untergeordneten Position befinde.«

Aber ich sah Rob an und mir war unbehaglich zumute. Und plötzlich stellte ich eine mich betreffende Verbindung her. Auch ich kannte Nebene, aber auf andere Weise. Was war mit diesen Momenten in unserer Ehe, in denen Rob plötzlich von einer für ihn untypischen Kälte war? Wenn ihn plötzlich dieses unversöhnliche Beharren auf Perfektion überfiel, er davon geradezu besessen schien? Diese Eigenart trat ab und zu, scheinbar aus dem Nichts, hervor und verschwand wieder. Und ich reagierte dann stets auf Rob genauso wie auf Nebene. Was für eine Rolle hatte Nebene in unserer Ehe gespielt?

Ich sprach aus, was ich dachte, und fragte mich laut, welche Bemerkungen von meiner Seite wohl die nebeneähnlichen Reaktionen bei Rob auslösen mochten. Noch bevor Rob darauf antworten konnte, sprudelte es aus Sue heraus: »Warte. Ich habe es«, sagte sie. »Jeder von uns bezieht sich auf bestimmte ehemalige Aspekte unserer selbst und auch auf die anderer Leute. Es ist, als ob man über ein ganzes Spielbrett verteilt Probleme löst; ein Ereignis in der Gegenwart agiert wie ein Magnet und zieht eine Persönlichkeit an, die, sagen wir, vor dreihundert Jahren gelebt hat –«

Ein Moment herrschte Stille. Wir standen schwankend am Rande des Verstehens. Peg Gallagher sagte langsam: »Wie Nebene und Shirin, die heute abend, in unserer Zeit, an alten Problemen arbeiten.«

»Aber auch in *ihrer* Zeit!« schrie ich fast, denn wieder sah ich Shirin durch Sues Augen spähen. Selten habe ich eine so reine, unverfälschte Emotion so ehrlich und klar in jemandes Gesicht gesehen, die auf so vollkommene Weise die innere Gestalt eines Wesens widerspiegelte. Wurde Shirin an diesem Abend »neu geboren«, so fragte ich mich, zum Leben gebracht in Reaktion auf einen

Nebene, der die Personifikation bestimmter begrabener Elemente in Robs Wesen war?

Brauchte in diesem Prozeß ein Nebene eine Shirin und umgekehrt? Brachten sich diese beiden Persönlichkeiten mit erstaunlicher Geschwindigkeit auf den neuesten Stand, und griffen sie sich die Erinnerungen buchstäblich aus der Luft? Waren wir Zeugen der Geburt einer Persönlichkeit, beobachteten wir im Zeitraffer einen Prozeß, der in Wirklichkeit ständig in uns abläuft, sich uns aber für gewöhnlich nur in den langsamen, allmählichen Veränderungen unserer Person zeigt?

Oder sahen wir hier zwei Personen, die unseren Begriffen nach gestorben waren, lange bevor einer von uns geboren wurde? Wenn ja, dann: Tod, wo ist dein Stachel? dachte ich, denn ich garantiere, daß Nebene und Shirin so lebendig sind wie ich. Und wieder starrte ich Rob an. Er schien völlig er selbst zu sein. Wohin war Nebene dann verschwunden?

Andere Selbsts, die dann und wann in unseren Blicken aufblitzen...? Andere Stimmungen und Gemütsbewegungen (einst die unseren?), die dann und wann die Stufen der Moleküle erklimmen? Wieder hatte ich einen Zipfel einer Erkenntnis gegriffen, die unsere gegenwärtigen Theorien und Vorstellungen so immens erhellen und neues Licht auf unser Verhalten werfen würde. Aber es sollte noch ein Jahr vergehen, bis ich die Bedeutung der Ereignisse dieses Abends verstand.

Die starken Emotionen, die die Atmosphäre des Raums so aufgeladen hatten, waren verschwunden, aber noch immer glitten wir unsichtbare psychische Hügel hinab. Sue fragte Rob noch einmal nach seinen Aufzeichnungen. Er sah auf und sagte fast geistesabwesend: »Ich war kein gewöhnlicher Bürger. Ich wußte eine Menge über das, was sich tat, aufgrund meiner Arbeit. Es war etwa dreißig vor Christus. Einige Aufzeichnungen habe ich im geschäftigen nordwestlichen Teil von Nazareth zurückgelassen... Zabodee.« Er stockte und blinzelte. »Ich weiß nicht, warum ich das gesagt habe, oder woher es kam, aber es gibt noch *weitere* Aufzeichnungen. Ich habe sie außerhalb von Damaskus versteckt, in Höhlen. *Sie* weiß es.« Und er deutete auf Peg Gallagher.

Peg starrte ihn an.

»Du *weißt* es«, wiederholte er.

Pegs Augen weiteten sich. »Ja, ich sehe etwas. Einen großen Baum auf einem Hügel. Nein, es ist ein Hochplateau. Es hat eine Art orange Farbe. Mir liegt ein Name auf der Zunge.«

»Her – rog – bah«, sagte ich unvermittelt, die Silben trennend.

»Das ist es«, antwortete Peg.

Und plötzlich war Sue Shirin. Sie wandte sich Bill Gallagher zu, ihre Halsmuskeln zuckten krampfartig. »Du... du...« Das war alles, was sie voller Wut herausbekam, bevor Sue die Bremse zog und wieder sie selbst wurde.

»Was ist los?« fragte Bill. »War ich auch da? Habe ich dich vergewaltigt oder so was?« Es sollte ein Scherz sein, aber sein Gesicht war knallrot; er war erschrocken von Shirins Vehemenz.

Sue errötete. »Du warst ein Soldat. Das ist es jedenfalls, was ich kriege. So ein Typ von altem Lustmolch.«

Für den Rest des Abends sagte Bill nichts mehr. Bald danach mahnte er zum Aufbruch. Normalerweise hat er noch ein paar Worte für Sue, bevor er geht, aber an diesem Abend schritt er an ihr vorbei, als sei sie gar nicht vorhanden.

Wir hatten Sues Kuchen verspeist, und ich bat sie zu warten, bis ich ihre Kuchenform abgespült hatte. Statt dessen aber ging Rob in die Küche, spülte die Form und überreichte sie Sue mit einer besonders galanten Geste. Nebene leistet Abbitte, dachte ich.

Der Abend war vorüber, aber seine Ereignisse, das, was sie implizierten, und die Fragen, die sie aufwarfen, gingen mir im Kopf herum. Wir waren mit Nebene oder Shirin noch nicht fertig, aber es sollte mich nicht wundern, wenn einige Elemente der Aspekt-Psychologie an diesem Abend geboren wurden. Und in diesem Fall hatten Nebene und Shirin uns mehr geholfen, als uns klar war.

6
Ein »anderes« Universum, eine Blume aus dem Nirgendwo, und ein Kurs für kreatives Schreiben wird »medial«

Mit dem ausklingenden Sommer schienen uns Ebbe und Flut des Lebens mit wachsender Intensität zu berühren. Robs Vater war im vorangegangenen Winter gestorben. Seine Mutter lebte nun allein im Haus der Familie in Sayre, Pennsylvania, etwa zwanzig Meilen von uns entfernt. Sie wollte das Haus nicht aufgeben, konnte es aber zugleich kaum erwarten, es loszuwerden. Sie begann zu kränkeln, und wir besuchten sie jeden Sonntag, auch unter der Woche. Gelegentlich verbrachte sie Monate im Haus eines ihrer anderen Söhne, wo sie ihr eigenes Zimmer hatte und doch am Familienleben teilnehmen konnte.

Wir übernahmen ihre Betreuung, wenn sie sich in unserer Gegend aufhielt. Zahlreiche kleinere Krisen kamen und gingen. Doch Mutter Butts war erstaunlich zäh. Sie bekam ein Geschwür und war es innerhalb von drei Monaten wieder los. Wir begleiteten sie zu einer Untersuchung ins Krankenhaus, wo wir fast zwei Stunden im Wartezimmer ausharren mußten, da Mutter einen neuen Arzt konsultieren wollte. Als ihr Name schließlich aufgerufen wurde, ging Rob mit ihr mit. Ich wollte solange warten, wo ich war.

Irgendwann wurde mir die ausliegende Sammlung von monatealten Zeitschriften zu langweilig, und ich machte mich auf die Suche nach dem Konsultationszimmer des betreffenden Arztes. Ich folgte einem langen Korridor, nüchtern, grau und anstaltsmäßig.

Dann hörte ich die Stimme meiner Schwiegermutter und steuerte auf einen der Behandlungsräume zu. Die Tür stand offen. Ich trat ein und blieb stehen. Rob und seine Mutter hatten an einer Zimmerseite Platz genommen. Der Arzt – ein dünner, dunkelhaariger junger Mann mit Brille – saß der Tür (und mir) gegenüber. Hinter ihm blähte sich ein Vorhang im Wind, und durch das Fenster sah ich drei Stockwerke darunter die Straße.

Ich bin mir nicht mehr ganz sicher, was als nächstes passierte. Der Arzt blickte auf und sah mich. Und mit einer äußerst seltsamen Geste öffnete er in weitem Schwung seine Arme, so als wolle er mich umarmen.

Nicht einen Augenblick stellte ich ihn oder seine Geste oder deren Bedeutung in Frage, ich ging ganz automatisch auf ihn zu.

Aus einiger Entfernung hörte ich Rob sagen: »Das ist meine Frau«, aber ich war schon an Rob und dem Stuhl, den er mir frei gemacht hatte, vorbeigegangen. In diesem Moment existierte nur eine Beziehung, die zwischen mir und dem Arzt; Rob und seine Mutter waren Fremde. Und ohne mir dabei etwas zu denken, begab ich mich in den mich willkommen heißenden Halbkreis seiner geöffneten Arme.

Und dann, ebenso rasch, kam ich zu mir. Was um Himmels willen tat ich? Ich befand mich in einer Situation, die ich weder rational erklären noch rechtfertigen konnte. Im selben Moment blinzelte der Arzt mit den Augen und ließ langsam und hölzern die Arme sinken, so als fragte auch er sich, wie er in diese Lage gekommen war. Mir blieb nichts anderes übrig, als so elegant wie möglich den Rückzug anzutreten.

Rob hatte erst einen kurzen Moment zuvor aufgeblickt und noch gesehen, so erzählte er mir, daß der Arzt eine seltsame auffordernde Geste gemacht und ich darauf reagiert hatte. Ich hatte diese Geste als ganz natürlich akzeptiert. Später wurde mir klar, daß sie archaisch war und keinesfalls üblich in unserer Zeit oder in unserem Land. Seine Armbewegung schien den natürlichen Faltenwurf eines Gewandes oder eines langen weiten Ärmels einzubeziehen.

Doch niemand von uns war nach diesem Vorfall verlegen. Einerseits schien es so, als wäre nichts gewesen, andererseits schien das Geschehene so unausweichlich gewesen zu sein, daß es keiner Diskussion bedurfte.

Die Selbstverständlichkeit meiner Bewegungen und meine fraglose Akzeptanz standen aber derart im Gegensatz zu meinem üblichen Benehmen, daß ich doch etwas erschüttert war. Dr. W. und ich hatten die gleiche Körperstatur, dünn und eher zart, und wir hatten beide dunkles Haar und trugen eine Brille. Hatten diese Ähnlichkeiten spontane Sympathie und Verstehen ausgelöst? Ich versuchte mir einzureden, daß dies die Antwort sei. Doch ich hatte auch schon früher Menschen auf Anhieb sympathisch gefunden, ohne mich dabei jemals im Beisein meines Mannes und meiner Schwiegermutter in den Armen eines anderen Mannes wiederzufinden.

Glücklicherweise hatte Mutter Butts während dieses Vorgangs in ihrer Tasche nach dem Rezept eines anderen Arztes gekramt und nichts bemerkt. Diese merkwürdige Verbindung zwischen dem Arzt und mir blieb weiterhin bestehen, während die Unterhaltung über Mutter Butts Gesundheitszustand ganz normal fortgeführt wurde. Es war nicht so, daß diese Beziehung eine stark sexuell gefärbte Komponente hätte. Als Rob und ich später über die Episode sprachen, wurde mir klar, daß ich eher das Gefühl gehabt hatte, der Arzt und ich seien einander sehr zugetane Kollegen – auf einer anderen Erfahrungsebene oder in einem anderen Leben.

Weder wollte ich Seth fragen, noch versuchte ich auf eigene Faust herauszufinden, worum es hier ging. Doch fragte ich mich amüsiert, was der Arzt wohl später gedacht oder wie er *sein* Verhalten rational begründet hatte. Als wenige Monate später die Sumari-Entwicklung begann, verstand ich zumindest einen der Gründe für dieses spontane Erkennen. Und nun fragte ich mich, ob diese Begegnung einer von mehreren Auslösern gewesen war, die die künftigen Entwicklungen einleiteten. Mutter Butts hatte noch einen weiteren Termin bei Dr. W., aber ich blieb absichtlich zu Hause, wo es für mich eine Menge zu tun gab.

Wir wohnten schon seit Jahren in diesem relativ geräumigen Vierzimmer-Apartment. Das große Wohnzimmer war der Ort, wo ich schrieb, und wo wir unsere Mahlzeiten am großen Tisch vor den Erkerfenstern einnahmen. Gegenwärtig wurden hier auch die Dienstagabend-Kurse abgehalten. Und außerdem hatte ich mit meiner kleinen Kursgruppe für kreatives Schreiben begonnen. Das heißt, es wurde eng.

Da das gegenüberliegende Apartment frei geworden war, mieteten wir es. Auf diese Weise verfügten wir über neun große Räume, und wenn wir die Korridortüren abschlossen, hatten wir die ganze hintere Hälfte des ersten Stocks für uns. Ich besetzte das neue Wohnzimmer und machte daraus mein Studio. Der hintere Raum wurde unser Schlafzimmer. Rob hatte jetzt in unserem ursprünglichen Apartment zwei Räume als Atelier. Abgesehen von unserem gemeinsamen Schlafzimmer standen mir also die Räume des neuen Apartments als eigene Suite zur Verfügung.

Neben meinem Studio befindet sich eine kleine Küche, die vormals als Veranda gedient hat. Sie besteht fast nur aus Fenstern, altmodischen, nach außen zu öffnenden Fenstern mit vielen kleinen Scheiben. Wir bezogen das Apartment im Juli, und die Fenster waren nur Zentimeter vom Blätterwald einer riesigen Eiche entfernt. Mein eigenes Baumhaus! Ich saß dort unsagbar viele Stunden, trank Kaffee und blickte hinaus.

Und allmählich geschah etwas. Ich hatte das Gefühl, als ob die Blätter und ich die Plätze wechselten. Ich fühlte mich sonnig und warm und locker und hing dort draußen. Und aus der Perspektive eines der Blätter sah ich mich hinter dem offenen Fenster am Tisch sitzen. Ich, ins Blatt versetzt, wußte, wie ich aussah, doch das Blatt nahm mein... Muster wahr, identifizierte es nach Form und Schattierungen. Dies geschah immer wieder.

Die Qualität meiner Wahrnehmung vertiefte sich auf andere Weise. Die Dimensionen des gegenwärtigen Moments erschlossen sich; in einem solchen Moment erwachte die normale Szenerie des Hinterhofs mit ihren Bäumen, Rasen und Blumenbeeten plötzlich zu neuem, spektakulärem Leben. Ein Leben, das schon die ganze Zeit existiert hatte, mit dem ich aber erst jetzt vertraut wurde. So begannen einige der glücklichsten Stunden meines Erwachsenendaseins.

Wir nahmen uns Urlaub, um das neue Apartment einzurichten, und plötzlich begann ich mit ganz neuer Energie zu schreiben, fing eine Autobiographie an und ein Buch über unsere Kurserfahrungen. Letzteres sollte *Adventures in Consciousness (Bewußtseinsabenteuer)* heißen, und vieles von seinem Material findet sich nun im ersten Teil dieses Buches. Gleichzeitig stellte ich alles in Frage, von der Reinkarnation bis hin zu Seths Wesen. Jene wispernden, flüsternden Blätter umgaben die ganze östliche Seite des

Hauses. Beim Schreiben mußte ich mich immer dazu zwingen, den Blick von den riesigen Ästen und Zweigen zu wenden.

Ich schrieb täglich etwa fünf Stunden; der ASW-Kurs war voll; Seth beendete in seinen regulären Sitzungen *Gespräche mit Seth*. Mein ganz persönliches Projekt war aber damals der kleine Kurs für kreatives Schreiben, an dem nur zwei Frauen teilnahmen. Wir hielten ihn Mittwochnachmittag im großen Wohnzimmer ab – eigentlich kein günstiger Tag, da es beim ASW-Kurs am Dienstagabend immer spät wurde, und Mittwoch der Abend der regulären Seth-Sitzung war. Es schien, daß ich oft in Hetze war und mittwochs manchmal nicht zu meinem eigenen Schreiben kam.

Trotzdem strahlte dieser Kurs eine gewisse Magie aus; ich hatte ihn ganz bewußt zur Ablenkung begonnen. Es ging zunächst ganz allgemein um Schreiben und Kunst. Das Ziel des Kurses bestand darin, die Flexibilität des Bewußtseins als Methode des Schreibens zu üben. Doch zu meiner Überraschung stellte ich fest, daß ich mehr und mehr zu medialen Experimenten überging und wir verschiedene Übungen ausprobierten, die sich in einer größeren Gruppe nur schwer hätten durchführen lassen.

Die jüngere der beiden Frauen, Mattie, fing an, exzellente Texte zu produzieren. Sie entwickelten sich zu einem Kurzroman mit dem Titel *Bernard,* der von einem Schriftsteller im England des siebzehnten Jahrhunderts handelte. Mattie hatte sich schon in den fünfziger Jahren am College im Schreiben versucht. Nun, da ihre Kinder im Schulalter waren, wollte sie ihre Fähigkeiten weiterentwickeln. *Bernard* war ein automatisch geschriebenes Manuskript, wie viele Leute es nennen würden, doch wir verzichteten auf jedes Etikett dieser Art. Wenn Mattie ihre Tagesarbeit erledigt hatte, setzte sie sich einfach an die Schreibmaschine, und Bernards Persönlichkeit »kam durch«, und zwar so rasch, daß sie kaum die Worte zu Papier bringen konnte. Dieser Text war weitaus besser als alles, was Mattie sonst auf normaler Bewußtseinsebene schrieb.

Bernard erzählte seine Geschichte in der ersten Person, und Mattie sah alle von ihm beschriebenen Szenen vor sich. Louise – die andere Kursteilnehmerin – und ich freuten uns schon immer darauf, von Bernards neuesten Taten zu hören. Doch eines Nachmittags passierte etwas, das uns seine Persönlichkeit noch stärker ins Bewußtsein bringen sollte – und ich wurde mit einer weiteren Episode konfrontiert, die zu bizarr war, um in den üblichen Bezugs- und Vorstellungsrahmen zu passen.

Die Umstände waren ganz prosaisch. Wir drei saßen in der Zwei-Uhr-Nachmittagssonne, Kaffee und Crackers auf dem Tisch, Papiere und Manuskripte überall verstreut, und der starke Verkehrslärm drang von unten herauf.

Eigentlich begann der Kurs mit einer humorvollen Note, jedenfalls für mich. Mattie und Louise rauschten herein, aufgeregt und von sich selbst angetan. Mattie war Anfang dreißig und Louise Ende fünfzig, doch die beiden waren gute Freundinnen geworden. Ich sah etwas überrascht auf, denn sie hatten sich in Schale geworfen. Wie sich herausstellte, hatten sie den Vormittag in Louises Mittwochmorgen-Club verbracht. Louise ging selten hin, wie sie sagte, aber diesmal stand ein Vortrag auf dem Programm, den sie hören wollte.

So gingen sie also hin und fühlten sich unter all den konventionelleren Ladys ein wenig deplaziert. Ich denke, sie kamen sich wie Verschwörerinnen vor. Es hatte aber doch großen Spaß gemacht, denn natürlich waren sie auch nicht gänzlich fehl am Platz. Sie trugen zwar keine Hüte und Handschuhe, aber Strümpfe und Schuhe mit hohen Absätzen und passende Kleider »für den Nachmittag«, und jedes Haar ihres frisch vom Friseur gestylten Hauptes saß an seinem Platz.

In Anbetracht ihrer selbst zugewiesenen Rebellinnenrolle fand ich das alles sehr lustig. Wenn sie in Overalls erschienen wären, wäre es etwas anderes gewesen. Wie auch immer, die Versammlung hatte sie aufgeheitert, und sie waren wie Kinder, die die Schule schwänzten. Sie kicherten darüber, daß die anderen Ladys sie wahrscheinlich für dämlich hielten, aber das war ihnen egal.

Dann las Mattie das Neueste aus *Bernard* vor. Es ging um eine schmerzliche Masturbationserfahrung, und der Text vermittelte eine Einsicht, Authentizität und ein weitaus tieferes Verständnis von grundlegenden Problemen, als Mattie für gewöhnlich zeigte. Und all das von einer jungen Frau, deren verwegenste Vorstellung von Freiheit darin bestand, keinen Hut aufzusetzen, wenn sie einen Mittwochmorgen-Club betrat!

Zum erstenmal war ich verblüfft über die Diskrepanz zwischen der üblichen Mattie und der Autorin von *Bernard*. Wir begannen eine Diskussion über die ganze Sache. Hatte Mattie einmal ein Leben als Bernard geführt? Diktierte ihr ein unabhängiger Bernard dieses Manuskript? Oder sorgte ihr eigenes kreatives größeres Selbst einfach dafür, daß sie ihre schriftstellerischen Fähigkeiten nutzte, indem es alle kulturellen Schranken beiseitefegte und sie von jedweden Hemmungen befreite? Bislang hatten wir Fragen dieser Art auf sich beruhen lassen, aber an diesem Nachmittag umwirbelten sie uns geradezu.

Wie »real« war Bernard? Begegneten wir einer Persönlichkeit im Übergang, einer Persönlichkeit, die in uns selbst latent existierte? Wie paßte Bernard in dieses ganze Bild, in dem Seth, Nebene, Shirin und unsere uns bekannten gewöhnlichen Selbsts eine Rolle spielten?

Der Kurs für kreatives Schreiben begann um zwei und endete um vier Uhr, da wir uns alle um das Abendessen zu kümmern hatten. Gegen drei Uhr an diesem Nachmittag hatte uns Mattie den neuen, innerhalb einer Woche verfaßten Text von *Bernard* und Louise Teile aus ihrem autobiographischen Manuskript vorgelesen. Dann schlug ich vor, daß wir uns in den »Alpha Zwei«-Bewußtseinszustand begeben sollten, um zu sehen, welches kreative Material wir ausgraben würden.

Die Anweisungen waren einfach. Ich sagte ihnen, sie sollten sich Alpha Eins einfach als einen Schritt weiter, in einen an den normalen Bewußtseinszustand angrenzenden Bereich, vorstellen. »Diesmal wollen wir noch einen Schritt weitergehen«, erklärte ich. »Stellt euch also vor, ihr macht, sagen wir, zwei Schritte nach rechts, und begebt euch dabei von einem Bewußtseinszustand in den nächsten. Seht zu, was geschieht. Oder stellt euch vor, ihr tretet durch euren Hinterkopf aus. Denkt dabei nur an eure Absicht, nämlich, daß ihr euer Bewußtsein üben wollt.«

Nachdem ich diese Anweisungen gegeben hatte, schloß ich die Augen und machte mich selbst auf den Weg. Ich konnte in diesem Kurs selbst mehr mitmachen als im »medialen« ASW-Kurs, da ich nicht in eine Seth-Trancce ging und wir nur so wenige waren. Also entspannte ich mich, stellte mir die beiden Schritte vor und sah mich dann geistig den zweiten Schritt vollziehen.

Sofort fand ich mich außerhalb der großen Erkerfenster wieder. Ein Seil spannte sich von unserem Haus zu Dr. Sams Haus nebenan. Ich war wie ein Clown gekleidet, mit weiten Pumphosen, und spazierte über das Seil hoch in der Luft. Dann ließ ich mich hinunterfallen und in einer sanften Rolle landen.

Das ist ein Bewußtseinsexperiment, dachte ich, also kann ich auch hinauffallen. Im nächsten Moment hob ich mühelos ab und flog hinauf wie von einem Aufwind getragen.

Mein Bewußtsein befand sich zum größten Teil in der Gestalt des Clowns, zum Teil aber auch in meinem physischen Körper, von wo aus das ganze Unternehmen gesteuert wurde. Und dieser Teil meinte, daß der Clown in seinen Bewegungen noch nicht clownesk genug war. Also ließ ich ihn weiterüben. Als Clown war ich schließlich sehr hoch hinaufgetragen worden; nun ließ ich mich in Dr. Sams Birnbaum hinunterfallen und ruhte mich aus. Mein im Stuhl sitzendes Ich wußte sehr wohl, daß der Baum im Vorjahr gefällt worden war, wohingegen es sich der Clown in seinem Wipfel bequem machte. Dann, erfrischt und mit einem Lächeln, ließ ich den Clown verschwinden, brachte mein ganzes Bewußtsein in meinen Körper zurück und öffnete die Augen.

Mattie und Louise saßen noch still mit geschlossenen Augen da, und so beschloß ich, noch mal in Alpha zu gehen. Ich sah auf die Uhr; es waren noch keine fünf Minuten vergangen. Gewöhnlich räume ich solchen Übungen maximal zehn Minuten ein, ich hatte also noch fünf Minuten. Ich schloß die Augen.

Zunächst sah alles ganz normal aus. Ich sah den üblichen Bogen des Horizonts und den Nachmittagshimmel über dem Haus, über den nun graue Wolken jagten und an einer trüben gelben Sonne vorbeizogen. Das fiel mir besonders auf, da es, als wir den Kurs begannen, ungetrübt sonnig gewesen war. Dann plötzlich klappte die dreidimensionale Welt hinter Dr. Sams Haus zu Zweidimensionalität zusammen – wie ein flaches Stück Pappe, auf dessen Vorderseite das Haus aufgemalt war. Im selben Moment schoß ich durch seine glatte Oberfläche hindurch und kam auf der anderen Seite heraus.

Hier fand ich zu meiner beträchtlichen Überraschung ein anderes Universum vor – jedenfalls nahm es sich für mich so aus. Samtiger schwarzer Raum dehnte sich vor mir aus, so weit ich sehen konnte, und winzige Sterne funkelten in unvorstellbarer Ferne. Ich war offensichtlich auf eine bestimmte Richtung eingestellt und flog immer weiter, ohne mich je irgendeinem Stern zu nähern oder meinen Kurs zu ändern.

Dieser Flug schien eine sehr lange Zeit zu dauern. Ich hatte keinen Körper, sondern schien nur ein Lichtpunkt zu sein, der sich mit unglaublicher Geschwindigkeit fortbewegte. Es handelte sich nicht um ein geistiges Bild; der Raum um mich war von schwindelerregender Tiefe. Plötzlich wurde ich langsamer und verlor an Höhe. Sehr sanft sank ich immer tiefer. Als nächstes erinnere ich mich an einen Blick von oben auf ganz gewöhnliche herbstliche Straßen. Dann fand ich mich, anscheinend übergangslos, vor dem Haus meiner Kindheit sitzend wieder.

Als erstes wurde ich mir bewußt, daß das Gras unter mir sehr naß war, und daß sich mein Körper sehr merkwürdig anfühlte. Farnpflanzen reichten mir bis über Augenhöhe, und ich blickte auf das Gitterwerk unter der Veranda. Erschrocken wurde mir klar, daß ich ein noch sehr kleines Kind war.

Die Berührung mit dem nassen Boden war mir merkwürdig vertraut; ich genoß diese Empfindung. Ich brauchte einen Augenblick, um mich zu sammeln. Ich sah definitiv durch die Augen eines Kindes. Und zweifellos war ich dieses Kind. Ich stand auf, unsicher, aber mit großem Vergnügen und dem entzückten Gefühl, etwas geschafft zu haben. Dann merkte ich, daß ich gerade gehen lernte.

Überrascht blickte ich auf kurze, pummelige Beinchen hinunter, die in weißen Socken und weißen Kinderschuhen steckten. Und alles, was ich sah, sah ich aus der Perspektive von Kinderaugen. Ich stolperte hinunter zu einem Rinnstein und überquerte die leere Straße. Drüben angekommen, fiel ich bei dem Versuch, den Bürgersteig zu erklimmen, um. Ich blieb ganz selbstverständlich eine Minute sitzen, wo ich war, um mich dann wieder aufzurappeln. Ich war völlig vertieft in das, was ich tat. Auf schwer erklärbare Weise fühlte ich die Reaktionen und Emotionen des Kindes. Der Ausdruck »Selbstverständlichkeit« zum Beispiel beschreibt nicht annähernd das Grundvertrauen, in und mit dem ich mich bewegte.

Umfallen schien etwas zu sein, das der Körper von sich aus machte. Aber wieder aufstehen war etwas, das »ich« tat, und ich war völlig damit beschäftigt, den Kniff herauszukriegen.

Danach wanderte ich hinüber zu einem großen, üppigen Fliederbusch, ließ mich – hoch befriedigt – niederplumpsen und blickte auf einen Maschendrahtzaun. Nachdem ich da einen Augenblick gesessen hatte, formte sich in meinem Kopf der Plan, zum nahegelegenen Haus zu laufen. Die Absicht war ganz bewußt, und ich konnte fühlen, wie sie auf seltsamste Weise in meinem Kopf Gestalt annahm. Von größter Wichtigkeit war es, von da, wo »du« warst, zu dorthin, wo »du« sein wolltest, zu gelangen. In seinem (meinem) Gehirn formte das Kind ein geistiges Bild, wie es von da, wo es war, erst zum Haus ging und dann rannte. Es projizierte das Bild in den Raum, so daß ich es mit seinem geistigen Auge sah, und schickte es dann in den vor ihm liegenden Gartenabschnitt, um diesem Bild anschließend physisch zu folgen. Dann – und wieder übergangslos – war ich wieder in meinem Wohnzimmer.

(Und während ich diesen letzten Satz schreibe, kommt mir ein merkwürdiger Gedanke. Bestand eine Verbindung zwischen dem kleinen Mädchen, das sein Bild in den vor ihm liegenden Raum projizierte, und *meiner* Rückkehr? Hat es sich irgendwie selbst in die Zukunft projiziert, so wie es sich selbst in der räumlichen Sphäre vorausging?)

Für einen Moment war ich desorientiert. Der Übergang vom Körper des Kindes in den des Erwachsenen war verblüffend. Ich hatte eine wunderbare Kompaktheit und körperliche Intensität empfunden. Nun fühlte ich mich groß und tölpelhaft. Aber einer Sache war ich mir gewiß: Wenn wir uns als Kinder zu bewegen lernen, dann genauso, wie ich es erfahren hatte: Wir schicken geistige Bilder aus und lernen, ihnen zu folgen.

Mattie und Louise saßen und machten sich Notizen, als ich zurückkam. Ich wollte von meinen Erlebnissen berichten, aber Mattie hatte auch eine Geschichte zu erzählen. Sie sah mich mit einem merkwürdigen Ausdruck an und neigte ihr Gesicht wie eine runde, helleuchtende Laterne in meine Richtung. Ich schrieb mit, da sie mir gesagt hatte, sie hielte ihre Erfahrung für wichtig. »Zumindest war sie faszinierend«, meinte sie.

»Ich trat über den Hinterkopf aus und sah Bernard. Er war wie ein Clown angezogen mit diesen weißen Pumphosen –«

Hier drängte es mich, sie zu unterbrechen, ich unterließ es aber.

Nun, wir umarmten uns – man könnte sagen, es war eine feste, überschwengliche Umarmung. Ich hatte das Gefühl, in ihn hineinzufliegen, durch ihn hindurch, und ich bekam Angst und zog mich zurück. Aber er war immer noch da. Dann dachte ich daran, daß es sich hier um eine Bewußtseinsübung handelte und ich mich ihr ruhig überlassen konnte, keine Angst zu haben brauchte und sehen sollte, was passierte. Und ich ließ locker... und konnte fühlen, wie ich zu seinen Zehen hinuntersank und von ihm völlig absorbiert wurde.

Als nächstes erinnere ich mich, auf einem Friedhof gestanden zu haben, wo sich alle möglichen Statuen und Gedenksteine befanden. Ich war ein wenig desorientiert. Aber da war ein Gatter in der Nähe, und ich ging darauf zu, öffnete es und fand mich auf einer sehr belebten Straße. Alle außer mir waren auf altmodische Weise gekleidet. Ich stand da etwa eine Minute und versuchte zu einem Entschluß zu kommen, was ich als nächstes tun sollte, als ich plötzlich wieder hier war, auf der Couch.

Louises Erfahrung war weniger aufregend als Matties oder meine gewesen, aber sie war entzückt, weil sie spezielle Informationen erhalten hatte, die sie für ihre Autobiographie nutzen wollte. Sie hatte eine Reihe von sehr lebhaften Bildern vor ihrem inneren Auge gesehen, die etwas mit bislang nicht erinnerten Kindheitserfahrungen zu tun hatten.

Wir hatten, was stets auch zu unserem Kurs gehörte, noch nichts geschrieben, und so schlug ich vor, daß sich Louise und Mattie wieder in Alpha begeben, diesmal aber versuchen sollten, in diesem Zustand auch zu schreiben. Ich meinerseits wollte zusehen, ob ich dieses »andere Universum« wiederfinden konnte.

Ich schloß die Augen. Sofort spürte ich eine Person zu meiner Rechten, die aber nicht »gefüllt« oder irgendwie substantiell war. Dann fühlte ich mich wieder von demselben spezifischen Ort vor dem Fenster angezogen. In dem mir gegenüberliegenden Haus zeigte sich ein Loch. Ich sah, wie sich die Ränder dieses Lochs nach innen wölbten wie nach einer Implosion. Ich wurde durch dieses Loch gezogen.

Beim letzten Mal war die Welt hinter dem Haus flach geworden. Diesmal blieb sie dreidimensional, aber das Loch erwies sich als eine Art Röhre, die durch die Welt, die wir kennen, hindurchging und auf der anderen Seite austrat. Auch die Reise durch diesen Kanal schien lange zu dauern. Im Kanal sah ich nichts, und ich wurde so rasch durch ihn hindurchbefördert, daß ich meine Geschwindigkeit nicht abschätzen konnte.

Am Anfang blieb ein Teil meines Bewußtseins mit meinem Körper verbunden, wurde aber nach und nach aus ihm herausgezogen, In doppeltem Bewußtsein fühlte ich, wie ein Teil von mir aus meiner Gestalt herausgezogen wurde, und mein körperloser Teil innerhalb der Röhre konnte merken, daß dieser andere Teil mich einholte oder mir folgte. Dieser Vorgang des Herausziehens schien zu viel Zeit zu beanspruchen, wenn ich auch nicht weiß, woher ich das wußte. Plötzlich verwandelte sich der Rest meines Bewußtseins, der noch mit meinem Körper verbunden war, in eine Anzahl von »Kugeln«, die, eine nach der anderen, durch die Röhre geschossen wurden.

Am anderen Ende öffnete sich dieser Kanal wieder zu einem neuen Universum. Ich wußte nicht, ob es dasselbe war wie vorhin oder nicht. Vor mir lag grenzenloser schwarzer Raum, Sterne waren zu sehen. Die mein Bewußtsein einkapselnden Energiekugeln kamen herausgeschossen, explodierten wie Raketen und entfalteten gleichsam ein riesiges Feuerwerk in allen möglichen Farben und Figuren.

Ich sah, als ich aus der Röhre kam, dieses Universum vor mir liegen; die letzten Teile von mir beobachteten die Teile, die zuerst herausgekommen waren und in der Ferne explodierten. Ein spektakulärer Kontrast: Der Teil meines Bewußtseins, welcher sich noch in dem dunklen Tunnel befand, sah hinaus auf diese leuchtende Kaskade funkelnder Energie und Farbe. Ich hatte kein Gefühl von Gefahr. Ich hatte das Gefühl, daß mein Bewußtsein blitzartig und sprunghaft aus den Energiekugeln, aus denen ich mich zusammensetzte, austrat, so daß ich die beobachten konnte, die da vor mir explodierten, ohne das Empfinden zu haben, daß ich explodierte.

Als die letzten Teile meines Bewußtseins sich in dieses neue Universum versprüht hatten, begannen sich die Lichter und Figuren einander anzunähern und formten sich zu einer Blume aus Licht. Hier nahm die Erfahrung eine neue Wendung, die sich noch schwieriger erklären läßt. Ich bin mir nicht ganz sicher, denke aber, daß diese Blume gigantisch war; eine ungeheure Blüte von Energie. Mein gesamtes Bewußtsein war in ihr versammelt, und ich war mir meines Körpers überhaupt nicht mehr bewußt.

Dann, ohne Vorwarnung oder »Reisegefühl«, fand ich mich in meinem Stuhl wieder – wahrscheinlich mit geschlossenen Augen –, doch diese gigantische Blume kam mit unglaublicher Geschwindigkeit auf mich zu, herausgeschleudert aus diesem anderen Universum. Ich war mir sicher, daß sie sich plötzlich vor mir befand, im Zimmer dieser physischen Realität. Alles das war so real und erstaunlich, daß ich unwillkürlich einen Schrei ausstieß.

Und in diesem Moment muß ich die Augen geöffnet haben. Die Blume war nicht mehr zu sehen, und ich hatte das Gefühl, daß sie in mir verschwunden war. Ich war davon überzeugt, daß sie mir aus einem Universum ins andere gefolgt war, und daß sie eine Art Eindringen in unseren Raum repräsentierte. Mein Schrei scheuchte Mattie und Louise auf, die natürlich nichts gesehen hatten.

Meine nächste Erfahrung mit dem Loch in Dr. Sams Haus sollte sich im Spätherbst ereignen; sie stand in direkter Verbindung zum Beginn einer neuen Entwicklung. Schon zu dieser Zeit wußte ich aber, daß es sich hier nicht *nur* um mentale Erfahrungen handelte. Ich *war* in einer Art Röhre gewesen, die von einem System zum anderen führte, und mein Bewußtsein *hatte* sich wie Energiekugeln verhalten. Andererseits ging ich selbstverständlich davon aus, daß dieses Loch in Dr. Sams Haus nichtphysischer Natur und für andere Personen nicht sichtbar war. Ich hegte nicht die Erwartung, daß sich, sobald ich aus der Trance herausgekommen war, ein Spalt in seinen Mauern zeigen oder einige Nachbarn staunend davor stehen würden.

Aber ich beharrte eigensinnig darauf, daß dort irgendwie . . . doch ein Spalt *war* oder gewesen war, den ich wiederfinden konnte.

Die Blume war so präsent gewesen, daß ich für einen Augenblick sicher war, auch Mattie und Louise hätten sie gesehen, doch schon im nächsten Moment wußte ich, daß sie in derselben Weise existierte wie das Loch. Es sollte noch zwei Jahre dauern, bis mir die Aspekt-Theorie einige Anhaltspunkte für eine innere Ordnung von Ereignissen lieferte, innerhalb derer solche Erfahrungen eine tiefe Bedeutung haben.

Der Sommer ging, und es war Herbst geworden, ohne daß ich es richtig merkte. Meine Korrespondenz wurde immer umfangreicher; immer mehr Briefe und Anrufe. Mich machten besonders all die Leute betroffen, die persönliche oder gesundheitliche Probleme hatten und mich um Hilfe baten. Eines Tages erschienen ein Mann und eine Frau einfach vor unserer Tür, ohne sich vorher anzumelden, und baten um ein Gespräch. Sie hatten ein sehr krankes, behindertes Kind dabei.

Ich hatte mir gerade die Haare gewaschen, die mir nun naß den Rücken herabhingen. Der Kurs für kreatives Schreiben war angesagt, und ich war in Eile. Aber ich weiß nicht, warum ich das Paar nicht abweisen konnte.

Ich erklärte ihnen allerdings, daß ich mich nicht speziell mit dem Heilen befaßte und schlug vor, sie sollten dem spirituellen Heiler Dr. Harry Edwards in England schreiben. »Ich weiß nicht genau, warum wir gekommen sind«, beharrte der Mann, »aber ich bin mir sicher, daß Sie irgendwie helfen können. Ich habe ohnehin meine Vorbehalte gegen diese Heiler. Ich will nicht in irgend etwas verwickelt werden, das mit dem Teufel zu tun hat.«

»Was hat denn der Teufel damit zu tun?« fragte ich trocken.

Und so kamen wir doch ins Gespräch, und der Mann erzählte nun, sich fast überschlagend: »Ich dachte, ich bin vielleicht verflucht. Als Dottie schwanger war, hatte ich eine Vision von dem Kind. Etwas stimmte mit ihm nicht, und es wollte sterben. Und ich sagte ihm, es müsse leben. Und so denke ich, daß Gott mich vielleicht bestraft –«

Der arme Mann hatte durch die Krankheit des Kindes schon

genug zu erdulden, und nun quälte ihn noch zusätzlich das Gefühl, Gott strafe das Kind für *seine* Sünden. Ich war empört. Und wieder fragte ich mich – und diesmal laut –, was denn das überhaupt für ein Gott war?

Ich konnte dem Vater dann einige Eindrücke von seinem Kind vermitteln; zum Schluß sah ich es im Alter von etwa zwölf Jahren, lebendig und ziemlich normal aussehend, allerdings in einer Sonderschule. Vor allem aber konnte ich den Vater von seinen Schuldgefühlen befreien. Mochte er sich verflucht fühlen, als er hier ankam, als er ging, fühlte er sich zumindest begnadet genug, Teil des Universums zu sein. Doch ich war immer noch verstört und dachte an all die Menschen, die sich durch ihre religiösen Überzeugungen noch zusätzliche Probleme aufhalsten.

Als der Kurs begann, mußte ich noch immer an die Episode denken und erzählte Mattie und Louise davon. Ein paar Minuten später spürte ich eine Art von Gestalt über dem Couchtisch. Dann sah ich sie deutlicher, konnte durch sie hindurchsehen. Sie war also nicht ganz physisch.

Es war die Gestalt einer Person, aber ich wußte, daß sie in Wirklichkeit massive Energie repräsentierte. Sie hatte etwas zu tun mit der Hilfe, die ich anderen hatte zukommen lassen; ohne mir dessen bewußt zu sein, hatte ich diese Gestalt in einer anderen Dimension geformt und konnte mich nun ganz bewußt ihrer bedienen, um mir und auch anderen Menschen zu helfen.

Ich betrachtete die Gestalt nicht so sehr als ein persönliches Wesen, sondern vielmehr als eine Kraft. Das Wort »Helper« (Helfer) kam mir in den Sinn. Später entdeckte ich, daß ich Menschen, die in Schwierigkeiten steckten, »Helper« schicken konnte. Dieses Auftauchen von Helper mochte ein weiterer Anhaltspunkt für anstehende Veränderungen sein; jedenfalls trat eine Beschleunigung aller Ereignisse ein. Ich spürte, daß neue Richtungen in der Luft lagen.

Einerseits waren sie mir natürlich willkommen, andererseits bemühte ich meinen Intellekt so sehr ich konnte. Immer noch versuchte ich, Erfahrungen dieser Art in einen akzeptablen Bezugsrahmen einzupassen – um stets daran zu scheitern. Und wie ich schon sagte, ich konnte sie auch nicht einer der konventionellen spiritualistischen Konzeptionen zuordnen – weil diese für mich unannehmbare Dämonen und abergläubische Vorstellungen beinhalteten. Und der wissenschaftliche Kontext war, wie ich spürte, zu steril für Intuitives.

So versuchte ich es also weiter. Als im November 1971 die Sumari-Entwicklung einsetzte, verstärkte ich meine Bemühungen noch.

7
Die Sumari-Entwicklung

Das bunte und komplexe Leben der Psyche sorgt für die kreativen Ingredienzen, aus denen wir unser Alltagsleben gestalten. Immer neue Möglichkeiten des Handelns und der Erfüllung existieren gleich unter der Oberfläche, bereit, in Reaktion auf die Ereignisse unseres Alltags aufzutauchen. Solche Energie- und Kreativitätsausbrüche stünden uns an sich immer dann zur Verfügung, sobald sie gebraucht werden, wenn wir nur flexibel genug wären, sie zu erkennen und zu akzeptieren.

Im Rückblick wird offensichtlich, daß schon den ganzen Sommer und Herbst über derartige Regungen knapp unterhalb meiner Bewußtseinsschwelle grummelten. Am 4. November hatte ich meine Erfahrung mit dem »anderen Universum«. Am 15. November schickte Rob das fertiggestellte Manuskript von *Gespräche mit Seth* ab – Signal für das Ende einer kreativen Unternehmung. Am 16. November starb mein Vater. Am 23. November begann, damals scheinbar aus dem Nichts, die Sumari-Entwicklung.

Ich hatte meinen Vater nicht besonders gut gekannt. Er starb mit siebenundsechzig; er starb rasch. Da ich ihn einige Jahre nicht gesehen hatte, blieb er für mich so lebendig oder tot, wie er es immer gewesen war, außer daß nun keine gelegentlichen Briefe mehr von ihm kamen. Und doch denke ich, daß sein Tod etwas mit den Ereignissen der folgenden Woche zu tun hatte. Wahrscheinlich waren, was das angeht, auch alle anderen Ereignisse in unserem Leben damit verknüpft: der Tod von Robs Vater, die Situation seiner Mutter und der einfache Prozeß fortgesetzten Lebens, in dem der Tod größere Bedeutung erhält, wenn die Eltern sterben.

Die Wahrheit der Psyche hat mit einer anderen Ordnung der Ereignisse zu tun, wie ich nun allmählich zu begreifen beginne, einer Ordnung, die aber doch mit den alltäglichen Episoden unseres Lebens verbunden ist. Diese Wahrheiten sind derart komplex miteinander verwoben, daß sie oft auf dramatische Weise in Erscheinung treten, gekleidet in Symbole, zu Kunst transformiert. Unsere kulturellen Überzeugungen und Glaubensvorstellungen lassen uns unseligerweise an diesem tiefen Wissen der Psyche zweifeln, und so versuchen wir oft, ihre Manifestationen entsprechend unserer beschränkten Vorstellungen zu unterdrücken.

Die Sumari-Entwicklung ist schon allein deshalb wichtig, weil sie so deutlich den Zuwachs an potenter Energie in strukturierter Form aufzeigt, eine Form, die das normale Leben bereichert. Ich bin davon überzeugt, daß jedem von uns zu verschiedenen Lebenszeiten das gleiche passiert, mag das Endresultat auch ganz unterschiedlich ausfallen.

Ich weiß nicht mehr, in welchem Bewußtseinszustand ich am Abend des 23. November war. Es tat mir leid, daß mein Vater gestorben war, aber ich trauerte nicht. Die Teilnehmer der ASW-Gruppe lachten und unterhielten sich, wir hatten noch nicht richtig angefangen, als ich plötzlich spürte, daß meine Aufmerksamkeit wieder auf diesen Ort außerhalb der Erkerfenster gelenkt wurde, dorthin, wo sich das Loch in Dr. Sams Haus geöffnet hatte.

Plötzlich hatte ich den Eindruck, daß eine Gruppe von Leuten aus diesem »anderen Universum« in unser Zimmer trat, und daß ihr Lehrer mir gegenüberstand. Wir schienen telepathisch zu kommunizieren, obwohl ich das, was gesagt wurde, auf bewußter Ebene nicht mitbekam. Diese Leute verteilten sich im Zimmer und standen dann still beobachtend da.

Mir war natürlich klar, daß sie im physischen Sinn nicht da waren, und dennoch hatte meine Erfahrung Gültigkeit: Es war wahr, daß ich ihre Präsenz spürte und sie in einer anderen Art des Sehens »sah«.

Dann »hörte« ich ein Stimmengewirr in fremden Sprachen, das von hoch über mir zu kommen schien. Es war kein physisches Hören. Vielmehr hatte ich den Eindruck von einer Vielfalt von geschichteten Tönen und Lauten. Mit anderen Worten, ich sah die

Töne als Formen: Einige bildeten Dreiecke, andere lange Rechtecke. Ich nahm sie als Formen *und* Töne wahr. Sie alle waren mir fremd. Ich wußte nicht, was ich damit anfangen sollte, verstand aber, daß etwas von mir erwartet wurde.

Ganz unmöglich, dachte ich, all dem Stimme zu verleihen. Ich glaubte nicht, daß meine Zunge in der Lage sei, die Laute entsprechend umzusetzen. Und was diese meine Zunge anging, so fühlte sie sich äußerst merkwürdig an. Ihre Muskeln zuckten. Sie schien unfähig, unbeholfen. Die Laute formten sich zu Worten, und all die anderen »Sprachen« traten zurück, das heißt, eine davon überlagerte alle anderen und wurde lauter. Allerdings kamen die Worte so rasch, daß ich kaum zu sagen vermochte, wo sie anfingen oder wie das eine vom andern zu unterscheiden war. Und doch hatte ich das Gefühl, man erwarte von mir, daß ich ihnen irgendwie Stimme verlieh, daß ich mich einfach öffnete und sie durchkommen ließ.

So weit kommt's noch, dachte ich. Dies war eine völlig neue Erfahrung für mich, aber schon versuchte ich, sie in irgendeinen Kontext zu pressen. Unglücklicherweise fiel mir als erstes der aus fundamentalistisch-religiösem Denken stammende Begriff »in Zungen sprechen« ein. Zugegeben, unter solchen Bedingungen mögen sich durchaus einige gültige mediale Vorfälle ereignen, aber *meine* Bedingungen waren es gewiß nicht. Und wenn hier irgendwelche Schreie, Krämpfe oder Zuckungen – heilig oder nicht – involviert sein sollten, dann bedeutete das für mich das Ende der Fahnenstange.

Während mir diese Gedanken durch den Kopf gingen, schienen die Laute in den Hintergrund zu verschwinden, nur noch wahrnehmbar als schwaches atmosphärisches Geräusch, während ein bestimmtes Wort, *Sumari,* lauter und lauter wurde. Es wurde mehr gesungen als gesprochen. Mir war klar, daß ich es aussprechen sollte. Ich war fasziniert; ich zögerte; dann beschloß ich, das Wort aufzuschreiben, statt es zu sprechen oder zu singen. Ich griff mir Stift und Papier und kritzelte so schnell wie möglich mit, was ich bekam.

Weitere Worte folgten; auch diese schienen in den Vordergrund zu treten oder aus den anderen gedämpften Lauten hervorzugehen.

Dann konzentrierte ich mein Bewußtsein wieder auf das Zimmer und erzählte den Kursteilnehmern, was passierte. Ich hatte vor, das, was ich mitgeschrieben hatte, laut vorzulesen. Statt dessen aber, so wurde mir später berichtet, warf ich das Papier zu Boden und sang die Worte mit lauter, klingender Stimme.

Sumari
Ispania
Wena nefarie
Dena dena nefarie
Lona
Lona
Sumari

Dann, im Flüsterton, sagte »jemand anders« mit meiner Stimme: »Ich bin Sumari. Du bist Sumari. Es ist dein Familienname. Zu allen Zeiten bist du Sumari gewesen. Ich mache dich mit deinem Erbe vertraut.«

Gleichzeitig wurde mein Körper von einer köstlichen Wärme durchflutet. Sie kam von innen wie ein sanftes Glühen, das nach außen strahlte. Ich empfand etwas, das ich nur als erstaunliche Anmut bezeichnen kann: eine wunderbare uralte und doch junge Freude, die sich auf jede anwesende Person richtete. Den Kursteilnehmern zufolge spiegelte sich das auch in meinem Aussehen und Verhalten, als ich mich nach vorn beugte, ihnen zuwandte und sie mit sanfter Intensität ansprach.

Dann veränderte sich die Art der Übermittlung. Ich sprach mit einer anderen Stimme und wiederholte: »Ich bin Sumari. Du bist Sumari. Wir sind Sumari. Ich bin dieselbe Sumari in anderem Gewand.«

Die erste Persönlichkeit schien weiblich gewesen zu sein. Während nun diese zweite Persönlichkeit sprach, hatte ich das Gefühl, meine Stirn sei von tiefen horizontalen Furchen durchzogen. Diese Persönlichkeit erinnerte mich an einen alten Mann und jungen Knaben zugleich – an einen Knaben aus uralter Zeit.

Während »ich« sprach, hatte Sue Watkins eine Vision. Sie sah eine dreidimensionale Gestalt hinter mir, die goldgelb gekleidet war und fast bis an die Decke reichte. Sue sah die Gestalt nur im Umriß, keine genaueren Züge oder Details.

Ich hatte den Kursteilnehmern oft gesagt, sie sollten in Alpha

Eins oder Alpha Zwei gehen, wenn sich an unserem Gruppenabend etwas Ungewöhnliches tat. Hinter diesem Vorschlag steht jener bereits angesprochene Gedanke, daß Ereignisse auf verschiedenen Realitätsebenen ablaufen. Wollen wir also ein Ereignis *wirklich* verstehen, müssen wir unseren Gewahrseins-Fokus theoretisch in viele Richtungen wenden, so wie wir etwa auf physischer Ebene einen Gegenstand umrunden, um ihn von allen Seiten zu betrachten.

Als ich meinen Gesang anstimmte, schalteten viele Kursteilnehmer auf Alpha. Eine Frau hatte eine exzellente außerkörperliche Erfahrung, und glitt danach mühelos wieder in ihren Körper zurück. Ein anderer Teilnehmer sah Gruppen von Gestalten, und während er noch dachte, daß hier wahrscheinlich optische Verzerrungen im Spiel waren, hatte er den Eindruck, Augen zu sehen, die aus drei Augen bestanden. Diese Vision war so klar, daß er eine Zeichnung davon machte. Beim Anblick der Zeichnung rief ein junges Mädchen, sie hätte genau das gleiche Bild gesehen.

Alle waren aufgekratzt und voller Energie. Und sie hatten Fragen! Sumari kam noch ein paarmal an diesem Abend durch, und jedesmal wurde mein Körper von Weichheit und Wärme durchströmt. Meine Arme fühlten sich so leicht an, als könnten sie schweben. Am stärksten war ich mir dieser seltsam vollkommenen Anmut bewußt. Und durch diesen Fokus nahm ich weiterhin das Zimmer wahr.

Einmal schaute »ich« einen jungen Mann an, Phil, und sah hinter ihm die Reihe der Gestalten seiner »reinkarnierten« Selbsts. Ihm zunächst stand eine anmutige Tänzerin, ein Mädchen mit dunkler Haut in orientalischem oder indischem Gewand. Die Sumari erkannte Phil und begrüßte ihn als den, der er war, und auch als all seine anderen reinkarnierten Persönlichkeiten. Sie sah sie in ihm und ihn in ihnen.

Das gleiche traf auf alle anderen Anwesenden zu. Als ich meinen Blick auf Bette richtete, sah ich direkt hinter ihr jene Pionierin. Die von Sumari gefühlten Emotionen und Empfindungen waren so tief, so komplex und multidimensional, daß mir im Gegensatz dazu meine normalen Empfindungen seicht vorkamen. Emotion in Stereo! Aber all diese Gefühle waren in ihrer Vielfalt auch stetig, gewiß und wunderbar koordiniert. Sie waren eine exzellente Mischung aus intellektueller und emotionaler Erfahrung. Mir war, als würde ich mir einer neuen Art von allumfassender Persönlichkeit bewußt, die mein rechtmäßiges Erbe war und das aller anderen.

Als der Abend vorüber war, sann ich noch mal über die »Sprache« nach. Einer der Kursteilnehmer hatte in diesem Zusammenhang die alten Sumerer erwähnt. Aber ich war mir sicher, daß das, was ich gesprochen hatte, keine Sprache aus einer anderen Kultur gewesen war, jedenfalls nicht im herkömmlichen Sinn. Und was sollten die Sätze bedeuten: »Wir machen dich mit deinem Erbe vertraut« oder »Du bist Sumari«?

Ich ging, um die ganze Sache mit Rob zu diskutieren, der aber, wie sich herausstellte, auch so seine Erlebnisse gehabt hatte. Er hatte in der kleinen Küche neben meinem Arbeitszimmer gesessen und die letzte Seth-Sitzung abgetippt. Plötzlich schien sich seine Sicht zu trüben. Er konnte kaum noch das Papier oder seine Hand erkennen. Dann sah er eine Kopfform in wunderschönen farbigen gezackten Umrissen. Sie war leuchtend hell, fast wie Feuer, und sandte an den Rändern Lichtblitze aus. Rob hatte in jenem Moment das Gefühl, daß sie etwas mit meinem Vater zu tun hatte. Später fertigte er eine Zeichnung von seiner Vision an, die hier abgebildet ist (siehe gegenüberliegende Seite).

Hatte das wirklich mit Sumari zu tun? Ich wollte wissen, was hier los war, und deshalb hielten wir am nächsten Abend eine lange Seth-Sitzung ab. Unsere Freundin Sue Watkins kam herüber, um sie auf Tonband aufzunehmen. So mußte Rob nicht wie üblich mitschreiben und konnte mehr Fragen stellen.

Die Sitzung dauerte zwei Stunden. Sue, die sie diesmal abtippte, landete schließlich bei dreizehn Manuskriptseiten.

Zunächst kam Seth auf Robs Vision zu sprechen. Er sagte, Rob habe auf seine Weise die Energie der Sumari-Entwicklung aufgefangen.

Du hast einen Energiekern wahrgenommen, der nach außen strahlte und auf diese Realität übergriff, von daher das Erscheinungsbild – in deiner Vision – eines gezackten und fragmentierten Umfelds ...

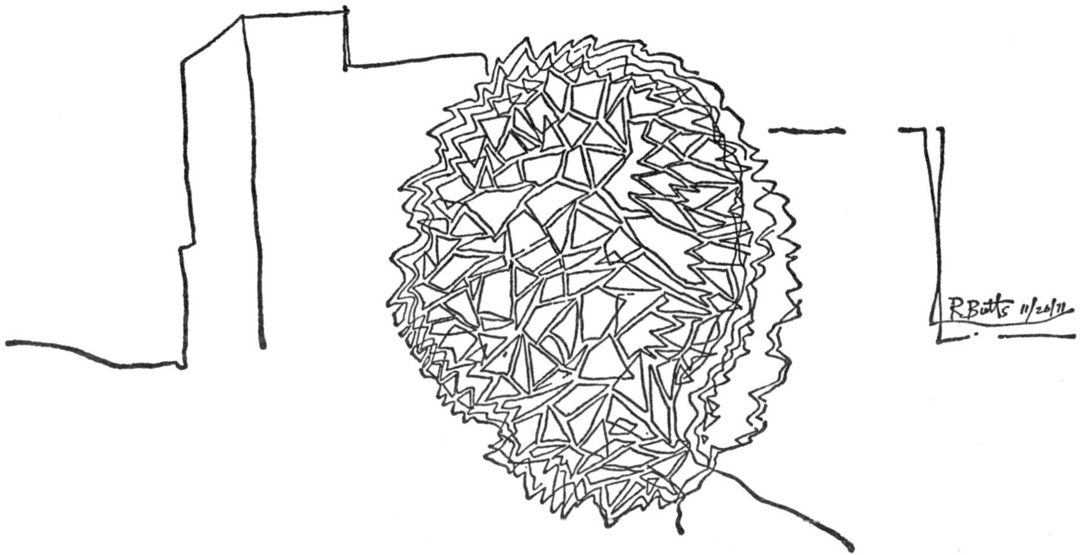

Skizze zu Robert Butts Vision vom Dienstag, dem 23. 11. 1971,
nach 22 Uhr. Siehe die 598. Sitzung.

Du hast deine Wahrnehmungsfähigkeiten und Energie fast auf die gleiche Weise konzentriert... etwa wie ein Laserstrahl Energie bündelt. So war die Vision, die du empfingst, zwar mikroskopisch aber doch leuchtend hell und strahlte starke Energie aus. Nun ist eine solche Vision nicht nur etwas, das du siehst und das in diese Realität eindringt, sondern sie hat auch Auswirkungen auf eure Realität. Zwar nimmst du das Erscheinungsbild der Vision wahr, aber ihre anderen Auswirkungen entgehen dir. Es ist die Energiekonzentration, siehst du, die von außerordentlicher Wichtigkeit ist und sogar das Verhalten der Atome und Moleküle im engeren Umfeld ihrer Erscheinung verändert.

Erinnere dich an das, was ich dir über schwarze Löcher und Energiekonzentration sagte. Solche Vorkommnisse ermöglichen euch einen ungewöhnlichen Energieaustausch von einem System zum andern. Von daher sind sie wahre Quellen neuer Energie, und schon ihr Eindringen in eure Welt bedeutet eine andersartige Aktivierung ihrer Realität – gewöhnlich in beschleunigender, aufrührender und transformierender Weise, also eher ein Aktivieren als ein Bremsen oder Verlangsamen.

Es gibt Geschwindigkeitsebenen, auf denen die Bewegung dem Anschein nach zu völligem Stillstand kommt und die Tatsache einer Bewegung nicht mehr wahrgenommen wird. Jenseits dieser Ebenen wird die Bewegung wieder wahrgenommen und die Phase des Stillstands scheint vorbei. Nun, im Falle deiner Vision von gestern abend aktivierte das von dir wahrgenommene Bild die Luft in der Atmosphäre. Im Verlauf dieser Aktivierung erreichte es jedoch schließlich eine Ebene scheinbaren Stillstands, wo du es nicht wahrnahmst, wo es aber immer noch existierte...

Dann sagte Seth, die Sumari könnten mit einer medialen Familie verglichen werden, oder mit einer Bewußtseins-Gilde, die über die Jahrhunderte hinweg arbeitet. Mit einem scherzhaften Hinweis auf meine »Abneigung gegen – lebendige oder tote – Bruderschaften«, erklärte er, daß Sumari tatsächlich als eine Bruderschaft bezeichnet werden könne, und *wir* nun zu einer bewußten Mitgliedschaft bereit seien. Seth selbst war in bester Form und wandte sich heiter und vergnügt an Rob, der zur Abwechslung einmal Zeit hatte, so viele Fragen zu stellen, wie er wollte.

Seth betonte, daß die Sumari nur *eine* Bewußtseins-Gruppe oder -Gilde seien. Nachdem er ziemlich ernst ihre Ziele und Eigenschaften erläutert und hervorgehoben hatte, daß sie vor allem auf Initiative und Kreativität bedacht seien, grinste er breit und sagte: »Sie stehen aber nicht herum und warten, bis das Gras gemäht werden kann.« Die Sumari scheinen seiner Aussage nach in erster Linie Schöpfer und das Gegenteil von Konformisten zu sein; sie setzten auf hervorragende Weise Energie ein und »initiieren Realitätssysteme«, seien aber von ihrem Naturell her vielleicht weniger geeignet, langfristige Projekte durchzuziehen. Das überließen sie anderen Gruppen, die andere Fähigkeiten und Neigungen hätten.

In plötzlicher ehelich-intuitiver Eingebung fragte Rob nach meinem merkwürdigen Erlebnis mit Dr. W. im Krankenhaus. (Eigentlich wollte Rob wissen, warum ich nicht selbst danach gefragt hatte!) Seth meinte, seiner Ansicht nach sollte ich diese Frage *selbst* beantworten, bestätigte aber dann den Verdacht, der hinter Robs Frage stand. Dr. W. sei ein Sumari. Wir hätten in früheren Leben miteinander zu tun und eine sehr enge Arbeitsbeziehung gehabt. Wir seien »einander sehr zugetane Kollegen« gewesen. In Antwort auf andere Fragen sagte Seth, die Sumari-Entwicklung sei schon seit Beginn unserer Sitzungen latent vorhanden gewesen, und meine Fähigkeit, einige alte »Sprecher«-Manuskripte zu übersetzen, hinge von meiner Akzeptanz dieses neuen Aspekts ab.

Die »Sprecher« werden in *Gespräche mit Seth* erwähnt, wo sie als physische und nichtphysische Lehrer beschrieben werden, die dem Menschengeschlecht über die Zeiten hinweg helfen. Rob wollte wissen, ob alle Sprecher Sumari seien, aber Seth erklärte, daß jede Gilde ihre Sprecher habe.

Das Material dieser Seth-Sitzung faszinierte mich, aber seine Implikationen machten mich sehr nachdenklich: Wollte ich mich auf diese neue Entwicklung einlassen oder nicht? Seth hatte erwähnt, daß sich die Sumari-Erfahrung in ziemlich unerwarteter Weise ausdehnen würde – und zu meinem Vorteil. Doch für Seth zu sprechen war etwas anderes, war akzeptierter Bestandteil meines

Lebens und meiner Arbeit. Wie üblich beschloß ich, weiterzumachen, mit dem Vorbehalt, daß ich mir alles, was geschah, zu kritisieren erlauben oder aufhören würde, wann immer ich wollte.

Was Doktor W. anging, so hatte ich das Gefühl, daß unsere Begegnung einer der Auslöser für Sumari gewesen war, und meine Empfindungen bei unserem Zusammentreffen waren schließlich nicht zu leugnen. Ich wußte, daß unsere wie auch immer geartete Beziehung auf ihre Weise als Privatangelegenheit betrachtet werden sollte. Sie gehörte der Vergangenheit an und nicht in unser jetziges Leben.

Nun allerdings kam die Sumari-Entwicklung in Schwung, fast auf die gleiche Weise wie bei den ersten Seth-Sitzungen. Binnen eines Monats zeigte sich eine Vielfalt von mehr oder weniger voll ausgereiften Phänomenen. Beim nächsten ASW-Kursabend zum Beispiel sprach und sang ich in Sumari. Wir hatten einen Sumari-Kreis, wie wir es nannten, das heißt, ein Kursteilnehmer nach dem anderen stand spontan auf, begab sich in einen um mich gezogenen Kreis und sang mit mir in Sumari. Dies sollte alte Initiationszeremonien *repräsentieren.*

Als eine Sumari zeichnete ich Grafiken, die ich sorgsam erläuterte – in der Sumari-»Sprache«. Die Kursteilnehmer nickten mit den Köpfen; ja, sie verstanden; es war alles ganz klar. Doch als ich aus der Trance kam, wußte kein Mensch mehr, was er da verstanden hatte oder was die Zeichnungen bedeuteten.

Der Anstieg des allgemeinen Energiepegels war offenkundig. Die Kursteilnehmer berichteten von vielen weiteren außerkörperlichen Episoden und von Träumen, in denen sie an einem Kurs teilnahmen. Rob hatte bis dahin noch kein Sumari gehört. Ich beschloß, nicht weiterzumachen, bis er die Gelegenheit hatte, das Sumari-Phänomen zu beobachten und seine Meinung dazu abzugeben.

So stellten wir eines Abends das Tonbandgerät zurecht. Ich war fast sofort Sumari. Sie fing an, auf im Zimmer befindliche Gegenstände zu deuten und Rob die Sumari-Worte dafür zu nennen. Rob sollte sie dann wiederholen. Es dauerte nicht lange, und Rob sprach selbst ganz spontan Sumari. Dann begann er etwas zögerlich zu singen, während »ich« ihn dabei ab und zu korrigierte. Als die Sitzung vorbei war, waren wir beide überrascht.

Am nächsten Tag hörte ich das Tonband ab und schrieb den Wortlaut des Liedes phonetisch auf, was ziemlich lange dauerte. Doch noch während ich damit beschäftigt war, bekam ich auch die englische Übersetzung. Die Anordnung der Zeilen oder Sätze kam ganz natürlich, die Übersetzung hingegen bekam ich manchmal im ganzen Satz, dann wieder nur als ein einziges Wort.

Das Lied hieß *Lied für Anfänger* und taucht, wie Sie später noch sehen werden, in ganz anderem Kontext wieder in meinem Roman *Überseele Sieben* auf.

Was mich anging, so fand ich von allen Sumari-Elementen den vokalen Effekt am erstaunlichsten. Abgesehen davon, daß ich als Kind mal im Kirchenchor gesungen hatte, fehlt mir jegliche musikalische Ausbildung. Und auch in jenem Chor hatten wir keinerlei Ausbildung genossen, sondern die Worte nur möglichst laut herausgebrüllt, und damit hatte es sich.

Als Sumari aber fing ich rasch an, lieblich-musikalisch in beträchtlicher Stimmbreite zu singen. In diesen Liedern oder Partituren zeigt sich ein weitaus größeres musikalisches Verständnis und Können, als ich es im normalen Bewußtseinszustand zur Verfügung habe. Zwei meiner Kursteilnehmer, die Musiker sind, haben einige dieser Lieder musikalisch umgesetzt. Ich kann noch nicht einmal Noten und deshalb auch keine Partitur lesen, aber für jene, die es können, findet sich ein Lied samt Noten in Kapitel 15.

An den Kursabenden werden diese Lieder nicht einfach nur gesungen, sondern mein ganzer Körper wird zum Ausdrucksvehikel und oft kommt noch einiges an Pantomimischem hinzu. Zum Beispiel wurden fast von Anfang an Sumari-Dramen eingeführt, in denen über Gesang und Bewegung Reinkarnations-Episoden ausagiert wurden. Charakteristik und emotionale Bedeutung der Dramen sind absolut klar, obwohl kein Englisch verwendet wird. In ihnen drücken die Lieder emotionale Realitäten aus, die für die Kursteilnehmer oft tiefe Bedeutung haben. Die Dramen sind auch strukturiert, das heißt, die Darbietung entsteht zwar völlig spontan, ihr Verlauf jedoch hat die präzise Struktur eines bedeutungsvollen Diskurses oder gehaltvoller Kommunikation.

Nun hatte ich also eine »Trance-Sprache«. War sie die Sprache des Unbewußten? War ich in einen Sprachprozeß involviert, analog der

Entstehung einer Sprache irgendeiner Kultur? War meine Erfahrung zwar eine persönliche, aber doch perfekte Nachbildung dessen, was geschieht, wenn eine Spezies beginnt, verbal zu kommunizieren? Wozu diente diese »Sprache« wirklich? Wenn ich imstande war, sie zu übersetzen, wozu brauchte ich sie dann überhaupt?

Das waren die Fragen, die ich mir stellte, und als der Winter kam, begannen nach und nach einige Antworten einzutreffen.

8
Lieder der Silberbrüder

Erfolgreiches Leben resultiert vielleicht aus einer Reihe von Geburten auf psychischer Ebene, die im Laufe eines Lebens stattfinden und durch die die Persönlichkeit in Reaktion auf ihre physische Situation und Bedürfnisse von der Psyche mit neuer Energie, Einsicht und Orientierung versorgt wird. Dies mag dann in weltlicher Hinsicht in einem plötzlichen Gesundungsprozeß, der Entwicklung von latenten Fähigkeiten oder der Lösung von bislang unlösbar erscheinenden Problemen Ausdruck finden.

Träume, Eingebungen und Visionen dieser oder jener Art sind meiner Ansicht nach ein wichtiger Bestandteil dieses Prozesses. Durch sie macht das Unbewußte sein Material auf bewußter Ebene zugänglich. Unglücklicherweise werden solche Erfahrungen durch unsere Institutionen so umstrukturiert, daß persönlicher Impetus und Sinn oft verlorengehen. Wir werden gelehrt, Offenbarungen, Träume und Eingebungen gemäß vorgeschriebener – religiöser, wissenschaftlicher oder psychologischer – Dogmen zu interpretieren. Wir werden nicht dazu ermuntert, uns unmittelbar mit diesem Material zu befassen.

Es wäre zumindest möglich, daß Schizophrenie als Zustand entsteht, wenn sich eine Person inmitten eines solchen psychischen Geburtsprozesses befindet und ihre Erfahrungen nicht im Rahmen des herrschenden Bezugssystems interpretieren kann. Es könnte sein, daß wir eine psychische Hebamme brauchen, eine Person, die uns hilft, unsere Visionen oder Offenbarungen zu entschlüsseln und dann auf unser Alltagsleben anzuwenden.

Zu diesen Überlegungen bringen mich meine eigenen Erfahrungen, denn zweifellos gab es in meinem Leben eine Reihe von Offenbarungen, und jede war wie ein erneuter Geburtsvorgang, der aus einer inneren Ereignisordnung kam und mein äußeres Leben bereicherte und erneuerte. Meine früher erwähnte Erfahrung mit dem »anderen Universum« sprach in seiner Symbolik gewiß eine deutliche Sprache, selbst der lange Kanal, den ich durchreiste, läßt sich als Reise durch den Geburtskanal deuten. Damals hatte ich allerdings keine derartigen Verbindungen hergestellt, und ich glaube auch nicht, daß dieses Erlebnis *nur* symbolisch zu verstehen ist.

In diesem »anderen Universum« lernte ich, ein kleines Kind, gehen. Und einige Wochen später lernte ich eine neue »Sprache« sprechen. Die Sprache kam aus der inneren und nicht aus der äußeren Welt. Tatsächlich mußte ich lernen, sie zu übersetzen. In meinem Fall führte diese Trancesprache oder Sprache des Unbewußten zum Ausbruch neuer kreativer Aktivität.

All das implizierte sehr spezifische Kommunikations- und Objektivierungsmethoden. Meinem Unbewußten war eine klare Stimme gegeben worden. Neues Material konnte relativ unbeeinträchtigt entstehen, und mein Ego erfuhr dadurch eine Bereicherung. Die Sumari-Sprache stellt auch eine Methode des emotionalen Ausdrucks dar. Frei von verbalen Klischees trifft sie oft ins Herz durch ihre emotionale Kraft, die, wie bei der Musik, aus ihren Tönen und ihrem Rhythmus kommt.

Fast war es so, als sei ich in eine andere Kultur oder Zivilisation hineingeboren worden, als hätte ich ein neues Selbst-Land gefunden. Aber wie viele Leute mit der gleichen Erfahrung leiden Qualen, statt entzückt zu sein, unfähig, deren Bedeutung oder kreativen Aspekt zu schätzen, weil sie ihnen gewisse religiöse oder psychologische Implikationen verpassen! Da mag zum Beispiel ein Mensch denken, er spräche für Christus, oder er erhält über automatisches Schreiben Mitteilungen von einem Wesen von einem anderen Stern – in die allgemein akzeptierte Welt des Wahr oder Falsch passen solche Erfahrungen nicht. Und niemand hilft ihm, mit seinem unbewußten Material richtig umzugehen und zu arbeiten. Was bedeutet Christus für einen solchen Menschen, und was ist die Botschaft? Ist automatisches Schreiben eine Methode, von einem anderen Planeten der Psyche wertvolle Einsichten zu übermitteln? Welche kreativen und einzigartigen Transformationen des Selbst wollen hier geboren werden, die nur einer Interpretation in anderen Begriffen bedürften?

Wichtig ist hier, daß derartige Erfahrungen real *sind,* nur daß ihre Realität, wie ich hoffe später klarmachen zu können, in einer anderen Ereignisordnung existiert, die mit unserem normalen Leben in Wechselbeziehung gebracht werden muß, soll die darin liegende wahre Kreativität genutzt werden können. Ich sage nicht, daß diese Ereignisse *nur* auf imaginativer Ebene gültig sind; doch ich gehe implizit davon aus, daß jene Realität möglicherweise die eigentliche Quelle unserer allgemein anerkannten Erfahrungswelt darstellt.

Was ist die Metaphysik des Unbewußten? Mehr noch, was *ist* das Unbewußte? Ich akzeptiere ganz sicher nicht die Definitionen und Interpretationen der Psychologen oder Priester. Zumindest was meine eigenen Antworten angeht, beziehe ich mich auf meine eigenen Erfahrungen. Mag sich meine Symbolik auch von der jeder anderen Person unterscheiden, so bin ich doch davon überzeugt, daß die Reise in die Psyche, eine Neugeburt aus ihrem Innern und ihr Eintritt in unsere Welt generell denselben Pfad folgen und das normale Bewußtsein erweitern.

Innerhalb von wenigen Wochen führte mich Sumari zum Beispiel zu einer neuen Art von Dichtung. Seit etwa drei Jahren hatte ich nun an Sachbüchern gearbeitet, worunter meine dichterische Tätigkeit litt. Nun aber schien ich ein Plateau erreicht zu haben. Während ich dasaß und die Eiche beobachtete, fühlte ich, wie mein Gewahrsein sich zu immer umfassenderen und tieferen Stadien erweiterte. Und in diesem Bewußtseinszustand kamen mir eines Tages Sumari-Worte auf ganz andere Weise in den Kopf. Ich »wußte«, dies waren Sumari-Verse, uralte Dichtung, die von der Menschheit schon lange vergessene Wahrheiten in sich bargen. Hier waren zwei Bewußtseinsebenen involviert: auf einer empfing ich Sumari, auf der anderen kamen mir die Übersetzungen. In der Regel konnte ich ohne Sumari das Englische nicht bekommen, obgleich ich es versuchte.

In lyrischer Form beschreiben die Sumari-Lieder, gesungen oder geschrieben, die Metaphysik des inneren Selbst. Und diese Metaphysik kommt meiner Überzeugung nach unserer Realität näher als die äußeren Dogmen und wissenschaftlichen Erkenntnisse, die als »Wahrheit« zu akzeptieren wir gewohnt sind.

Einige dieser Lieder wurden bereits in meinem Roman *Überseele Sieben* veröffentlicht. Hier nun stelle ich einige bislang unveröffentlichte samt ihrem Sumari-Original vor. Die Sumari-Worte sind an sich schon Übersetzungen von Sumari-Zeichen, mit denen ich mich aber selten aufhalte. Die geschriebenen Worte nehmen sich aus wie ein Kauderwelsch aus Pidgin-Französisch und Küchenlatein, Sprachen der Romanze, natürlich; doch als Vehikel unbewußten Wissens und kreativen Ausdrucks könnten sie kaum geeigneter sein. Ich werde später noch einiges über die Sprache zu sagen haben und muß sie auch selbst noch gründlicher untersuchen. Hier nun aber, wie sie sich in Lyrik übersetzt.

Gedankenvogel-Lied

Enaji o J tumba
Reset-il a baragey
Sa tem responde
Sol tu detum
Sam ambto site
Curiabus ta
Nimbo.

Fra maronde taba
Usa filnoberi
Java sumbarabi
Lito tu sumba.
Gravi tumari
Silvo un domartum
Ilna sevento marro
Il no barijeti. Tu a
Me atum.

Die Vögel vor meinem Fenster
Sind deine Gedanken, mir gesandt.
Eben flügge, kommen sie geflogen.
Ich füttere ihnen Brotkrumen,
Damit sie nicht hungrig werden.
Sie hocken im Baumgeäst
Mit offnem Schnabel und singen:

Wir kommen aus dem Nest
Des Gestern und Morgen.
Gott segne unsere Reise.
Wir kommen geflogen
Aus der inneren
in die äußere
Welt deines Wissens.
Weit steht der Käfig offen.
Der Gesang beginnt
und füllt alle Wipfel.

Sal fra tambo
Til sa framago
Ta to tum.
Ilna illita. Reumbra
Framago. Tiombreago
Te mon de.
Allita.
Tomage.
Ilno tomage.

Wunderbar und leuchtend,
Winzig wie Baumglocken
Tanzen wir auf den Zweigen.
Tag und Nacht und immer.
Lausche uns. Füttere uns.
Wir sind deine Gedanken,
Die sich aufschwingen
Aus dem Nest des Geburtskäfigs
In den Sommer und in den Winter.
Wir sitzen auf den Zweigen
Der Minuten und Sekunden.

Ra bing tomage zee.
Lin deova
Lin framadeo
Te olage. Framage
Tu amba.

Unser Lied ist dein Herzschlag,
Unsere Bewegung dein Puls.
Du schickst uns aus,
Vollkommen und strahlend,
Jeder lebendig und anders,
Dein Königreich zu bevölkern.
Wir singen vor deinem Fenster
Und reihen uns auf auf den Dächern.

Jo solaris nefti
Enaande
E O responde heri.
Fromage. Tu um tomorro
De a linagu frimba
Tal toss severage ne
Ne ray o marro
Ti a bra.

Jeder für sich und wissend,
Spähen wir durch die Zweige,
Überschauen das innere
Land der Verzauberung,
Die bewölkte und zeitlose
Welt unserer Geburt.

So jari ne remarro
Severandi newmarro
Fra to tiara. Umbarge
Desta. Nea desta.
Nea tumbo.
Tel to neambo
Desta mora.

Wir fliegen von unseren Plätzen
Immer wieder zurück
zum ersten Nest,
Verschwinden im Innern
Des Käfigs deines Kopfes.
Dann fliegen wir wieder hinaus
Und singen an deinem Fenster,
Während du uns Brotkrumen fütterst,
Aus deiner Hand.

Sie werden vielleicht bemerkt haben, daß der vierte Vers in der Übersetzung sehr viel länger ausfällt als im Original. Ich weiß nicht, wie aus einem so knappen Original ein so langer Vers werden konnte, aber ich weiß, daß im Sumari diese »zusätzlichen« Bedeutungen enthalten waren. Jeder Vers ist eigentlich eher einem Stein von Rosette vergleichbar, denn jeder Sumari-Vers hat auf mehreren Ebenen Bedeutung. Die verschiedenen Bedeutungsschichten sind ineinander verschachtelt, so daß dieselben Sumari-Worte eigentlich zwei- oder dreimal übersetzt werden müßten, um ein »vollständiges« Lied oder Gedicht zu ergeben. Ich glaube, daß im *Gedankenvogel-Lied* wie auch in vielen anderen Liedern noch weitere andere Lieder verborgen sind und warten, bis ich sie übersetze.

Für eine solche Arbeit aber muß ich mich in einem ganz besonderen Bewußtseinszustand befinden: äußerst fokusiert, ein Teil von mir sehr passiv und rezeptiv, während ein anderer Teil intensiv auf Botschaften lauscht, die ihre Quelle noch hinter den Lauten – in Rhythmen und unhörbaren Lautmustern – zu haben scheinen. Wie ich schon erwähnte, kommen mir diese manchmal zu schnell oder langsam, als daß ich folgen könnte, aber gewöhnlich münden sie in einer gewissen sehr präzisen Art in Verse. Oft habe ich dabei das Radio an, Rockmusik, leise gestellt. Ich denke, daß ich diese Musik unbewußt als ein Signal der gewöhnlichen Bewußtseinsebene verwende, um mich dann durch viele Schichten »hinunter«zuarbeiten.

Ich hoffe, daß ich eines Tages ein ganzes Buch mit Sumari-Lyrik und anderem Material machen und die Sphären der Sumari-Worte und Zeichnungen, die ich schon habe, studieren kann. Gewisse Dinge sind schon klar. Worte oder Namen verändern sich gemäß ihrer Beziehungen und ihres Kontexts. Das Wort für, sagen wir, Birnbaum wechselt je nach dem Aspekt, unter dem der Baum betrachtet wird, seinem Kontext als Wort innerhalb des Satzes und als ein Objekt im Raum. In Sumari verschwinden die Substantiva oft in Verben.

Hier das Lied vom Birnbaum

Tul al frumage	*Der Birnbaum wächst*
Splendor a traum	*Aus den süßen Tiefen*
Deliniage betum.	*Deines Herzens,*

Ignor te a deus
Grim a frundi
Glow in a tua
Sev er indo.
Tel r
Tel e o
E nater um.

Eingesenkt in den geheimen Grund
Deines Wesens.
Er wächst in der Stille
Von Atom und Abend.
Er wächst im Wissen
Deines Nichtwissens,
Blüht in der klaren
Luft des Erdenmorgens.

Le lo terume
La lay terum a
Silva en a durum
Mag dur in e a
Long de j de Marro.
Gr pa deja nor.
La ne sev silnor
De naje or day ney.

Der Birnbaum steht
Schimmernd und licht,
Die Frucht deiner Liebe
Zum Leben gebracht.
Ein Geschenk an die Jahreszeiten
Aus dem Garten des Herzens,
Die Liebe des Atoms
Vervielfacht.

Deja a bonde
Sevra nev andu
Ignor ra france
Le a ray vetum.
Taj ja na more
Splen de a moribus
Grundi. Mespania
O ne a fra bundi
Meo.

Jedes Blatt singt deine Hymnen.
Die Luft ist dein Atem,
Der jedes Blatt tanzen läßt.
Wie deine Liebe
Die Stufen deines Rückgrats aufsteigt
Und in Silben aufblüht
Und in Bildern,
So strömt deine Liebe, unsichtbar,
Hinaus aus dem Fenster
Und wirbelt hinauf hohle Pfade
Der Luft.

Say ja dor remi
Vem erage soldi nesta
Gromage teri tom to a
Is panita tor teritum
Sta veri ende
O nana par ser en dra
Ilna tor resteri
Teratum is ner o onta.

Deine Liebe bezaubert die Bäume
Zum Wachsen
Und kerbt lebendige Pflanzen
Aus dem Nichtwissen heraus.
Birnbaum und alle Bäume
Wachsen
Aus der Trance deiner Liebe.

Das *Lied vom Birnbaum* sagt auf seine Weise dasselbe über die Natur der Realität wie das Seth-Material, allerdings aus einem völlig anderen Blickwinkel, bei einer ganz anderen Gewahrseinsebene ansetzend.

Selbst jetzt, da ich dieses Manuskript tippe, kommen mir noch tiefere Bedeutungen dieses Gedichts. Zum Beispiel ist »Tul al frumage« übersetzt mit »Der Birnbaum wächst«. »Tul« meint hier spezifisch den Birnbaum, aber auch den Angehörigen seiner Art und verweist zudem auf andere Früchte tragende Bäume. Das Wort muß in seiner Beziehung zu »frumage« gesehen werden, was wortwörtlich »erntendes Erden-Selbst« meint.

In der ersten Zeile des zweiten Verses ist »Le lo terume« mit »Der Birnbaum steht« übersetzt. Wortwörtlich bedeutet es »Erde wächst selbst zu einem Baum und wird Stehende-Erde-mit-Birne-Gesichtern«, und das Wort Birne kommt von »ter« aus terume.

Dieser hier beschriebene Übersetzungsvorgang steht hinter allen Worten des Liedes. »Ignor te a deus« im ersten Vers wird übersetzt mit »Eingesenkt in den geheimen Grund deines Wesens«, aber diese Bedeutung entspringt einer tiefergehenden Übersetzung der Zeile. Wortwörtlich heißt es: »Götter schließen ihre Augen.« Und die hier zugrundeliegende Bedeutung oder Annahme ist: Wenn wir, als Götter, ruhend unsere Augen schließen, träumen wir »unsere« Leben, welche lebend unsere Gott-Selbsts vergessen. Unser Wesen ist für uns dann ein uns verborgenes Geheimnis.

Im folgenden *Lied der Silberbrüder* kam ich einem der uralten Lieder am nächsten, denke ich, obwohl es im normalen Bewußtseinszustand seinen Anfang nahm. Ich begann es als ein Gedicht für Rob, doch als ich den ersten Vers beendet hatte, verfiel ich in Sumari. Von da an bekam ich einen Sumari-Vers, dann seine Übersetzung und so fort. In der Mitte des Gedichts kamen allerdings zwei Verse sofort in Englisch. Dies geschah bislang nur dieses eine Mal.

Wenn ich das Gedicht jetzt lese, weiß ich, daß es eine tiefe Quelle innerer Bedeutungen darstellt, und zwar jedes seiner Worte. Es wird einige Zeit dauern, alle verborgenen »Botschaften« dieses Lieds zu entdecken, doch hier nun zumindest eine erste Übersetzung. Ich gebe das Gedicht genauso wieder, wie ich es bekam.

Shrum Avaganda Vandita

(Dies bedeutet auf einer Ebene mit Bezug auf Rob und mich *Unsere Geschichte Zusammen.* Auf der nächsten Ebene bedeutet es *Lied der Silberbrüder.*)

Du nahmst mich, Herd und Bett zu teilen
Und griffst dir mehr
Als ausgehandelt war,
So wie wir es damals verstanden.
Rund um unsre Jahre wuchs die Magie
Wie ein Silberzaun,
Zu verschließen und zu öffnen.
Aber da, ein gefühlter, leuchtender
Kreis des Schweigens,
Der bald sprechen würde
In fremden Zungen.

Shu umba da lor
La umbi namuta
Maja ra mar
Del turanda. Wanda.

Sie sprossen um uns auf,
Zungen,
die wie Blumen sprechen.
Mondlicht schlägt
die Nacht-Erde an
Wie eine Stimmgabel. Höre:

Avar unde
Norj alota nosbi
Grec torunda
Vre badeda
Lor de a nesta

Stets gehalten, besänftigte ich
Meine Rastlosigkeit,
Verbarg mich
in Silber bebenden Orten,
Lauschend, noch gelassen,
Tief in Stille.

Ster a lalita
Linga nor lorunda
Far inga tol laleta
Framunge telito.

Du brachtest mich hierher,
Wissend und nichtwissend,
Kinder in den weisen Zauberern
unserer selbst,
Wandernd in geheimen Wäldern.

Stella unda
Muta ar araba
Aje manage marbimba
El varroom daje

Wissend um magische Worte,
Aus der Zeit als Tiere
Und Blumen, Vögel und Steine,
Ein jedes laut sprach
Ein Alphabet.

Rebarka munde
Del ar stel norba
Sha lor.

Und Zwiesprache hielt mit der Erde,
Die darauf antwortete
Mit Geburt.
Meine Liebe

Wir hinterließen lebendige
Schnörkel im Fels,
Kleine Teile feinsten Gewebes,
Das durch sonnenbeschienene Ritzen glitt,
Und sich schließlich verwandelte
In fossile Symbole,
Alphabete, die starben,
Damit die Sprachen leben konnten.

All dies Geschichte, bevor
Unsere städtischen Schädel
Reich wurden
Am edlen Metall der Erinnerung,
Jahrhunderte überlagert
Von Geburten und Tod,
Miniaturexistenzen.
Unsere Gewebe, namenlos
blinkten sie auf.

Sha ma a leta
Lor manda torinda
Tel jar unde
Res nes patita
Tal inda.

Die Sonne
Weckt uns jetzt wie damals.
Uns langsam bewegend
An den sonnenbeschienenen Klippen
Aus Gebein, wurden wir wach,
Verwundert
Über das Licht, das jetzt
Unsre Mitte zerteilt.

For darambi
Tol arado fromabe
Marjor astare
Fromage
O borare
Gravunde.

Ich spreche,
Und Silben ordnen neu
Meine Welten.
Winzigste Fossilien
Keimen schwänzelnd wie Samen auf,
Zu Wachstum in Worten.

Gor shunda
Balika
Granunde
Gortalveri.

Ungesehene Geschöpfe,
Die wir waren.
Silberbrüder,
Sprecht!

From a j stilla
Tor ande
T ej ande
De a no lel arg
Griming delmateo.
Sha veri
Silva tel a matita
Tur la vi de.

Die Klippen ersteigend,
Zwischen des Schädels
Leuchtenden Blumen,
Spüre ich ein Selbst
In dem auch ich mich bewege
Und eingebettet bin,
Durch eine Geschichte kriechend,
Die noch ungesprochen ist.
Doch du bist noch
an meiner Seite,
Und wir sind Silberbrüder.

Ich denke, die Sumari-Lieder erzählen von der Geburt der Psyche, wie sie auf verschiedenen Gewahrseinsebenen gesehen oder erfahren wird. Einige davon sind zellulare Ebenen, doch eine jede ist zunehmend weiter entfernt von normalen Bewußtseinszuständen. Mehr und mehr bin ich davon überzeugt, daß die Seele oder Psyche, während sie in sich selbst einkehrt, ihren eigenen Ursprung, ihre Quelle findet, ihre Bedeutungen entdeckt und diese in Kunstformen übersetzt, in religiöse und wissenschaftliche Bezugssysteme, aus denen das Selbst sich sein Leben schafft – oder aus denen sich, in außergewöhnlichen Fällen, ganze Zivilisationen bilden.

Ich denke, daß mir meine oder irgendwelche vergleichbaren Erfahrungen uns erlauben, unsere Schritte dorthin zurückzuverfolgen, wo das Selbst geboren wird und aus dem Unbewußten aufsteigt zu bewußtem Ausdruck, um seine Allianzen, Zivilisationen, Religionen, Künste und Wissenschaften zu schaffen und zu formen. Ich glaube, daß dies für die Entwicklung jeder einzelnen Persönlichkeit gilt, und daß es sich zugleich in der kollektiven Erfahrung unserer Spezies widerspiegelt. Historisch gesehen trafen und treffen wir eine Wahl, welcher metaphysischen Struktur wir folgen wollten, und ganz sicher hätten wir auch andere gültige und vielleicht bessere Wege einschlagen können, als es unser gegenwärtiger westlich-»christlicher« Pfad darstellt.

Doch jede kulturell-gesellschaftliche Anschauung von der Realität hat ihren Ursprung in einer Geburt auf psychischer Ebene, gedeiht entweder – in unserer Welt – je nach Impetus, Macht und Überzeugungskraft, oder bleibt latent. Meiner Meinung nach wird ein äußerer konzeptioneller Bezugsrahmen, der innere psychische Einsichten und Erkenntnisse nicht mehr reflektiert, abgeschüttelt werden. Der Mensch wird zu seinen Visionen und Offenbarungen zurückkehren, da er instinktiv weiß, daß nur die enorme Kreativität der Psyche neue Einsichten bringt, die sich dann zu gegebener Zeit zu einer sinnvollen Struktur zusammenfügen.

Die lebendige Psyche *ist* lebendig. Sie muß alte, abgetragene Gewänder abwerfen und neue fabrizieren. Alte Götter sterben nicht. Sie entschwinden einfach, und neue nehmen ihren Platz ein. Aber die Götter sind auch ein Spiegel der Psyche. Fragt sich nur, was ist die Psyche, und wie unermeßlich ist ihr persönliches und kollektives Wissen, Verständnisvermögen und ihre Erfahrung?

Die Antworten finden sich in der Psyche selbst. Glaubenssysteme sind Widerspiegelungen des Wissens der Psyche, transformiert in kulturelle Organisation. Jedes dieser Systeme wird der Zivilisation, die es vertritt, als evident erscheinen.

Kurz gesagt, ich nehme an, daß ich mich von den allgemein akzeptierten Wissenssystemen in dem Augenblick abwandte, als sie meine persönlichen Erfahrungen nicht mehr zu erklären vermochten. Auf anderer Ebene macht es die Gesellschaft genauso. Ich denke, daß die Seth- und Sumari-Materialien zum Beispiel auch insofern als Korrektiv wirken, als sie versuchen, den Kurs der gegenwärtig vorherrschenden Glaubensvorstellungen und Überzeugungen zu beeinflussen.

Beide repräsentieren, in Stereo, Elemente meiner Psyche und entstehen aus ihr: Seth, der Lehrer von großer Präsenz, intellektuell freier als ich es bin, auf hervorragende Weise Theorien darlegend, die ich als Individuum brauche und die gleichermaßen von der Gesellschaft gebraucht werden, deren Teil ich bin; Sumari mit den weiblichen Qualitäten, wie wir sie verstehen, Bilder von der Priesterin alter Zeiten heraufbeschwörend. Seth ist ein Praktiker. Sein offenbarendes Material hat stets Bezug zum normalen Leben; er benutzt es, um die Muster des Alltagslebens zu erhellen und neu zu ordnen.

Wie Sie später noch sehen werden, ist hier meiner Ansicht nach aber noch sehr viel mehr im Spiel. Momentan spreche ich nur von der uns unbewußten Psyche, ihren Transformationskräften und ihrer Kreativität.

Die Sumari-Metaphysik tut sich in Form von Dichtung und Liedern kund, im Gewand alter, in aktuelle Begriffe übersetzter Manuskripte. Etwas anderes ist derzeit im Entstehen – oder genauer gesagt, ich bin dabei, es zu empfangen: ein System höherer Mathematik. Es war übrigens Rob, der dieses Material in Sumari erhielt, es aber nicht übersetzen konnte.

Noch weitere Elemente befinden sich im Entwicklungsstadium. Wie schon erwähnt, höre ich manchmal Töne und Laute, die zu schnell oder langsam sind, um sie übersetzen zu können. Mein Nervensystem scheint hier gewisse Anpassungen vornehmen zu müssen, und solche Erfahrungen sind aufregend und frustrierend zugleich. Entweder habe ich das Gefühl, ich versuche einen unglaublich schnell gesprochenen Dialog aufzufangen, oder aber er ist so langsam, daß wohl ein Jahrhundert vergehen muß, bis ein Satz zu Ende gesprochen ist. Ich habe versucht, manchmal auch in Seth-Sitzungen, derartiges Material zu übersetzen, mit unterschiedlichem Erfolg.

Alle diese Entwicklungen ergaben sich binnen eines Monats. Ich fing an, im Schlaf Sumari zu sprechen. Und einige meiner Kursteilnehmer ebenso. Manchmal fühlte ich die Sumari-Bewußtseinsebene früh am Morgen, stellte mich darauf ein und erhielt und übersetzte drei oder vier Lieder. In unserem ASW-Kurs vollzogen sich viele Dramen in Sumari; in ihnen herrschten zwei Stimmen vor: die fröhlich singende weibliche und die sehr viel tiefer klingende männliche.

Wenn ich hier über die Anfänge des Sumari schreibe, so mit dem Vorteil des Rückblicks. Damals jedoch fragte ich mich, was der Sinn dieser Sprache war und welches die Implikationen dieses Phänomens. Wir hielten einige Seth-Sitzungen zu diesem Thema ab (wir befragten eine Bewußtseinsebene, was auf einer anderen geschah). Auf bewußter Ebene war ich mehr als erfreut über das Mehr an Kreativität und interpretierte diese Bereicherung des normalen Lebens wie immer als Zeichen dafür, daß die inneren Ereignisse positiv zu bewerten waren.

Und Seth begann das Sumari-Phänomen zu strukturieren und zu erklären. Ich vertraute Seth, und so vertraute ich auch seiner Interpretation. In der 599. Sitzung vom 8. Dezember 1971 verglich er die Sumari-Sprache mit einer Brücke:

In deiner Arbeit mit mir werden unterschiedliche Lehrmethoden zur Anwendung kommen. Es werden Stufen und Brücken benutzt werden.

Die Frage, ob eine Brücke wahr ist oder nicht, ist sinnlos. Sie existiert. Sie führt dich irgendwohin. Eine Brücke ist von gültiger Realität, unabhängig von ihrer Architektur, ihrer Symbolik, ihrer Farbe und dem Material, aus dem sie besteht. Die Sumari-Sprache ist eine Brücke und in diesem Sinne gültig. Sie wird dich zum Gebrauch der inneren Sinne führen, weg vom begrenzenden Wesen der vertrauten Sprache und Lieblingsphrasen, die bereits mit ihren eigenen Konnotationen befrachtet sind.

In diesem Sinn also ist die Sumari-Sprache eine Brücke, eine Kommunikationsmethode. Sie ist der Anfang eines logisch umstrukturierten Vehikels, das dich, wie zu hoffen ist, in das innere Herz der Wahrnehmung tragen wird. Ich hoffe, daß sie dir schließlich ermöglichen wird, umfassender und tiefer die innere Erkenntnisfähigkeit zu erfahren, die unterhalb der physischen Wahrnehmung und ihrer Übersetzung in physische Begriffe existiert.

Eine Brücke dient dem Kommen und Gehen und dem Trans-

port von Gütern in beide Richtungen. In diesem Sinn wird die Sumari-Sprache eine Methode sein, die dich tiefer in die Natur der inneren Erkenntnis eindringen läßt, dir dann die Rückkehr erlaubt und die Übersetzung dessen, was du erfahren hast, dies allerdings nicht automatisch und nicht in stereotype verbale Muster. Somit blockiert diese Sprache sehr effektiv eine automatische Übersetzung innerer Erfahrung in Klischees.

Im Anschluß übermittelte Seth einiges anregende Material über die Natur von Alphabeten im allgemeinen und über die Entstehung von Sprachen. Ich werde es genauer studieren, wenn ich mit dem Versuch beginne, all das sich auf Tonbändern und in Manuskripten ansammelnde Sumari-Material zu entschlüsseln.

In der für ihn typischen Art fügte Seth noch hinzu: »Sumari wird als Methode zur Erweiterung deiner Konzepte dienen und nicht dazu, dich zu lehren, Erfahrungen einfach in eine neue stereotype Form, die zufällig ein bißchen exklusiver ist, zu übersetzen.«

In der nächsten, der 600. Sitzung sprach er darüber, daß die Sumari-*Laute* und -*Töne* über die ihnen mit einem bestimmten Wort zugewiesene Bedeutung hinaus von Wichtigkeit seien.

Die in der Sprache verwendeten Töne und Laute haben ihre eigene Bedeutung und repräsentieren oder verweisen auf ihre eigene Weise auf Gefühle, die weitgehend unbewußt waren. Diese Gefühle sind allerdings nur die Schwanzspitze des inneren Erkenntnisprozesses, und wir werden die Töne und Laute dazu verwenden, uns tiefer in innere Landschaften tragen zu lassen, wo uns sowohl Objekte wie auch ihre symbolischen Entsprechungen schließlich verlassen müssen. Mit anderen Worten, wir werden die Sprache so benutzen, daß wir sie schließlich nicht mehr benutzen. Das wird dann der Anfang von etwas tiefgründigeren Methoden der Arbeit mit den inneren Sinnen sein.

Auch in dieser Sitzung sprach Seth über die Alphabete und erläuterte die Bedeutung einiger Sumari-Worte: »*Shambaline* beinhaltet die sich wandelnden Gesichter, die das innere Selbst im Verlauf seiner wechselnden Erfahrungen annimmt. Dieses Wort deutet auf Beziehungen, für die ihr in *eurer* Sprache keine Worte habt. *Shambalina garaphati* wird dann zu ›den sich wandelnden Gesichtern der Seele, die sich zulächeln und zulachen‹ – all das ist in diesem einen Begriff enthalten.«

Seth kam dann erneut auf die Lautwerte zu sprechen und sagte, die Sumari-Sprache verfüge über eine Struktur, aber keine, mit der wir vertraut seien. »Ihre Wirksamkeit ist unter anderem darauf zurückzuführen, daß ihr Rhythmus mit den Körperrhythmen synchronisiert wird. Die Töne und Laute an sich aktivieren Teile des Gehirns, die gewöhnlich nicht auf bewußte Weise genutzt werden. Es ist eine disziplinierte Sprache, in der die Spontaneität eine sehr viel festere Ordnung hat, als jegliche (Ordnung), die ihr erkennt.«

Seth benutzte häufig das Sumari-Wort »cordella«, quasi als Master-Alphabet.

Cordellas sind unsichtbare Symbole, die auftauchen. Dabei zeigen sie allein durch die Natur ihrer Beziehungen das Universum in einem neuen Licht. Auf sehr begrenzte Weise tun Alphabete das gleiche, denn wenn ihr erst einmal gewisse grundlegende verbale Symbole akzeptiert habt, dann prägen sie bereits euren Gedanken ihre Disziplin auf… und werfen ihr spezielles Licht auf die Realität, die ihr wahrnehmt.

Alphabete sind Werkzeuge, die eure Wahrnehmung formen und dirigieren. Sie sind Beziehungsgruppen, die ihr auf die »Realität« übertragt. Und in dieser Hinsicht formen sie eure Konzeptionen von der euch bekannten Welt. Und ihre Disziplin und Rigidität ist beträchtlich. Wenn ihr erst einmal denkt, daß ein Baum ein »Baum« ist, bedarf es großer Anstrengung, bis ihr ihn wieder neu sehen könnt, als eine lebendige, individuelle Wesenheit.

Cordellas sind nicht von dieser Rigidität. Innere unsichtbare Beziehungen dürfen hier aufsteigen, und die anerkannte Realität wird durch die Linsen dieser auftauchenden Beziehungen betrachtet.

Seth ging hier noch beträchtlich weiter und erklärte, es gäbe auch cordellas der Sinne: »Als hättet ihr Alphabete, die für die Sinne arbeiten, für den Tast- und Geruchssinn. Bedeutungen können aufsteigen und versinken, indem sie sich eurer etablierten Vorstellungen von Sprache bedienen und strikt an vorgegebene Erfahrungen gebunden werden, damit die Wahrnehmung nicht aus ihren klar definierten Grenzen ausbrechen kann.«

Damals verstanden wir nicht ganz, was Seth mit seinem Hinweis auf die cordellas und die Sinne meinte, doch später konnten wir, wie Sie noch sehen werden, einige wichtige Zusammenhänge herstellen. Aber *war* Sumari nun eine Sprache, und wenn ja, in welchem Kontext? »Nach euren Maßstäben«, sagte Seth, »ist Sumari keine Sprache, da sie in eurer Geschichte nie von irgendeiner Menschengruppe gesprochen wurde. In ganz anderer Hinsicht *ist* es eine Sprache – eine, die allen Sprachen zugrunde liegt, und aus der alle Sprachen entstehen.«

Euren Begriffen nach verändern sich Alphabete nicht, oder aber ihr würdet sie als relativ nutzlos ansehen. Alphabete sind die physischen Aspekte von cordellas. Es wird sozusagen ein kleiner Aspekt eines cordella herausgegriffen und eingefroren, was dazu führt, daß seine normale Bewegung und der Rhythmus seiner Veränderungen nicht mehr erkennbar sind.

Die lebendige Vitalität des cordella entsteht aus dem Bedürfnis des Universums, sich auszudrücken und zu verstehen, sich ewig wandelnde Muster zu formen und sich selbst zu überraschen. Eine in festen Mustern strukturierte Sprache läßt solche Überraschungen nicht zu. Die Sumari-Sprache wird im Traumzustand benutzt. Die Sprache selbst sucht sich Bedeutungen. Sie ist in allen Sprachen verborgen, ob sie nun irgendwie ähnlich klingen oder nicht ...

Sumari baut sich aus Gefühlen auf, denen durch die spezifischen und deshalb einschränkenden alphabetischen Systeme ein klarer Ausdruck verwehrt wird. Sie ermöglicht der wahrnehmenden Person, unmittelbarer zu erfahren, und wenn sie das bis zu einem gewissen Grad erreicht hat, ist sie auch in anderen Bereichen freier.

Der letzte Abschnitt jener Sitzung ließ mir dann ein Licht aufgehen und half mir zu verstehen, was Seth mit den cordellas und ihrer Anwendung auf die Sumari-Sprache meinte. Er sagte:

Wenn du ein begabter Künstler auf vielen Gebieten wärest, könntest du ein bestimmtes Gefühl in ein Gemälde, ein Gedicht, ein musikalisches Meisterwerk, eine Skulptur, einen Roman, eine Oper und in ein großes architektonisches Werk übersetzen. Du wärest imstande, diese Erfahrung in einer größeren Dimension wahrzunehmen und zu erfühlen, da deine Ausdrucksmöglichkeiten nicht auf eine automatische und optionslose Übertragung in einen einzigen spezifischen Bereich beschränkt wären. Und so eröffnet ein cordella, im Gegensatz zum Alphabet, weitaus mehr Variationen an Erfahrung und Ausdruck.

Cordellas repräsentieren die sich ewig wandelnden, nie beendeten Beziehungen, denen nie vollständig Ausdruck gegeben werden kann und die doch ständig nach Ausdruck streben.

Einer solchen Multi-Ausdrucksform begegnen wir jetzt häufig im ASW-Kurs, und ich denke, diese Entwicklung begann etwa zu der Zeit, als Seth dieses Material übermittelte. So macht er etwa eine bestimmte Aussage. Dann »gehe ich in Sumari«, und gebe durch ein Sumari-Lied derselben Aussage anders Ausdruck. Oft gibt Seth dann dazu Kommentare ab, und über alle diese Ausdrucksformen werden schließlich unterschiedliche Aspekte derselben Erfahrung herausgeschält.

Die Sumari-Entwicklung und jene Sitzungen geleiteten uns durch den Winter 1971 und in das Jahr 1972 hinein. Ich arbeitete an meiner Autobiographie sowie am Buch über unsere Erfahrungen im ASW-Kurs, und den Sonntag verbrachten wir mit Robs Mutter. Ende Januar entschieden wir, daß wir urlaubsreif seien und verbrachten den Februar in Florida.

Ich war der Meinung, daß sich genügend neue Entwicklungen ergeben hatten, um für den Rest meines Lebens ausgelastet zu sein. Doch bei unserer Rückkehr hatte ich dieses seltsame Gefühl...

Etwas regte sich, eine noch zusammenhanglose, aber deutlich wahrnehmbare Reihe von inneren Ereignissen, von der ich nun schon wußte, was sie bedeutete. Weiteres war im Anmarsch. Aber weiteres *wovon*?

9
Überseele Sieben und die Geburt von »Aspekte«

In jenem Winter war es ungewöhnlich kalt in Florida. Wir bewohnten ein kleines Häuschen, eines von etwa zwanzig auf einem Gelände, das zur anderen Hälfte mit Wohnwagen besetzt war. Kein sehr vornehmer Ort, aber sehr praktisch, hauptsächlich von ortsansässigen Fischern und ein paar Bautrupps besiedelt, die in der Nähe mit Arbeiten an einer Brücke beschäftigt waren. Ich hatte meine Manuskripte mitgenommen. Und obwohl wir uns in den Florida Keys aufhielten, brauchten wir einen Heizofen, und es war zu kalt, um Schwimmen zu gehen.

Als wir nach Hause zurückfuhren, entdeckten wir noch Schneereste. Zwei meiner Kursteilnehmer hatten in der Zwischenzeit unsere Wohnung gehütet und sich der Katzen und Pflanzen angenommen. Als erstes räumte ich alles an seinen Platz, um die Wohnung wieder in Besitz zu nehmen. Ein paar Tage später trafen die Fahnen von *Gespräche mit Seth* ein, und Rob machte sich an die Korrektur.

Die Nacht vom 13. März war kalt und windig. Wir hockten über den Fahnen. Ich sah hinüber zu Rob, angerührt von der Intimität dieser häuslichen Szene: Wir beide beim Arbeiten; die Katzen schlafend auf dem blauen Teppich; die Schatten des Abends herabsinkend. Ich ging zu Rob und küßte ihn auf die Stirn. Und in diesem Moment hatte ich eine äußerst merkwürdige Empfindung. In meinem Bewußtsein ging etwas anderes vor, aber was? Zunächst war ich versucht, dieses Gefühl zu ignorieren – wir hatten soviel Arbeit –, aber ich habe mich auch darin trainiert, auf meine subjektiven Bewußtseinszustände zu achten. Ich wartete ein paar Minuten ab und erzählte dann Rob von meinem merkwürdigen Gefühl.

In der Zwischenzeit waren die Katzen aufgewacht. Sie kamen und wollten beachtet werden. Rob schlug vor, sie ins andere Zimmer zu bringen, damit ich nicht abgelenkt wurde, und so gingen wir hinüber ins große Wohnzimmer, die Katzen im Gefolge. Ich wollte sie austricksen, sie ins Zimmer locken und dann schnell die Tür hinter ihnen schließen. Statt dessen aber trat ich ans Fenster und schaute hinaus. Und sofort erstarrte ich. Ich sah die Straßenkreuzung unten mit einer Klarheit, die mich in diesem Moment völlig überraschte; als ob ich sie oder irgendeine andere Kreuzung nie zuvor gesehen hätte. Die ganze Szenerie war von einer Vitalität erfüllt, die sich unmöglich beschreiben läßt.

Ich konnte die Augen nicht abwenden und kaum sprechen. Rob merkte, daß irgend etwas los war. Er holte das Tonbandgerät und ließ sich neben mir nieder. Ich bemerkte es kaum. Vier Stunden verlor ich mich in dieser Szenerie, in Ekstase: der Schnee, ein paar Zentimeter hoch; die Lichter der Autos, die durch die Dunkelheit brausten; diese feinen, ganz eigenen Schatten, von einem solchen Leben erfüllt, daß es sich jeglicher Beschreibung entzog.

Mein Magen hob und senkte sich mit jedem Wagen, der über die kleine Erhebung gleich hinter der Ampel fuhr. Ich stieß hemmungslose Schreie des Entzückens aus, viele Male, immer wieder aufs Neue überrascht von einem Schatten oder der plötzlichen Bewegung eines Telefondrahts. Nie, außer zweimal in außerkörperlichen Zuständen, hatte ich solch herrliche Farben gesehen. Es schien, als sei die Welt zuvor flach gewesen. Nun hatten die Farben in sich selbst Hügel und Täler und Tiefen und Räume. Die Schneefläche auf der anderen Seite der Straße prickelte vor Intensität; der Schnee war wie ein auf alles reagierender lebendiger Schwamm, und wenn die Lichter eines Autos darüber glitten, konnte ich es kaum ertragen.

Ich spürte eine lebendige Beziehung, die zwischen all den vorbeifahrenden Autos bestand – eine elastische Beziehung –, und die Veränderungen in der Luft, die sich zwischen dem einen und dem anderen Auto ergaben, spontane, doch in sich vollkommene Veränderungen in allem, hervorgerufen durch die Bewegung eines Autos. Und ich spürte die Einheit dieser Bewegung mit allen anderen, gleichzeitig ablaufenden Bewegungen.

Doch der Höhepunkt dieser Erfahrung hatte mit einem Stück zerknittertem Zeitungspapier zu tun, das im Wind herumsegelte. Ich war kinetisch Teil seiner Flüge, und obgleich mir eine Beschreibung meiner Gefühle zu jenem Zeitpunkt unmöglich war, wurde dieses Erlebnis später Teil eines Gedichts. Während ich in jenen Momenten den Bewegungen dieses Stück Papiers folgte, konnte ich allerdings nur stammeln: »Wow ... oh, unglaublich.« Ein Jahr später kam mir eines Tages – ich saß gerade und schrieb – diese Episode wieder ins Gedächtnis, und nun hatte ich genug Abstand, um sie beschreiben zu können. Die folgenden drei Verse aus meinem Gedichtband *Dialogues of the Soul and Mortal Self in Time* erklären, was ich meine.

Das Papier

Doch warte –
Ich sehe ein Blatt Papier
Draußen vor dem Fenster
Auf der Straße.
O sieh, wie es sich bewegt,
Wie es reitet
Auf den Wellen der Luft,
Wie es wartet
Auf die höchste Woge
Und hineinspringt
Und hochwirbelt
Die leuchtenden Hügel aus Raum
Und hinabsegelt
An der Talseite.

Wie es landet
Nahe jenem nachtblauen Schatten,
Der ganz und gar nicht eben,
Sondern ein geschmeidig, kühl, verborgen Geschöpf,
Zum Leben erweckt
Durch des Augenblicks

Wind und Licht.
O Schatten, leuchtend
Und dunkel zugleich,
Wie kostbar du bist in diesem
Strahlenden Moment
Des Universums.
Jetzt, o jetzt bewegt sich das Blatt,
Aus eignen Stücken, tät ich schwörn.
Es will
Der Brise Drängen unter sich spüren,
Erbeben und selbst darauf antworten.

O sieh, wie es fliegt,
Dahinsegelt wie ein plumper Schmetterling,
Mit den Flügeln flattert,
Den Steig
Berührt und doch nicht.
Und wieder aufsteigt,
Schwindelnd, taumelnd.
Seine Knisterlaute prasseln,
Die Luft reibt sich
An seinen Rändern
Mit einem gedämpften Sirren.
Ich sterbe,
Wenn es sich noch einmal bewegt.
Wie kann ich
Es länger ertragen,
Ohne daß mir schwinden
Alle meine Sinne?

Als ich dieses Gedicht schrieb, befand ich mich in einem Stadium höherer Bewußtheit, doch nur hier war es möglich, daß sich Inspiration und Worte verbanden. In Momenten der ursprünglichen Erfahrung sind Worte so unzulänglich, daß ich, hätte ich mich ihrer bedienen müssen, zutiefst frustriert gewesen wäre. Tatsächlich fühlte ich mich in einer Welt, in der Worte keine Verwendung finden. Rob hingegen versuchte zum Beispiel immer wieder, irgend etwas Klares aufs Tonband zu kriegen und stellte daher ab und zu Fragen.

Doch seine Fragen ergaben keinen Sinn für mich; das heißt, in meinem Bewußtseinszustand waren sie ohne Bedeutung. Zwar verstand ich seine Worte und wußte, was sie meinten, aber dort, wo ich war, waren sie schlicht nicht anzuwenden. Alles, was Rob vier Stunden lang auf Tonband aufnahm, waren »Ohs«, »Ahs«, »Wows« und heftiges Atmen.

Etwa eine Woche lang schaute ich danach immer mal wieder und unvermittelt die Welt in dieser superrealen Weise und fühlte mich als Teil von allem, was ich sah. Ich fühlte mich wie erneuert und fragte mich, ob sich diese Erfahrung auch auf andere Bereiche meines Lebens übertragen würde.

Ein paar Nächte später, am 19. März, wachte ich mit dem Gefühl auf, einen unglaublichen Traum gehabt zu haben, erfüllt von einer ganz neuen Art von Kreativität, konnte mich aber ansonsten an nichts erinnern. Zwei Nächte später das gleiche. Ich notierte beide Vorfälle in meinem Traumjournal und vergaß sie dann.

Zum einen hatte sich Tam Mossman, mein Lektor, angekündigt, um mit mir die Herausgabe meines Buchs über die Erfahrungen im ASW-Kurs zu besprechen. Ich war mit meinen Gedanken bei diesem Manuskript, das in Teilen fertig war. Es stapelte sich auf meinem Schreibtisch, und ich versuchte, einigermaßen Ordnung hineinzubringen. Zum anderen plante ich ein Abendessen für ihn und ein paar andere Gäste und mühte mich, die Wohnung herzurichten. Am 23. März, dem Tag, an dem Tam eintreffen sollte, sauste ich geschäftig herum und staubte gerade meinen Schreibtisch ab, als mir ein paar Zeilen in den Kopf schossen. Achselzuckend schrieb ich sie auf:

Überseele Sieben schnitt Kypros eine Grimasse und eröffnete das Examen. »Also«, sagte er, »in irdische Begriffe übersetzt bin ich mittwochs und freitags ein Mann, sonntags und donnerstags eine Frau, und den Rest der Zeit habe ich frei, um mich meinen privaten Studien zu widmen.«

Was sollte das nun wieder bedeuten? Ich schob das Papier beiseite und widmete mich wieder meinen Aufräumarbeiten. Eine Stunde später verspürte ich den Drang, an meinen Schreibtisch zurückzukehren. Leicht verwirrt blieb ich stehen. Was war es doch gleich, was ich dort tun wollte? Mein Manuskript lag geordnet und bereit; Tam würde in Kürze eintreffen; es war Zeit, sich um das Essen zu kümmern. Doch ich stand noch immer da und war zunehmend durcheinander. Dann kamen mir weitere Sätze, die offensichtlich zu dem gehörten, was ich vorhin aufgeschrieben hatte. Ich notierte sie rasch und schrieb noch zwei weitere Seiten.

Die Sätze kamen einfach, scheinbar aus dem Nichts. Sie hören sich an wie der Anfang eines Romans, dachte ich, was merkwürdig war. Ein Roman war das Letzte, woran ich im Augenblick dachte. Meine ganze Aufmerksamkeit richtete sich auf das Buch über unseren Kurs. Und Tam kam eigens, um es zu besprechen. Doch dieser Text, den ich da geschrieben hatte, war irgendwie ganz erstaunlich. Ich zeigte ihn Rob und vergaß ihn dann.

Tam traf ein. Wir begannen mit der Besprechung unserer geschäftlichen Angelegenheiten, und er sagte, seiner Ansicht nach sei die Zeit für ein Buch über unseren Kurs noch nicht reif. *Gespräche mit Seth* war noch nicht auf dem Markt, und die Verkaufszahlen von *Das Seth-Material* waren alles, woran wir uns orientieren konnten. Mehr noch, als wir unser Gespräch fortsetzten, wurde mir klar, daß ich mit dem Manuskript ganz und gar nicht glücklich war. Es gab immer noch ein paar Ereignisse, die ich nicht zu meiner Zufriedenheit erklären konnte. (Tatsache ist, daß mir erst mit Beginn von »Aspekte« und diesem Buch jenes Material wirklich einsichtig wurde.) Die Autobiographie, mit der ich begonnen hatte, war noch nicht einmal ansatzweise in einem Zustand, in dem man sie vorlegen konnte. Es sah ganz so aus, als steckte ich momentan in einer Sackgasse.

Irgend etwas, das Tam sagte, erinnerte mich an jene zwei Seiten, die ich an diesem Tag rasch runtergeschrieben hatte. Rob schlug vor, ich solle sie Tam zeigen, und so erzählte ich diesem lachend von meinen Eingebungen, und statt eines ordentlich getippten Manuskripts überreichte ich ihm zwei wirre Seiten mit dem Titel »The Education of Oversoul Seven« *(Überseele Sieben)*.

Tam war fasziniert. Und während wir uns sehr angeregt darüber unterhielten, wurde mir klar, daß ich mich zur Abwechslung gern mal wieder dem Erzählerischen zuwenden wollte. Ich hatte dieses Buch über den Kurs gar nicht wirklich machen wollen – jedenfalls nicht zu diesem Zeitpunkt. Doch einen Vertrag *wollte* ich haben. Und so lösten diese beiden Kritzelseiten ein Dilemma, das ich auf bewußter Ebene zu ignorieren versucht hatte.

In den folgenden vier Tagen schrieb ich drei Kapitel. Ich setzte mich einfach an die Schreibmaschine, und die Worte kamen so schnell, wie ich mittippen konnte. Dieses Buch kam eindeutig von einer anderen Bewußtseinsebene als sonst üblich, obwohl ich es im normalen Bewußtseinszustand niederschrieb. Jeder Versuch, mich von einer anderen Ebene aus »einzumischen«, ging schief. Wollte ich zum Beispiel eine Passage »verbessern«, und schrieb sie um, um ihr »mehr Tiefe« zu verleihen, verlor sie ihre ursprüngliche Kraft. Oder manchmal dachte ich, ein Kapitel würde auf eine bestimmte Weise enden, aber es endete ganz anders. Ich lernte dabei, einfach Vertrauen zu haben, aufzuschreiben, was ich bekam, und das Manuskript ansonsten in Ruhe zu lassen.

Das Vokabular war einfach, aber klar. Anfänglich machte ich mir Sorgen wegen der naiven Komponenten einiger Szenen, aber mit der Zeit merkte ich, daß sie eine ganz eigene funkelnde und in sich geschlossene Qualität hatten.

Das Buch machte sich in meinen Träumen breit. Ich bekam ganze Kapitel im Traumzustand und mußte sie am Morgen nur noch aufschreiben. Überseele Sieben, die Hauptfigur, gewann für mich eigenständige Realität. Wenn ich mich zum Schreiben niederließ, bat ich ihn innerlich um das nächste Kapitel – und schon kam es, die Worte glitten mir glatt und schimmernd wie Flußkiesel in den Kopf. Ich »sah« Sieben nie, und doch schien er wunderbar präsent und erreichbar. Schließlich kam es so weit, daß ich ihn in verschiedenen persönlichen Angelegenheiten um Rat fragte, und wie beim Buch erhielt ich die Antworten über das Schreiben. Ich fühlte mich wohl mit ihm und machte mir, zumindest eine ganze Weile, keine Gedanken über die Natur seiner Realität.

Sieben war frei und ungebunden! Niemand würde ihm schreiben und ihn wegen persönlicher Probleme um Hilfe bitten, wie es bei

Seth der Fall war. Weil... nun weil Sieben eben nur eine fiktive Gestalt war. Nicht wahr? Ganz gewiß war er das, und ich würde dafür sorgen, daß es auch so blieb. Aber Kypros*, Siebens Lehrerin im Buch, war wiederum etwas ganz anderes.

Ich erkannte sie schon bei ihrem ersten Auftritt: Sie war die Persönlichkeit, als die ich mich fühlte, wenn ich Sumari sang. Tatsache ist, daß dieses Buch, während es sich von allein schrieb, eine alte Zivilisation schilderte, die sich eines mir nun bereits vertrauten mathematischen Systems bediente – jenes Systems, das ich im Sumari bekam und zu übersetzen versuchte. An einigen Stellen sollten später noch Sumari-Gedichte eingefügt werden. Andere kamen mir auf Anhieb. Auch Seths »Sprecher« tauchten auf.

Während dies alles passierte, genoß ich meine kreative und intuitive Freiheit in vollen Zügen. Seth hatte in unseren regulären Sitzungen bereits mit dem Diktat seines nächsten Buches, *Die Natur der persönlichen Realität,* angefangen. Ich hingegen konnte es, kaum, daß der Tag begann, erwarten, mich wieder mit Sieben zu befassen. In diesem Buch wurde zweifellos eine Theorie von der Simultanität der Zeit angegangen, und das auch auf sehr lustige Weise. Den einen Tag bekam ich etwa Kapitel zehn und am nächsten Kapitel fünf. Ich wußte nie, was mit seinen Charakteren geschehen würde. Wenn ich erfuhr, wo sie sich, sagen wir in Kapitel neunzehn aufhielten, so wußte ich nicht, wie sie dorthin gekommen waren, weil ich Kapitel siebzehn oder achtzehn noch nicht hatte.

Doch in *unsere* Zeit drangen nun ganz andere Ereignisse ein. Meine Mutter war sehr krank. Sie lebte in einem anderen Teil des Staates, und auch *sie* hatte ich schon jahrelang nicht mehr gesehen. Meine Tante benachrichtigte mich von ihrem Zustand, zwei Tage, bevor ich in einem College in ihrer Nähe einen Vortrag halten sollte. Es war die erste Verpflichtung dieser Art, auf die ich mich seit ewigen Zeiten wieder einmal eingelassen hatte. Ich hatte mich auch noch zu einem zweiten Vortrag eine Woche später bereit erklärt; beide Termine waren schon vor Monaten vereinbart worden.

* Im Original, The Education of Oversoul Seven, *Cyprus*; Anm. d. Red.

Beim ersten Vortrag sah ich mich der bis dato für mich größten Versammlung von Zuhörern gegenüber. Der Dekan der philosophischen Fakultät hatte mich um diesen Auftritt gebeten. Fünfhundert Studenten drängten sich im grell erleuchteten Auditorium. Ich hatte wie immer vorab klargestellt, daß ich einen Vortrag halten oder Fragen beantworten, aber keine Seth-Sitzung abhalten würde. Das ließ mir Freiraum. Falls Seth »durchkommen« wollte, und es der richtige Zeitpunkt zu sein schien, würde das ein Extra sein. Bislang war dies allerdings erst zweimal geschehen (beide Male im Fernsehen), und Seth hatte seine Sache außerordentlich gut gemacht. Doch ich bin eine Schriftstellerin, keine Schauspielerin, und das hatte ich auch klargestellt.

Wie ich aber später entdecken sollte, wollte mir dieser nette, tolerante Akademiker jedoch eine Falle stellen.

Nach außen hin ganz Zustimmung und Verständnis, hatte er das Auditorium mit Studenten gespickt, die in einer bestimmten Reihenfolge festgelegte und sorgfältig präparierte Fragen stellen sollten; jede Frage »härter und kritischer« als die vorangegangene. Wie er seinen Studenten erläutert hatte, sollte ich so in die Enge getrieben werden, daß ich Seth – wer immer oder was immer er war – *brauchte*, um mich herauszuhauen.

Der Professor nahm ganz selbstverständlich an, daß diese gewitzten Fragen mich so fertigmachen würden, daß mir keine andere Zuflucht blieb. Er hatte eine Menge zu lernen! Abgesehen davon hatte er das Ganze amüsanterweise so arrangiert, daß sich die eine Hälfte der Studenten so intensiv wie möglich auf die Vorstellung »Es gibt keinen Seth« konzentrierte, während die andere Hälfte mir die geistige Botschaft schickte, ich solle Seth durchkommen lassen und der ersten Gruppe das Gegenteil beweisen.

Während des Abendessens mit diesem galanten Gentleman der Intrige und einem anderen Professor wurde mir allmählich unbehaglich zumute. Rob ging es ebenso. Unsere Gastgeber parlierten, ganz kollegiale Höflichkeit, und es war schwierig, sich auf den äußeren Verlauf der Dinge, wo alles anscheinend in Butter zu sein schien, und auf das, was, wie ich spürte, im Busch und ganz und gar nicht in Ordnung war, zu konzentrieren beziehungsweise dieses zwiespältige Gefühl zu ertragen. Sobald ich mit meinem Vortrag begann und mich all diesen Studenten mit ihren widersprüchlichen Botschaften gegenübersah, wurde ich wütend. Selbst der letzte mediale Trottel hätte mitgekriegt, was hier los war.

Ich war mir nicht des spezifischen Inhalts der mir geschickten Botschaften bewußt, nur der aufgeheizten Emotionen und des darunterliegenden Arrangements. Ich fühlte, daß Seth da war, und wußte, er würde sich meiner Entscheidung fügen, egal wie sie ausfiel. Ich beschloß: Nein, nicht Seth. Statt dessen tauchte ich in eine andere Bewußtseinsebene ein. Eine Art »Sumari-Gelassenheit« überkam mich. Noch nie hatte ich mit solcher Eleganz gesprochen. Die Fragen wurden mit ruhiger Unbefangenheit beantwortet. Natürlich waren auch Zuhörer da, die vom Spiel des Professors nichts wußten, und ich wandte mich mehr oder weniger an sie. Später, auf einer Party, erzählten mir einige Studenten ganz naiv, was sich im Hintergrund abgespielt hatte.

Gewiß sind eine solche Einstellung und ein solches Verhalten eine Ausnahme, doch sie stehen für etwas, das man gemeinhin für eine intellektuell-kritische Denkweise hält – in ihrer schlimmsten Form. Der echte Intellektuelle oder Wissenschaftler ist aufgeschlossen. Ich war allerdings aufgebracht, denn von einem Philosophieprofessor hätte ich erwartet, daß er sich für Philosophie und Ideen interessierte und intellektuell und kreativ einiges auf dem Kasten hatte.

Als ich selbst noch Collegestudentin gewesen war und meine ersten zaghaften Schritte als Schriftstellerin unternahm, waren meine Fähigkeiten zumindest respektiert worden. »Du hast es ja weit gebracht, Baby«, dachte ich. »Schau dir an, wie sie jetzt mit dir umspringen.« Nachdem ich mich dann wieder abgeregt hatte, erkannte ich zum ersten Mal, wie einengend und beschränkend das etablierte Erziehungswesen sein *kann* (nicht sein muß).

Der zweite Vortrag sollte, wie gesagt, etwa eine Woche später stattfinden. Einen Tag davor starb meine Mutter, ziemlich unerwartet. Wir hatten gerade mit unserem Kurs für kreatives Schreiben begonnen, als ich den Anruf erhielt.

Da es nichts gab, was ich hätte tun können, hielt ich den Kurs ab. Was den Vortrag anging, so war er, wie gesagt, schon vor Monaten angesetzt worden, und ich wollte die Leute nicht enttäuschen. Der Vortragsort lag ein paar Autostunden von uns entfernt, und Rob und ich brachen früh am nächsten Morgen auf.

Auf bewußter Ebene hatte ich den Tod meiner Mutter nicht vorausgesehen. Doch zwei Nächte davor hatte ich einen ziemlich erschreckenden Traum, in dem ich fiel und fiel und um Hilfe rief. Ich erwachte in dem Wissen, daß es sich hier um die Widerspiegelung der Erfahrung von jemand anderem handelte. Am Morgen tauchte der ganze Traum im *Überseele-Sieben*-Manuskript auf, in dem Kapitel, in dem Lydia, eine der Hauptfiguren, stirbt. Im Buch ist es *Siebens* Traum. Das ganze Kapitel um Lydias Tod wurde einen Tag, bevor meine Mutter starb, geschrieben.

Es war Anfang Mai, und ich genoß die Fahrt quer durch den Staat. Alles schien leuchtend und lebendig auf unserer Seite menschlicher Existenz, während ich mich fragte, was meine Mutter wohl auf jener anderen Seite erfuhr, die unserem Blick so gnadenlos verschlossen scheint.

Dann der Vortrag. Dieses Mal handelte es sich um eine religiös orientierte Organisation, und ich wurde von Menschen begrüßt, die mich wirklich sprechen hören wollten. Mich berührte ihr aufrichtiger Wunsch, sich selbst und anderen zu helfen. Es waren wohlmeinende, ernsthafte Männer und Frauen. Sie glaubten an ein Überleben der Persönlichkeit nach dem Tod, und ich lieferte ihnen den neuesten Beweis dafür. Für sie war Seth ein Geistführer im allerkonventionellsten Sinn: Ein »guter« Geist, der auch mich vor »bösen« Geistern beschützte; ein spirituelles Wesen, hoch entwickelt, doch zugänglich und ansprechbar für die Lösung persönlicher Probleme; eine Kombination aus Schutzengel, Vaterfigur und körperlosem Ritter in spiritueller Rüstung.

Was mich anging, so hatten sich in der Zwischenzeit durch meine Erfahrungen mit Sumari und *Überseele Sieben* meine eigenen Fragen erweitert und verdichtet. Viele dieser Leute hingegen wollten mir überhaupt keine Fragen stellen; daß ich selbst so viele Fragen hatte, verunsicherte sie. War ich eine Betrügerin oder eine Heilige? Zwar mag ich hier etwas übertreiben, doch mir schien, daß man mich, je nach Überzeugung der Leute, nach wie vor in eine dieser beiden Kategorien einzuordnen suchte. Diese zwei Vortragsgelegenheiten repräsentierten für mich die beiden gegensätzlichen

Glaubenssysteme, nach deren Grundsätzen mediale Vorgänge gewöhnlich betrachtet werden. Noch wußte ich zwar nicht, was ich *tun* würde, aber ich wußte, daß ich mit keinem dieser Systeme arbeiten würde.

Wie oft ich auch sagen mochte, »Sehen Sie, wir wissen noch nicht genug über die Natur des Bewußtseins oder der Realität, um das Wesen unserer eigenen Persönlichkeit zu verstehen, geschweige denn die eines Seth«, hielten ihn manche Menschen weiter für geradezu allmächtig. Eine Reaktion, die mir schwer zu schaffen machte. Andere sprachen von unbewußter Schwindelei. Guter Gott, dachte ich, die Menschen werfen aber auch alles an Vernunft über Bord, sobald sie mit etwas konfrontiert sind, das sie nicht verstehen. Doch meine Reaktionen auf ihr Verhalten zeigten mir auch, wie stark ich selbst noch in diesen Bezugssystemen gefangen war.

Überseele Sieben näherte sich allmählich seinem Ende. Jetzt machte ich mir nicht nur Gedanken über die Natur der Realität von Seth und Seth Zwei, ich fragte mich auch: Wie real – in unserem Sinn – waren Sumari, Kypros und Sieben? Paßten alle diese Erfahrungen denn überhaupt in *irgendein* Konzept von der menschlichen Persönlichkeit? Sie taten es nicht; jedenfalls nicht für mich. Nicht nur, daß ich im Trancezustand für Seth sprach und seine Bücher übermittelte, ich sprach und sang in Sumari, schrieb Gedichte in Sumari und übersetzte sie und schrieb außerdem noch *Überseele Sieben*. Ich benutzte und jonglierte tatsächlich relativ problemlos mit mindestens sieben verschiedenen Bewußtseinsebenen. Man konnte sagen, mein Operationsbereich hatte sich beträchtlich erweitert. Doch irgend etwas mußte sich auch in meiner Welt der Theorien erweitern.

Ich weiß nicht, wie viele Stunden ich mit der Suche nach Antworten verbrachte, die für mich akzeptabel gewesen wären. Ende Juni hatte ich *Sieben* beendet und konnte nun daran gehen, die endgültige Fassung des Manuskripts zu tippen. Ich hatte nur drei Monate für dieses Buch gebraucht. Daran dachte ich und nicht an meine Fragen, als mir plötzlich eines Abends das präsentiert wurde, was mir gefehlt hatte – ein neuer Bezugsrahmen, oder zumindest der Anfang davon.

Ich betrachtete das *Sieben*-Manuskript. Es zu schreiben, hatte solchen Spaß gemacht, daß es mir fast leid tat, es nun beendet zu haben. Im nächsten Moment bemerkte ich eine Bewußtseinsbeschleunigung, die mir schon vertraut war, und ich wußte plötzlich, ich konnte noch sechs weitere *Überseele*-Bücher bekommen, wenn ich es wollte. »Blitzartig« kam mir ein Exposé für eine ganze Serie: Ich sah die einzelnen Bücher vor mir, wußte, worum es in ihnen ging und in welches Gesamtmuster sie paßten.

Überrascht und erstaunt über dieses neue kreative Material machte ich mir so rasch wie möglich Notizen, als ich spürte, daß die Bewußtseinsbeschleunigung noch zunahm. Innerhalb von wenigen Augenblicken war *Aspekte* »geboren«, die Keime des vorliegenden Buchs.

Klick, klick machte es, und alles fiel an seinen Platz. Ich sah Seth, Seth Zwei, die Sumari, Kypros und Sieben – und mich selbst – als Aspekte einer einzigen multidimensionalen Wesenheit oder Bewußtheit. Mit großen, aufgeregten, krakeligen Schriftzügen schrieb ich nieder, was mir kam, kürzte die Worte ab, wo immer es ging, während mir Einsichten um Einsichten kamen, drei Stunden lang.

Hier ein paar Auszüge aus den unredigierten Originalnotizen:

»Alle diese Persönlichkeiten müssen als Aspekte einer Wesenheit betrachtet werden, und das schließt meine Persönlichkeit, die der gegenwärtige physische Aspekt ist, mit ein ... von dem aus ich diese anderen Aspekte meines Selbst durch eine Art psychisches Fenster schaue.

Ich reise durch meine Psyche, benutze sie als Fenster und postuliere natürlich ein Extra-Ich, das sich vom üblichen, die Reise unternehmenden Ich abspaltet.

Ein solches Reisen durch die Psyche bedeutet automatisch eine Bewegung durch die Zeit, die eine andere ›Struktur‹ hat.

Seth, Seth Zwei, Kypros und sogar Sieben sind also allesamt Aspekte einer einzigen multidimensionalen Wesenheit. Aufgrund meiner Fähigkeiten kann ich mich besser als die meisten anderen Menschen in diese Aspekte einklinken, doch sie stellen ›Komponenten‹ der Persönlichkeit und Teile unseres Wesens dar, die außerhalb unseres dreidimensionalen Bezugssystems existieren.

Anzeichen dieser Aspekte machen sich manchmal im ›normalen‹

Verhalten als uncharakteristische oder seltsame Stimmungen oder Emotionen bemerkbar: kreative Schöpfungen, Tagträume und so weiter. (Sie können auch manchmal mit Hilfe des Ouija-Bretts aufgefangen werden, wo sie oft als Geistführer usw. interpretiert werden.)

Werden diese Aspekte, wenn ich sie durch mein psychisches Fenster zurückbringe, automatisch durch das inhaltsreiche Material der Psyche personifiziert? Welche Beziehung hat eine solche Personifikation zu ihrem ursprünglichen Aspekt?

Unsere gegenwärtigen Theorien und Vorstellungen beschränken unser Verständnis von uns selbst so sehr, daß wir – umgekehrt – unsere Erfahrungen beschränken, um sie ihnen anzupassen. Alle Informationen oder Hinweise auf eine Kommunikation von und mit Aspekten erscheint somit als unnatürlich, übernatürlich oder als Zeichen geistiger Verwirrung.

Betrachtet ein Seth, der eine Jane erfährt, diese als eine weniger entwickelte Persönlichkeit? Vielleicht. Aber vielleicht betrachtet er sie auch als eine Persönlichkeit mit großem Potential, die bestätigt und gefördert werden soll, damit *er* in dieser Dimension der Zeit auftauchen kann. Er wäre ich in meiner Gegenwartszeit und entwickelte Fähigkeiten, die ihm später erlaubten, er zu sein. Er kommunizierte mit mir in meiner Gegenwartszeit aus meiner Zukunft – seiner Gegenwart.

Unser größeres Bewußtsein oder unser ›Ursprungs-Selbst‹ taucht ein in die Zeit und zieht sich wieder aus ihr zurück und hat Existenzen in anderen Dimensionen und schüttet Aspekte von sich selbst in alle Richtungen aus. Diese Aspekte sind lebendig und aktiv, doch in jedem von uns latent, tragen dazu bei, die Materie unserer eigenen Persönlichkeit zu formen. In unserer Realität sind sie nicht dominant; sie existieren weiter in ihren eigenen Realitäten, allerdings vielleicht auf eine für uns schwer verständliche Weise.

Alles in allem habe ich an jenem Abend über zwanzig Seiten geschrieben; hier sind nur ein paar Grundideen wiedergegeben. Die Ahnungen, welche Implikationen das Ganze haben könnte, machten mich ganz benommen, und schon kam mir eine Fülle von Fragen. Doch am Ende dieses Abends triumphierte ich innerlich:

Ich war zumindest auf dem Weg zur Entwicklung einer Theorie, die hinsichtlich meiner persönlichen Erfahrungen einen Sinn ergab.

Wenn ich schon von einer Flut kreativer Aktivität überschwemmt wurde, so sollten Rob und ich mit einer Überschwemmung noch ganz anderer Art konfrontiert werden. In der Nacht nach der »Geburt« von Aspekte brach der Hurrikan Agnes über uns herein und der Fluß trat über die Ufer. Ich tippte *Sieben* fertig ab, während um mich herum alles in Aufruhr war. Im Parterre stand das Wasser dreißig Zentimeter hoch, und Rob und ich beobachteten die Ereignisse vom oberen Stockwerk aus. Trinkwasser mußte jetzt abgekocht werden, es gab keine Heizung, kein heißes Bad und überall war Schlamm. Unser überflutetes Auto sah aus wie ein prähistorisches Monster, unter Schlammbergen begraben.

Wir überließen einen Teil unserer Apartments einem Ehepaar, das aus seiner Wohnung »gespült« worden war. Auch Seth, der gerade mit seinem zweiten Buch, *Die Natur der persönlichen Realität,* begonnen hatte, mußte warten, bis wir wieder einigermaßen »privat« leben konnten. Als es dann schließlich soweit war, nahmen wir die Seth-Sitzungen wieder auf, und ab und zu fühlte ich, wie sich mein »Aspekte«-Kanal öffnete und mich einen Schwung Notizen, der einfach aus der Luft zu kommen schien, niederschreiben ließ.

In der Zwischenzeit machte ich auch eine Reihe von »medialen« Erfahrungen. Einige davon ereigneten sich, als ich den Anweisungen Seths in *Die Natur der persönlichen Realität* folgte. Die ganze Geschichte begann damit, daß ich eines Abends plötzlich eine kleine Serie von Gedichten schrieb, die ich *Dialogues of the Soul and Mortal Self in Time* nannte. Wie sich herausstellte, wurde aus dieser Serie schließlich ein ganzes Buch, und oft wurden die vom sterblichen Selbst gestellten Fragen (meine natürlich) mit einer *psychedelischen* Erfahrung und Erläuterungen seitens der Seele beantwortet.

Kaum war dieses Buch beendet, öffnete sich mein »Aspekte«-Kanal wieder, und im Sommer 1973 kam mir dann die gesamte Theorie im Laufe verschiedener veränderter Bewußtseinszustände. Der zweite Teil dieses Buches nun dient der Einführung in die Aspekt-Psychologie. Ich präsentiere sie als einen theoretischen Bezugsrahmen, innerhalb dessen unsere Erfahrungen, intuitiven Einsichten, medialen Fähigkeiten und zutiefst kreativen Bestrebungen betrachtet und erforscht werden können.

Für mich stellt die Aspekt-Psychologie *eine* mögliche Betrachtungsweise des Lebens und der Persönlichkeit in ihren physischen und nichtphysischen Aspekten dar. Ganz offensichtlich handelt es sich hier also um meine Sicht von Realität, wie ich sie über verschiedene Schichten und Ebenen der Psyche erfahren habe. Ich biete nicht die Wahrheit an, sondern nur einen Weg, zu erforschen und zu entdecken, welches unsere Wahrheiten sind.

Ich präsentiere »Aspekte« nicht als Dogma, sondern als eine Möglichkeit, Dogmen zu durchbrechen. Gleichzeitig enthalte ich mich weitgehend solcher Wendungen wie »mir scheint« oder »vielleicht ist es so« oder ähnlicher Aussagen. Denn ganz offenkundig *ist* für mich »Aspekte« die Realität – so wie sie mir erscheint.

Ich führe ein paar neue Begriffe ein, nicht allzu viele, und erkläre sie in einem Glossar am Ende des Buches, wo Sie sie bequem nachschlagen können.

Teil 2

Eine Einführung in die Aspekt-Psychologie

10
Das Ursprungs-Selbst. Die Fokus-(oder Partikel-) Persönlichkeit, Aspekte und Personagramme

Intuitive Einsicht, Kreativität, präkognitive Information und offenbarende Erkenntnis – sie alle vollziehen den Sprung von jenseits der Grenzen des bekannten Selbst in die Sphäre unserer Erfahrung. Auch unsere nächtlichen Träume sind Dramen multidimensionaler Natur, in denen sich bekannte und unbekannte Selbsts begegnen.

Das bekannte Selbst nimmt seine kreatürliche Realität wahr. Es fokussiert seine Aufmerksamkeit auf die physische Welt, welche die dreidimensionale Reflexion einer eigenen Art von Bewußtsein darstellt; ein Bewußtsein, das durch eine molekulare Linse sowohl abgebogen oder abgelenkt wie auch gefiltert wird.

Doch dieses bewußte Selbst ist nur ein Aspekt unserer größeren Realität; es ist jener Teil, der den Sprung ins Erdenwissen macht. Wir können ihn »Fokus-Persönlichkeit« nennen, da wir durch ihn unser dreidimensionales Leben wahrnehmen. Die Fokus-Persönlichkeit trägt jedoch in sich Spuren des unbekannten oder »Ursprungs-Selbst«, aus dem sie kontinuierlich hervorgeht.

Das Ursprungs-Selbst ist der Urquell unseres gegenwärtigen physischen Seins, existiert aber außerhalb dieses Bezugssystems. Wir sind irdische Versionen unserer selbst, wunderbar ab- und eingestimmt auf körperliche Erfahrung. Das uns bekannte Bewußtsein wird durch Wahrnehmungsmechanismen gefiltert, die ihrerseits Bestandteil dessen sind, was wir wahrnehmen. Wir sind die Instrumente, mittels derer wir die Erde erkennen.

Anders ausgedrückt: Wir sind Energiepartikel, die aus dem Ursprungs-Selbst zu physischer Materialisierung strömen. Jedes Ursprungs-Selbst bildet viele solcher Partikel oder »Aspekt-Selbsts«, die auf die dreidimensionale Realität unseres Raum-Zeit-Kontinuums treffen und darauf einwirken. Andere Aspekt-Selbsts wiederum sind ganz und gar nicht physisch, sondern haben ihre Existenz in völlig anderen Realitätssystemen. Doch jedes Aspekt-Selbst ist über die kollektive Erfahrung des Ursprungs-Selbst mit den anderen verbunden und kann bis zu einem gewissen Grad aus dem Wissen, den Fähigkeiten und den Wahrnehmungen dieser anderen Aspekte schöpfen.

Psychologisch gesehen treten diese anderen Aspekte im bekannten Selbst als einzig unserer Persönlichkeit zugehörige Merkmale, Eigenschaften und Talente in Erscheinung. Das Individuum ist das Partikel oder die Fokus-Persönlichkeit, die sich am Schnitt- oder Kreuzungspunkt von unbekanntem Selbst mit Raum und Zeit bildet. Wir können jeden unserer Charakterzüge oder jede unserer Emotionen zurückverfolgen zu diesem Ursprungs-Selbst, zumindest bis zum Erkennen von dessen Existenz. Ich meine, daß wir uns dieser uns innewohnenden Aspekte des Ursprungs-Selbst auch bedienen können, um unser bewußtes Wissen und unsere bewußte Erfahrung zu erweitern.

Die menschliche Persönlichkeit ist weder statisch, noch hat sie irgendwo ein Ende. Vielmehr befindet sie sich in ewigem Wandel, ist psychisch geladene, individualisierte Energie, personifiziert in Kreatürlichkeit. Sie besitzt von Natur aus die ungebundene Wahrnehmungsfähigkeit des Ursprungs-Selbst, was bedeutet, daß sie bis zu einem gewissen Grad von Raum und Zeit unabhängig ist.

Wir können uns das unbekannte oder Ursprungs-Selbst als eine Wesenheit vorstellen, eine personifizierte Energie-Gestalt – Energie, die sich selbst erkennt –, die sich selbst erschafft, und sich dann über Erfahrung selbst wahrnimmt, wobei sie ständig »Wellen« von sich selbst in die Sphäre dimensionaler Aktivität aussendet. Diese Energiewellen formen, wenn sie auf unser System treffen, einzelne »Partikel« in ihrer Fokus-(oder Partikel-)Persönlichkeit. Die Wellen fließen ständig hin zum und weg vom Ursprungs-Selbst, was für eine kontinuierliche Interaktion sorgt.

Die einzelne Fokus-Persönlichkeit – Sie und ich – lädt zudem diese Energiequelle immer wieder durch ihre Erfahrungen auf.

Unsere Aktivitäten schaffen neue Energiewellen, die immer wieder einen Pfad oder eine Bahn zwischen der Quelle und uns herstellen; gewohnheitsmäßige und vielleicht sogar mathematisch voraussagbare Austauschprozesse, die, wenn auch latent, unser ganzes Leben lang aktiv sind, nicht offensichtlich, doch vorher wie nachher präsent.

Dieses Einströmen und dieser Einfluß vollziehen sie ununterbrochen. Wir können diesen Vorgang jedoch bewußt beschleunigen, dirigieren und vorsätzlich mehr vom unbekannten Selbst und seinen Aspekten aktualisieren. Das bedeutet, daß wir nicht nur unser Bewußtsein öffnen, sondern auch die Möglichkeiten des kreatürlichen Bewußtseins ganz allgemein erweitern.

Nur wenn wir unseren multidimensionalen Ursprung anerkennen, können wir allmählich auch unser Leben in Zeit und Raum begreifen. Nur so werden wir auch allmählich unsere persönlichen medialen Erfahrungen verstehen, jene Erfahrungen, auf die Religion und Wissenschaft keine Antworten haben.

Genau solche Ereignisse unbekannter Qualität sind es, die uns die wichtigsten Hinweise auf die Existenz des Ursprungs-Selbst geben; sie sind es zugleich, die unsere Kreatürlichkeit erhellen und ihr die Bedeutung eines strahlenden Bewußtseinsfokus verleihen können, der seinerseits auf Energiefelder einwirkt und ihnen Leben gibt. Diese Felder bleiben latent, unbekannt, liegen ungenutzt und brach, bis sie von unserer Form von Bewußtsein befruchtet werden, was sie dann zu wahrgenommener Realität gelangen läßt.

Es gibt einen gewissen Maximum-Fokus, mit dem die Ursprungs-Energie auf das dreidimensionale Feld trifft und sich in einem Pool des Jetzt ausbreitet, der unser irdisches »Lebensfeld« darstellt (siehe Grafik 1).

Dieses »Jetzt« ereignet sich an einem bestimmten »Punkt«, von dem aus sich unsere Erfahrung in alle Richtungen erstreckt. Als kreatürliche Wesen sind wir uns allerdings nur der horizontalen Ausdehnung, des »Von hier nach dort«, die als Zeit in Erscheinung tritt, gewahr.

An den beiden »Endpunkten«, im Umkreis von Geburt und Tod, ist der Fokus aufgrund des Einfallswinkels etwas verschwommen. Ich glaube, daß unsere Gegenwart auf merkwürdige Weise nicht nur

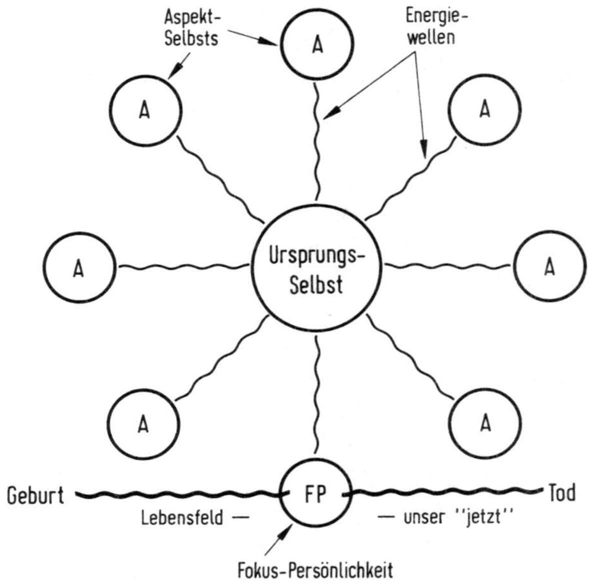

Graphik 1. Ursprungs-Selbst, Fokus-Persönlichkeit und Aspekte
Die Schnittstelle von Aspekt-Selbst und Lebensfeld bildet die Fokus-Persönlichkeit, den Erdenaspekt des Ursprungs-Selbst in unserer Zeit.

unsere Zukunft, sondern auch unsere Vergangenheit bewirkt; daß sich unsere Erfahrung stets von der Schnittstelle des Jetzt-Punkts aus ausdehnt und unsere Wahrnehmung von der Vergangenheit und Zukunft formt (vom Jetzt-Punkt aus in beide Richtungen). Aufgrund unserer Körperlichkeit erfahren wir zuerst die Geburt und dann den Tod, was aber möglicherweise mit dem involvierten Grundphänomen wenig zu tun hat.

Wenn wir uns das klarmachen und uns imaginativ an diesen Kreuzungspunkt versetzen, können wir unsere unmittelbare, unverfälschte Energie spüren, uns entkrampfen und wahrnehmen, wie in uns im Jetzt unsere lebendige Realität neu auftaucht. Normalerweise denken wir, daß uns bei unserer Geburt ein bestimmtes Quantum an Energie mitgegeben wird, das zum Zeitpunkt des Todes aufgebraucht ist und dazwischen nicht wieder aufgefüllt wird.

In gewisser Weise mögen die Aspekte das Ursprungs-Selbst in einer Umlaufbahn umkreisen, während sie zugleich Teil davon sind. Stellen Sie sich ein multidimensionales Riesenrad vor, in dem jeder einzelne Radsektor ein Aspekt-Selbst bedeutet. Wenn sich unsere »Gondel« dem Erdboden nähert, sind wir der Aspekt, welcher sich mit dem Zeit-Raum-Kontinuum kreuzt. Das Leben beginnt. Aber dieses Riesenrad dreht sich in alle Richtungen, und seine Speichen sind Energiewellen in ewiger Bewegung, die die Aspekte mit der zentralen Quelle verbinden. Jede Position bedeutet eine Schnittstelle mit einer anderen Art von Realität, in die der jeweilige Aspekt dann auch eintaucht. Die Speichen verdichten sich an ihren Enden zu Aspekt-Selbsts, durch deren Erfahrungen die Wesenheit verschiedene Existenzformen (die sie über die Kreuzungspunkte erschafft) wahrnimmt. Jedes Aspekt-Selbst ist mit seiner Quelle und allen anderen Aspekt-Selbsts verbunden.

Die Erfahrung dieser einzelnen Leben bereichert und verändert das Ursprungs-Selbst, das seinerseits neue Energie einbringt. Jedes Aspekt-Selbst bildet wiederum eine Miniatur-Wesenheit (oder ein Miniatur-Ursprungs-Selbst) und sendet seine eigenen »Speichen« – Aspekte seiner selbst – in »untergeordnete« Dimensionen aus.

In den Dimensionen ihrer eigenen Existenz genießen die Aspekte völlige Freiheit. Ihre Erfahrung ist weder vorbestimmt noch im voraus festgelegt. Ihr Spielraum an Freiheit wie auch ihre Begrenzungen sind durch ihre Partikel-Natur definiert. Durch die Konzentration der Ursprungs-Energie zu Partikeln wird die individuelle Identität zwar einerseits gebildet, andererseits aber auch bis zu einem gewissen Grad in der Nutzung des vollen Potentials der Wesenheit begrenzt. Das heißt, das Potential des Ursprungs-Selbst kann in keinem System vollständig aktualisiert werden.

Von unserem Standpunkt aus gesehen ist das Partikel der physische Körper, die ins dreidimensionale Leben eingetauchte Fokus-Persönlichkeit. Ein Partikel ist aus Wellen zusammengesetzt; eine Partikel-Formation entsteht dadurch, daß sich die Energiewellen mit einem spezifischen Feld kreuzen. Mit dem Tod bricht das Partikel zusammen; er wird nicht länger von den Wellenmustern, die unsere Erinnerungen und das Potential zur irdischen Erfahrung in sich bergen, illuminiert oder belebt.

Noch einmal: Jedes einzelne Aspekt-Selbst enthält in sich Spuren aller anderen Aspekt-Selbsts desselben Ursprungs-Selbst. Unsere Persönlichkeit setzt sich psychisch aus Spurenelementen des Ursprungs-Selbst zusammen. Das heißt, diese Spurenelemente treten »auf unserer Seite« als unsere ganz persönlichen Eigenschaften und Merkmale in Erscheinung. Es ist möglich, daß wir uns nur auf ein paar davon konzentrieren, die dann als unsere aktuell anerkannten Interessen und Fähigkeiten zum Ausdruck kommen. Andere Elemente hingegen, uns unbekannt oder auch nicht zur Kenntnis genommen, werden von Aspekt-Selbsts betont, in denen unsere vorrangigen Interessen wiederum latent bleiben oder in einem Zustand von Wahrscheinlichkeit existieren.

Da aber die anderen Aspekte eine andere Form von Realität haben, werden die Spuren ihrer Fähigkeiten oder Eigenschaften in uns »erdisiert« oder erscheinen als irdische Versionen von Tendenzen, die sich in ihrem ursprünglichen Zustand ganz anders ausnehmen mögen.

Alle diese Aspekte oder Spuren des unbekannten Selbst agieren innerhalb des Gesamtspiels der Persönlichkeit als Grundkomponenten. In den meisten Fällen oder Situationen verbinden sie sich so nahtlos mit der Struktur der Persönlichkeit, daß sie unsichtbar sind und nicht einmal erahnt werden. Zumindest in unserer Gesellschaft erhaschen wir meist nur dann einen flüchtigen Blick von diesen grundlegenden Anteilen des uns bekannten Selbst, wenn es zum Ausbruch irgendwelcher ungewöhnlicher psychischer oder medialer Aktivitäten kommt.

Ein Segment des unbekannten Selbst, und sei es nur als Spur, taucht auf, um uns mit sich zu konfrontieren. Doch bei vielen medialen Erfahrungen zeigt die Persönlichkeit auch eine Manifestation, nicht nur die Spuren eines Aspekt-Selbst, und wenn schon nicht in so deutlicher Form wie im Fall von Seth, dann doch zumindest in hellem Licht und in irgendeiner Weise umgrenzt oder hervorgehoben. Oft agieren diese Aspekte als Initiatoren einer Bewußtseinserweiterung, was heißt, daß vormals unterdrückte mediale oder kreative Fähigkeiten nun aktiviert werden können.

Ich denke, daß diese Aspekte bis zu einem gewissen Grad C. G. Jungs Archetypen sowie auch den Musen und Dämonen der Vorstellungswelt der alten Griechen entsprechen. Sie alle zusammen sind daran beteiligt, die Persönlichkeit, wie wir sie verstehen, zu formieren. Wie schon gesagt, diese Grundkomponenten stehen für andere Aspekt-Selbsts, die in anderen Realitäten als der unseren operieren. Jedes davon kann einzeln ausgemacht werden; wir können uns darin einklinken, können es in den Vordergrund treten lassen; seine spezifischen Kräfte können genutzt werden, um unsere Persönlichkeit zu bereichern und ein Licht auf die Quelle unseres Seins zu werfen.

Unsere Interpretation von Ego und Intellekt diente dazu, die klare Funktion des Intellekts zu begrenzen und dem Ego Fesseln anzulegen, wobei meiner Ansicht nach das Ego von seiner Natur her sehr viel flexibler ist und als Dirigent der innerhalb der Persönlichkeit interagierenden Aspekte wirkt.

Wir haben dem Ego hingegen nur eine Funktion eingeräumt, nämlich die der Ausrichtung des physischen Fokus. Wir meinen, es zurücklassen zu müssen oder sollen, wenn wir andere Bewußtseinszustände erkunden wollen, statt es uns als Sprungbrett für solche Aktivitäten vorzustellen. In mit oder ohne Drogen manipulierten Bewußtseinszuständen stellen wir uns oft vor, uns aufgeben zu müssen, um uns selbst zu finden.

Doch das Ego hat eine zweifache Funktion. Es lenkt nicht nur den physischen Fokus, es empfängt auch innere Wahrnehmungen –

wenn es darf; wenn uns unsere religiös und kulturell bestimmten Ängste nicht daran hindern. Realisiert das Ego aber diese Funktion, wird es gewöhnlich für gestört gehalten. Selten darf es inneres Material aufnehmen oder strukturieren oder zu gewöhnlichen Erfahrungen in Verbindung bringen. Wir geben ihm keine Chance.

Mit anderen Worten, das Ego kann seine Fähigkeiten auch benutzen, um nach innen zu sehen, mediale Erfahrung und psychedelische Aktivität in Wechselbeziehung zu setzen, was ansonsten unübertragbar bleiben würde. Statt diese Tendenzen zu fördern, halten wir das Ego vielmehr für starr und unbeugsam. Das Seth-Material hebt die flexible Natur des Ego hervor, vor allem in *Die Natur der persönlichen Realität,* und meine eigenen Erfahrungen bestätigen diese Tatsache: Das Ego als das bekannte »Ich« kann anderen Aspekten des Ursprungs-Selbst begegnen.

Zugegeben, es handelt sich um eine reichlich undurchsichtige Begegnung. Doch ich habe ganze Teile der Aspekt-Psychologie in veränderten Bewußtseinszuständen geschrieben und dabei mein Ego nicht als etwas Reduziertes erfahren. Es agierte nur auf andere Weise. Tatsächlich wurde fast der ganze Teil Zwei dieses Buches auf genannte Weise produziert. Während des Schreibens wußte ich nicht, welches Wort als nächstes folgen würde. Ich überlegte nicht, ja, ich dachte nicht einmal im herkömmlichen Sinn. Ich schrieb einfach mit, was aus anderen Bewußtseinsebenen kam. Ich setzte mich hin, spürte in mir das auf, was ich »meinen Aspekt-Kanal« nenne, und schrieb die Worte mit, die in mein bewußtes Gewahrsein traten. Ich trank dabei Kaffee, rauchte und hörte oft Rockmusik im Radio. Was mein Ich anging, so war ich voll da, aber ein Teil meines Bewußtseins war auf einen bestimmten Sender eingestellt und verband sich mit ihm bis zu einem gewissen Grad. Es ist so, als säße man gewissermaßen an der Schwelle seiner selbst.

Kapitel 1 bis 8 dieses Buches hingegen wurden auf mehr herkömmliche Art verfaßt, da ich von Ereignissen berichtete, die bereits stattgefunden hatten. Das spezifische Material über Aspekte kam meist von anderen Ebenen. Dabei agierte mein Intellekt auf sehr schöne Weise: Ganz automatisch kooperierte er mit den intuitiven Einsichten, statt sie zu behindern. Mein Körper war zuweilen extrem entspannt, mein Bewußtsein passiv, doch fokussiert. Ab und zu wurde ich etwas schläfrig. Dann stellte ich meinen Fokus neu ein, um die nötige feine Balance wiederherzustellen. Das Ego wurde dabei nicht beiseitegeschoben. Ganz im Gegenteil, es nahm aktiv teil, befand sich allerdings in einer »Warteschleife«.

Bis zu einem gewissen Grad räumt das Ego seinen Platz, doch willentlich – als Methode, sein eigenes Wissen zu erweitern.

Das Ego ist kein Besitz, den wir, koste es, was es wolle, schützen müssen. Es ist einfach ein Bewußtseinsfokus, einer, der uns am vertrautesten ist und am leichtesten akzeptiert wird. Sehen wir, was mit ihm geschieht, wenn er in das Feld eines Aspekt-Selbst gerät. Das Folgende ist lediglich eine betrachtende Darstellung dessen, was sich in einer bestimmten Art von mediumistischer Trance ereignen kann, und soll keinesfalls als generalisierende Erklärung verstanden werden. (Später werden wir dieses Thema noch aus einer anderen Perspektive erkunden.)

Wieder beziehe ich mich hier auf die Fokus-Persönlichkeit als den in unserer Zeit wirkenden Aspekt der Wesenheit, jenen Zipfel von ihr, der in unseren Dimensionen wahrgenommen wird: ihr dreidimensionales Gesicht. Ein multidimensionales Objekt könnte für uns in unserer Welt nicht vollständig in Erscheinung treten. Gewisse Teile davon wären für uns unsichtbar. Das gleiche gilt für die Wesenheit oder das Ursprungs-Selbst.

In, sagen wir, einer Seth-Trance entledigt sich meine Fokus-Persönlichkeit ganz bewußt ihrer Fokussierung, wird undeutlich in einer Art Beschleunigungsprozeß und nimmt in unterschiedlichem Maß die Merkmale und Eigenschaften eines anderen Aspekts der Wesenheit an, zieht sie in einen Bereich, in dem sie sich durch ihre Auswirkungen auf das physische Medium bemerkbar machen können. Das heißt, diese Eigenschaften zeigen sich an der entfokussierten Persönlichkeit, transponiert auf deren facettenreiche psychische Unterlage, statt auf einen flachen Bildschirm.

Auch der in Erscheinung tretende Aspekt ist bis zu einem gewissen Grad verschwommen. Er mußte sich in seine Bestandteile zerlegen und aus seinem eigenen Feld »am anderen Ende« erheben. Man könnte ihn als den »Geber-Aspekt« bezeichnen und das empfangende, entfokussierte Feld der gewohnten Persönlichkeit als den »Empfänger-Aspekt«. Es existiert hier zumindest eine Entsprechung zwischen diesem Prozeß und jenen »Fallen« der Atomphysiker, durch die die Valenzelektronen eines Elements gefangen oder in eine instabile Situation gebracht werden.

Die entfokussierte Persönlichkeit schafft eine ganz ähnliche Situation, eine Art Nest oder psychische Falle, die dann andere, der Persönlichkeit nicht zugehörige elektromagnetische Wertigkeiten anzieht. Indem sie sich entfokussiert, stört die Persönlichkeit ihr eigenes Aktivitätsfeld und bringt es derart ins Ungleichgewicht, daß aktuell andere Wertigkeiten nötig werden können; da sie sich selbst bestimmter Wertigkeiten absichtlich entledigt, zieht das Feld andere an.

Doch ähnlich wie die Elektronenfalle akzeptiert auch das Persönlichkeitsfeld nur ganz bestimmte Wertigkeiten. Physiker versuchen solche Fallen mit verschiedenen Arten von Valenzen zu »speisen« und wissen nicht, warum die einen akzeptiert werden und die anderen nicht.

Ich sagte, daß die Persönlichkeit, nachdem sie sich verlagert oder entfokussiert hat, andere Aspekte ihrer Wesenheit anzieht (die Wesenheit oder das Ursprungs-Selbst und seine Aspekte gehören alle demselben multidimensionalen Feld an), aber das impliziert nicht, daß die »nächstliegenden« Aspekte eingefangen werden. Möglicherweise entscheiden verborgene elektromagnetische wie auch psychische Wertigkeiten darüber, welche Aspekte am besten in das verlagerte Feld passen.

Der andersdimensionierte Aspekt muß bei der Empfänger-Persönlichkeit in überlagernder Form erscheinen, die ihrerseits so weit entfokussiert oder aus ihrer Mitte getreten sein muß, daß ein Nebeneinander möglich wird.

Da alles, was eine dreidimensionale Realität übersteigt, größer ist als das gewöhnliche Leben, können wir davon stets nur eine Spur oder ein Symbol wahrnehmen – was immer es auch ist, und so mächtig es uns auch erscheinen mag.

Werden solche Spuren als Persönlichkeitsmerkmale wahrgenommen und sind sie dem verlagerten Feld der Fokus-Persönlichkeit überlagert, dann formen sie etwas, das man als »Aspekt-Abdrücke« bezeichnen kann: in die Psyche eingeschriebene Botschaften, ähnlich wie der Wind Botschaften in den Sand zeichnet.

Die Schriftzüge des Windes im Sand sind sehr aussagekräftig, mögen auch die Schlangenlinien, Furchen und kleinen Kämme an sich bedeutungslos erscheinen. Eine Person, die solche Formungen zu entziffern vermag, kann aus ihrer Anordnung beispielsweise die Richtung, die Herkunft und die Geschwindigkeit des Windes ersehen. Lagert der Wind fremde Sandkörner auf dem Boden ab, kann uns deren Untersuchung auch etwas über die Natur des Landes, aus dem der Wind kam, vermitteln.

Was die Psyche angeht, so können die fremden Persönlichkeitsmerkmale, die in einigen Trancen zum Vorschein kommen, mit Sandkörnern verglichen werden, die von einem Ort zum andern getragen werden, oder mit multidimensionalen psychischen Materialisationen, die als fremde, die gewohnte Persönlichkeit überlagernde Spuren in Erscheinung treten. Diese Aspekt-Abdrücke zusammengenommen formen die Trance-Persönlichkeit, die in diesem Kontext als »Personagramm« bezeichnet werden kann.

So wie sich ein Telegramm aus Symbolen, Worte genannt, zusammensetzt, so findet das Personagramm aus Aspekt-Abdrücken seine Gestalt; sie verbinden sich zu einer Botschaft. Nur ist diese Botschaft mit psychisch belebten Symbolen einer psychischen Struktur »aufgeschrieben«. Ein Telegramm ist an sich inaktiv; es enthält zwar eine Information, kann sich aber nicht selbst eine Botschaft senden oder interpretieren. Ein Personagramm kann das.

Um das Ganze noch einmal zu verdeutlichen: Das Erscheinen des Personagramms (oder der Trance-Persönlichkeit) ist die Botschaft, und die Persönlichkeitsmerkmale sind die Aspekt-Abdrücke (den Worten in einem Telegramm oder den Furchen im Sand vergleichbar). Nur sind *diese* Aspekt-Abdrücke von einer Psyche aufgeladen, bilden ein lebendiges Persönlichkeitsprofil (statt, sagen wir, eine flache in den Sand gezeichnete Skizze von einem Gesicht) und sind mit unserer Form von Ausdruck, oder etwas, das dem nahekommt, ausgestattet. Das Personagramm repräsentiert bestimmte auf oder in das verlagerte Feld der empfangenden Persönlichkeit transponierte Aspekte der Wesenheit, die insgesamt zu umfassend sind, um in unseren gewohnten Bezugsrahmen zu passen.

Diese psychisch aufgeladenen Aspekt-Abdrücke bilden die Trance-Persönlichkeit. Je effektiver unsere normale Fokus-Persönlichkeit ihr Feld zum Verschwimmen bringen kann, desto klarer wird unsere Wahrnehmung vom Personagramm sein.

Das Personagramm ist also eine elektromagnetische und psychische Struktur, die unter bestimmten Umständen in Erscheinung treten kann. Es ist eine Überbrückungs-Persönlichkeit, ein einzigartiges psychisches Wesen, dazu ausgerüstet, zwischen verschiedenen Realitätssystemen zu operieren, doch seine Quelle kann weit außerhalb des dreidimensionalen Systems angesiedelt sein. Es *ist* eine psychische Materialisation, hängt aber in seinem physischen Ausdruck von der Empfänger-Persönlichkeit ab, mit der es sich bis zu einem gewissen Grad vermischt.

Wenn sich unsere gewohnte Persönlichkeit entfokussiert und ihr eignes Feld stört, ihre eigenen elektromagnetischen Wertigkeiten reduziert, dann entfernt sie auch ihre eigene Ladung, ihr »Kennzeichen«, aus einem Bereich ihres Identitätsfeldes. Dieser Teil kann dann von fremden Ladungen, den Aspekt-Abdrücken, geprägt werden.

Unseren Begriffen nach erwacht das Personagramm »zu Leben« – oder tritt in unsere Lebensform ein –, wenn es sich mit unserer Art von Lebensstruktur vermischt, unserem psychischen Feld eingeprägt wird. Ansonsten bleibt es latent. Das Personagramm tritt unter den Vorgaben der Empfänger-Persönlichkeit in Erscheinung und ist als äußerst individualisierte und komplexe Botschaft zu »lesen« oder zu erfahren.

Beispielsweise wäre Seth in diesem Fall ein durch Jane strukturierter Seth; nicht unbedingt Janes Version von Seth, aber die Jane-Version von Seth. Ein solches Personagramm verfügt über ein größeres Wissen als wir oder zumindest über ein Wissen von einer anderen Art von Realität als der, mit der wir vertraut sind, muß aber der Struktur des Empfängers in gewisser Weise angepaßt werden.

Das Personagramm stellt also eine multidimensionale Personifikation eines anderen Aspekts der Wesenheit oder des Ursprungs-Selbst dar und findet durch ein Medium Ausdruck. (Ich spreche hier nicht von einer Kommunikation zwischen Lebenden und Toten im herkömmlichen Sinn, sondern von Trance-Persönlichkeiten wie Seth.) Damit meine ich nicht, daß die uns gewohnte Persönlichkeit einfach medial empfangene Informationen ausagiert, sie personifiziert, ähnlich wie ein Schauspieler. Vielmehr läßt die empfangende Persönlichkeit dadurch, daß sie ihren Platz räumt oder sich verlagert, zu, daß diese anderen Kräfte sich ihrer Psyche bedienen, ihre Aspekt-Abdrücke oder Persönlichkeitsmuster, aus denen sich das Personagramm zusammensetzt, bilden und dann das psychische Feld überlagern, wo sie wahrgenommen und erfahren werden können.

Diese Kräfte oder geladenen »Partikel« schließen sich zusammen, wenn sie in das Empfängerfeld fallen. Ich meine zudem, daß diese Aspekt-Abdrücke nur dann außerhalb ihres eigenen Systems in Erscheinung treten, wenn sie durch Glaube oder Intention von einem Empfänger angezogen werden: Psychische und emotionale Absicht stellen über elektromagnetische Bahnen den Kontakt her, Bahnen, die existieren, ob wir uns nun ihrer bedienen oder nicht.

Diese Systeme sind grundsätzlich offen und miteinander vernetzt; alle Aspekte einer Wesenheit oder eines Ursprungs-Selbst sind Teil eines übergreifenden Identitätsfelds. Die gegenwärtige Persönlichkeit nimmt aus den anderen Realitäten nur jene Informationen auf, die sie handhaben möchte, da sie primär in ihrer Realität fokussiert sein muß. Dieses (unser) System ist hauptsächlich mit der Transformation von Energie zu physischer Form befaßt, und zwar gemäß seiner durch Ideen und Überzeugungen geprägten Absichten.

Da die Wesenheit oder das Ursprungs-Selbst viele Aspekte kennt, kann jegliches Personagramm auch lediglich als ein größerer Aspekt-Abdruck eines noch umfassenderen Personagramms betrachtet werden. (Wie schon gesagt, stellen die Aspekt-Abdrücke Spuren eines anderen Aspekts der Wesenheit dar.) Ein Personagramm wie Seth repräsentiert also nur ein Gesicht der Wesenheit; einen multidimensionalen Aspekt von vielen; ein Charakteristikum der Natur einer Wesenheit, die wir nur schwer begreifen können.

Es bräuchte somit viele Personagramme, um die Facetten der Wesenheit aufzuzeigen oder eine Blaupause ihrer Eigenschaften, Merkmale, Intentionen und Ziele zu erstellen. Eine solche Blaupause würde theoretisch eine multidimensionale psychische und mediale Landkarte oder Grafik von anderen Realitäten liefern, in denen die Wesenheit oder das Ursprungs-Selbst ebenfalls existiert.

Seth, Seth Zwei, Überseele Sieben, Sumari und Helper stellen in meinem Fall erste Schritte zum Aufbau eines solchen lebendigen Abbilds dar. Doch auch hier sind bestimmte Beschränkungen eingebaut, da jedes dieser Personagramme durch meine Psyche gefiltert werden muß, die natürlich selbst auch Aspekt derselben Wesenheit ist – nämlich jener Aspekt, der in unserer Welt lebendig ist.

Wenn ich davon spreche, daß ich »beiseite trete«, so heißt das nicht, daß meine Persönlichkeit in der Seth-Trance beiseite geschoben wird; sie nimmt freiwillig eine andere Position ein – *ich* nehme freiwillig eine andere psychische Position ein, weil *ich* lernen will. Mein üblicher Gewahrseinsfokus wird periphär, während andere psychische und mediale Anpassungen vollzogen werden.

Meiner Ansicht nach sind in diesen Vorgang innerste Dynamiken des Seins einbezogen. Später werde ich über die Unabhängigkeit, den Ursprung und die Natur dieser Aspekte sprechen – und zwar unabhängig davon, wie wir sie wahrnehmen. Für den Moment genügt es, wenn ich sage, daß ich sie für mobil und sich ewig wandelnd halte, und daß sie zu unserer Identität und Einzigartigkeit beitragen, indem sie uns einen lebendigen Vorratsspeicher an Eigenschaften und Fähigkeiten zur Verfügung stellen, aus dem jeder von uns schöpfen kann.

Ich persönlich lerne diese Aspekte bis zu einem gewissen Grad zu isolieren, glaube aber, daß sie auch fest in der Ganzheit unseres Körpers verwurzelt sind und sich ganz natürlich und beständig in der Welt der Sinne ausdrücken. Zumindest ein Abschnitt dieses Buches wird sich mit der normalen Interaktion dieser Aspekte in unserem Leben befassen sowie mit ein paar Methoden, sie uns nutzbar zu machen, um den Horizont unserer Erfahrung und unseres Bewußtseins zu erweitern.

Unsere gegenwärtige Persönlichkeit ist also ein Aspekt eines weitaus größeren Bewußtseins, und unser individuelles Bewußtsein nur ein, wenn auch unverletzlicher Teil davon. Unsere Persönlichkeit setzt sich aus anderen Aspekten zusammen, von denen ein jeder in einer anderen Realität dominiert. Ich glaube, daß diese Aspekte die physischen und nichtphysischen Teile unseres Wesens miteinander verbinden: Seele und Körper; bekannte und unbekannte Elemente unserer Erfahrungen, unseres Er-lebens.

11
Fundamentale Kern-Aspekte

Fundamentale Kern-Aspekte sind mächtige Kraftzentren, Kernstücke der Persönlichkeit, die, relativ gesehen, mehr Ursprungs-Energie in leicht zugänglicher Form in sich bergen. Gewöhnlich sind sie psychisch unsichtbar, stellen aber eine der größten Stärken der Fokus-Persönlichkeit dar, verfügen über starke Organisationsfähigkeiten und agieren als stabilisierender Faktor. Solche fundamentalen Kern-Aspekte stehen für die größten Konzentrationen an Ursprungs-Energie, dienen funktional als Zentren der Fokus-Persönlichkeit und können sich multidimensionale Fähigkeiten zunutze machen, da sie selbst sich nicht in einem körperlichen Leben fokussieren müssen. Sie können auch den Energiefluß beschleunigen.

Aber da sie fundamentale Kern-Aspekte sind, repräsentieren sie innerhalb der Psyche lebendige Aspekt-Selbsts, die in anderen Realitätssystemen operieren, während sie hier in einem Zustand der Auflösung oder Schwebe gehalten werden. In ihren eigenen Systemen sind sie die dominierenden Fokus-Persönlichkeiten, während unsere Charakteristika wiederum dort »latent« bleiben.

Ich glaube, daß das Ursprungs-Selbst eine Vielzahl an Verwirklichungsfeldern oder -systemen erschafft, die simultan existieren und sich in alle wahrscheinlichen Richtungen ergießen oder erstrekken; daß die fundamentalen Kern-Aspekte innerhalb der Psyche somit Reflexionen von Aspekt-Selbsts sind, welche umfassender dimensioniert sind als wir.

Werden sie aktiviert – wie Seth –, müssen sie über die mediale Struktur der Fokus-Persönlichkeit kommunizieren. Sie müssen in

Übereinstimmung mit unseren Vorstellungen von Persönlichkeit in Erscheinung treten, auch wenn ihre eigene Realität ganz anders beschaffen sein mag.

Ich denke, dies habe ich in bezug auf Seth immer gespürt. Nicht daß ich Seths Persönlichkeit mißtraut hätte, aber ich hatte das Gefühl, daß es sich hier um eine Personifikation von etwas ganz anderem handelte – und dieses »ganz andere« war keine Person in unserem Sinn. Es war, so fühlte ich, ein Bewußtsein, das sich von dem meinen unterschied. Aber Seth als Geistführer zu bezeichnen, was gewöhnlich eine nichtphysische Person meint, schien mir ganz einfach unpassend.

Doch irgendwie spürte ich, daß er noch mehr als ein anderes Bewußtsein war oder für mehr stand, daß seine psychische Realität in einer Weise Welten überspannte, die mir unverständlich war. Ich fühlte eine Multidimensionalität von Persönlichkeit, die ich nicht zu definieren vermochte.

Seth als fundamentaler Kern-Aspekt

In dieser Eigenschaft repräsentiert Seth ein multidimensionales Bewußtsein, das durch meine Erfahrung reflektiert wird, einen wesentlichen Teil meiner Psyche, aber auch eine klar umrissene Personifikation eines Multiwelt- oder Multirealitäts-Bewußtseins, das möglicherweise unsere gegenwärtigen Vorstellungen von Persönlichkeit sehr wohl übersteigen könnte.

Durch die Erfahrungen der Fokus-Persönlichkeit nehmen diese fundamentalen Kern-Aspekte die physische Realität wahr. Seth zum Beispiel ist in der Lage, unsere Realität von einem relativ freien Standpunkt aus zu kommentieren, und kann sich seines umfassenderen Wissens bedienen, um sie uns zu erklären.

Der fundamentale Kern-Aspekt kann in unserem System nicht verwirklicht werden, da seine größere Realität nicht hineinpaßt; er ist auf einer *anderen Ebene* dominant. Aber er ist lebendig, strukturiert nach unseren Vorstellungen von Weisheit, Superexistenz und so weiter, und »erdisiert« in einer Personifikation, die für uns einen gewissen Sinn ergibt. Hinter oder in dieser Personifikation existiert ein Wesen oder ein Bewußtsein, das sich so darstellt: Einerseits existiert es unabhängig, in seinem eigenen System, andererseits ist es ein fundamentaler Kern-Aspekt der gegenwärtig existierenden Psyche; es ist sowohl im Schwebezustand innerhalb der Fokus-Persönlichkeit befindlich als auch eine Personifikation seiner eigenen größeren Realität.

Die Fokus-Persönlichkeit ist wie ein lebendiger Rahmen für die Psyche, über den sie zugleich hinausgeht. Energetisch gesehen, definieren die entferntesten »Ränder« des Rahmens die Grenzen des Partikels und bilden die Perspektive, durch die wir die dreidimensionale Realität erfahren.

Die Fokus-Persönlichkeit ist nicht statisch, sondern verändert ständig das Beziehungsgeflecht ihrer Komponenten, wobei sich verschiedene Aspekte mischen oder auftauchen, um den physischen Umständen gerecht zu werden. Die mannigfaltigen psychischen und medialen Komponenten sorgen für eine grundlegende Unvoraussagbarkeit – das Gegenteil von Vorherbestimmtheit, sei es durch Erbe oder Umwelt.

Die fundamentalen Kern-Aspekte können als Lehrer fungieren, personifiziert oder nicht, die in der Psyche als innere Stimme auftauchen und die Fokus-Persönlichkeit in Streßzeiten zusätzlich stärken und vitalisieren.

Was aber geschieht, wenn einer der fundamentalen Kern-Aspekte aus seiner psychischen Unsichtbarkeit heraustritt, sich an unser gewohntes Selbst wendet? Die Antwort hängt von den Überzeugungen der Fokus-Persönlichkeit ab. Manchmal kommt nur eine Karikatur seiner selbst durch, wie ich später noch erklären werde.

Verändert der fundamentale Kern-Aspekt, wenn er einfach »gelassen« wird, seine Eigenschaften? Jeder Fall liegt anders, aber wenn es sich um eine weitestgehend vollständige und lebendige Personifikation handelt, dann zeigt sie Flexibilität und Beweglichkeit und ist eher aufnehmend oder empfangend als starr. Wahrscheinlich würden aber, wie bei Seth, die stabilen Eigenschaften, die die Grundlage der Personifikation bilden, unverändert bleiben.

Ein solcher Aspekt könnte allerdings auf die Realität von anderen »höheren« Aspekten verweisen, die nicht in das ursprüngliche, von den Idealisierungen der Fokus-Persönlichkeit bestimmte Muster passen. In der Tat kann dieser erste grundlegende Aspekt wiederum als Brücke zu anderen, »ferneren« Aspekten und zugleich als Empfangsstation wirken. In diesem Fall übernähme er die Funktion einer um einiges von der dreidimensionalen Heimatstation der Fokus-Persönlichkeit entfernten psychischen oder medialen Basis. Seth Zwei wäre dafür ein Beispiel. Man könnte sagen, daß die Fokus-Persönlichkeit ihre eigenen Komponenten aktiviert, die Aspekte in ihrer eigenen Psyche erspürt, sie isoliert und durch eine Personifikation zum Leben bringt. Dies schafft eine Grundlage des Verstehens und der Information, derer sich die Fokus-Persönlichkeit dann bedienen kann, um über ihre eigene atmosphärische Situation oder Gegebenheit hinauszusehen – hinaus über die auferlegte Zeit-Raum-Orientierung des körperlichen Lebens.

Basis-Aspekte als Empfangsstationen

Ist eine solche »Basis« etabliert und, wie bei Seth, mit »lebensgleichen« Eigenschaften und Merkmalen ausgestattet, dann können von da aus weitere Basen zu einem ferneren Punkt entsandt werden. In jedem solcher Fälle schickt die Fokus-Persönlichkeit mediale, von ihrer physischen Beschränkung zunehmend unabhängige Konstrukte aus. Diese agieren dann ihrerseits als Empfangsstationen, bekommen weitere Informationen über andere dimensionale Existenzformen herein und liefern zudem – was im allgemeinen übersehen wird – unschätzbares Wissen über die Struktur und die Dimensionen der menschlichen Psyche an sich.

Jeder dieser »Basis-Aspekte« personifiziert sich gemäß den Ideen und Vorstellungen der Fokus-Persönlichkeit und in Übereinstimmung mit der kontaktierten Dimensionsebene. Die Art oder Form der Personifikation sagt also sowohl etwas über die jeweilige spezifische Ebene der Psyche aus als auch über das anders dimensionierte Aktivitätsfeld, in dem der Aspekt operiert.

Da ich zum gegenwärtigen Zeitpunkt glaube, daß diese primären Aspekte ihre eigene Realität außerhalb von uns haben, während sie zugleich in unseren Dimensionen als Komponenten der Psyche agieren, sollten, so hoffe ich, ihre Personifikationen zumindest einige Ähnlichkeit mit dieser ihnen eigenen spezifischen Existenz aufweisen. Es könnte aber sein, daß es mehrerer Personifikationen bedarf, um die Eigenschaften und Merkmale der speziellen Existenzform einer solchen Multi-Persönlichkeit zu erfassen. Zum Beispiel wäre es sehr wohl möglich, daß Seth wie Seth Zwei Teile *eines* primären Aspekts sind, auf den hier nur in Form von verschiedenen Konstrukten verwiesen werden kann.

In anderen Fällen mögen nur Karikaturen durchkommen, dann nämlich, wenn die Fokus-Persönlichkeit auf ihrer Seite zu sehr schauspielert, ihre natürlichen kreativen Fähigkeiten nicht der inneren Repräsentanz folgen läßt, sondern selbst die Führung übernimmt. Dann ist das Resultat ein zweidimensionaler statt ein multidimensionaler Effekt, eine Groteske, so als unternähme eine Marionette den Versuch, menschlich zu sein; statt einer umfassenderen kommt eine reduzierte Persönlichkeit heraus.

In solchen Fällen wird dem Basis-Aspekt kaum Freiheit eingeräumt, sondern er wird eher wie eine Maske getragen oder angelegt, bleibt ohne Flexibilität und ohne die Möglichkeit, die eigenen Eigenschaften zu entwickeln. Meiner Ansicht nach ist das bei vielen Auftritten von sogenannten Trance-Persönlichkeiten zu beobachten. Die essentiellen medialen Elemente werden in allzu vertraute Gewänder gehüllt – der indianische weise Führer, der Mönch oder die uralte Seele –, was weitergehendere, umfassendere Entwicklungen wirkungsvoll abblockt.

Wenn so etwas geschieht, kann der primäre Aspekt wieder zu seiner psychischen Unsichtbarkeit zurückkehren und wie zuvor als ein Teil der Gesamt-Psyche im Zustand der Auflösung oder Schwebe operieren und indirekt statt direkt leitend wirken. Oder er kann als unreife, unterentwickelte Personifikation beibehalten werden – eine ganz praktische Taktik. Sie wird aber in erster Linie die »höheren« Ideen der Fokus-Persönlichkeit – vielleicht ihre besten – von sich geben, ohne wirklich zu wahrer medialer Weisheit oder Kenntnis vorzustoßen.

Die Interaktion der Aspekte in der Psyche

Wie die Umstände auch immer sein mögen, die Aspekte interagieren. Sie bewohnen denselben psychischen oder medialen Raum (die Psyche), verändern ständig den Fokus oder den Punkt, auf den sich ihre Fähigkeiten konzentrieren – alles Eigenschaften und Merkmale des Ursprungs-Selbst. Diese Aspekte oder »Gesichter« des multidimensionalen Selbst kreisen, symbolisch gesprochen, und tauchen zu verschiedenen Zeiten knapp unterhalb der Schwelle bewußten Gewahrseins auf.

Im Normalfall gleiten die Aspekte gewissermaßen transparent durch die Fokus-Persönlichkeit und färben deren Erfahrung nur ganz wenig mit ihrer spezifischen Sicht. Oft sieht die Fokus-Persönlichkeit »mit den Augen« eines Aspekts, ohne es zu realisieren; sie merkt lediglich, daß die Tage ein wenig anders, auf subtile Weise verändert scheinen. Zu solchen Zeiten haben wir vielleicht das Gefühl, unsere Erfahrungen mit den Augen von jemand anderem zu betrachten, von jemandem, der wie wir ist und doch, uns fast nostalgisch anmutend, anders.

Gelegentlich werden wir uns plötzlich dieses Gefühls von Fremdheit in unserer Wahrnehmung von der Welt bewußt, oder wir merken nach und nach, daß uns die Welt eigentlich schon eine Weile irgendwie anders erscheint, bis uns die »neue« Sichtweise so vertraut wird, daß wir uns nur noch mühsam an die alte erinnern können.

Aber Aspekte interagieren ständig, und die Erfahrungen der Fokus-Persönlichkeit rufen, durch Assoziation und Anziehung, ständig verschiedenste Aspekte auf, um den unterschiedlichen Umständen Rechnung zu tragen. Auf anderen Realitätsebenen wird auf gleiche Weise der physische Aspekt aktiviert.

Die Aspekte umkreisen oder drehen sich um die Wesenheit oder das Ursprungs-Selbst, aus dem sie hervorgehen, und das pure Energie ist und sie ständig nährt. Unendlich kreativ formen sie immer neue Dimensionen der Erfahrung und Erfüllung. Jedes »Gesicht« schaut in seine eigene Dimension, doch alle Gesichter gleiten weiter, so daß das Selbst sich ständig durch sich selbst bewegt.

Jede Fokus-Persönlichkeit trägt also Spuren ihrer eigenen Aspekte in sich und kann bis zu einem gewissen Grad Einsicht in ihre eigene multidimensionale Existenz nehmen. Von daher kann jede Person ihre Eigenschaften und Fähigkeiten bis zu deren Quelle im Innern zurückverfolgen, zumindest theoretisch. Das multidimensionale Selbst ist buchstäblich grenzenlos und birgt in sich viele Aspekt-Fähigkeiten, die vorteilhaft eingesetzt werden können. Manche davon mögen, was die praktische Erfahrung angeht, so schwach sein, daß sie kaum existent scheinen, doch auch sie können bis zu einem gewissen Grad erkannt und kultiviert werden. Einige Aspekte werden der physischen Übersetzung zugänglicher sein als andere. Sie müssen über die Struktur der individuellen Psyche wahrgenommen werden, die sie bis zu einem gewissen Grad verbiegt und verzerrt und über die ihr eigene Natur reflektiert.

Die Spiegelung eines Baums in einem Fluß beispielsweise folgt der Natur des Mediums – des Flusses – und nicht der Natur des Baums, und ebenso werden die Aspekte den Konturen der individuellen Psyche folgen und nicht ihren eigenen. Der Baum wächst nicht von oben nach unten, obwohl das in seiner Wasserspiegelung so aussieht. Wir verstehen die Gesetze, denen die Spiegelung eines Baums im Wasser eines Flusses unterliegt. Spiegelt sich aber ein Aspekt im komplexen Medium der menschlichen Psyche wider, dann sind wir schnell geneigt, das Erscheinungsbild für die tatsächliche Realität zu halten. Eine Untersuchung der Verzerrungsphänomene kann also hilfreich sein.

Die Aspekte bilden liebende Personifikationen, die uns gewöhnlich nicht bewußt sind. Sie liefern auch das Quellenmaterial, dem unsere eigene Persönlichkeit entspringt; und so wird ganz buchstäblich der Geist zu Fleisch. Ich glaube, daß aus diesen inneren Personifikationen unsere Vorstellungen von Gott, Göttern, Göttinnen und vielleicht auch Dämonen und Teufeln entstanden sind; möglicherweise wurden sie in früheren Zeiten psychisch stärker wahrgenommen als heute.

Wir sind immer noch in Vorstellungen von einer Ein-Persönlichkeit verfangen. Doch diese inneren Personifikationen *sind* wir und sind zugleich nicht wir. Wie ich schon sagte, mögen zum Beispiel in meinem Fall Seth, Seth Zwei, Sieben, Kypros und Helper Personifikationen verschiedener Aspekte meines Ursprungs-Selbst sein; jeder dieser Aspekte ist auf seiner eigenen Realitätsebene unabhängig, während er hier auf andere Weise operiert. Nur wenn wir *alle* Aspekte berücksichtigen, können wir Einblick in das Wesen von Multi-Persönlichkeit als Merkmal des Ursprungs-Selbst gewinnen; und nur in Betrachtung ihrer Beziehung untereinander und zu unserem uns gewohnten Selbst können wir einige Komponenten von Persönlichkeit aufdecken.

Auf unserer Seite bilden die primären Aspekte gewöhnlich psychisch unsichtbare Personifikationen ihrer selbst, die durch unsere Vorstellung von dem, was eine Person ausmacht, gefiltert werden. In ihren eigenen Realitäten sind sie sie selbst, ausgestattet mit einer höher dimensionierten Aktivität und Kenntnis; unabhängig und doch vereint auf eine Weise, die unser gegenwärtiges Begriffsvermögen übersteigt.

Auf unserer Seite reflektieren sich ihre Eigenschaften, wie schon gesagt, in starken grundlegenden Impulsen oder in spurenhaften Fähigkeiten. Ob diese Aspekte nun, wie in meinem Fall, aktiviert oder isoliert sind oder nicht, immer agieren sie auf unbewußter Ebene und in Traumzuständen als Führer oder Lehrer. Stets transparent und ihr zu Diensten, gleiten sie durch die Fokus-Persönlichkeit, stellen ihr eine reiche Quelle an Fähigkeiten und Informationen zur Verfügung.

12
Inspiration, freies Gewahrsein und voreingenommene Wahrnehmung

Dimensionen durchdringen einander in gleitender Bewegung und überlappen sich, doch eine jede besitzt ihre eigene unverletzliche Natur, an der alles Geschehen innerhalb ihres Bereichs teilhat. Einflüsse aus einem »fremden« Bereich nehmen automatisch die Eigenschaften jener Dimension an, mit welcher sie sich überlappen. Werden solchermaßen in die »Landestracht« gekleidete Einflüsse also überhaupt wahrgenommen, dann nur sehr vage.

Fremd dimensionierte Ereignisse bewegen sich auch auf transparente Weise in allen Realitätssystemen, schlagen kleine Wellen unterhalb der Oberfläche. Als Resultat gewisser Konzentrationen, die sich aus Energiefeld-Schnittpunkten ergeben, bilden sich eine klare Differenzierung und ein Fokus und in der Folge die elektromagnetischen Wechselbeziehungen heraus. Diese Bereiche werden zu erfahrener und wahrgenommener Realität von Aktivität und etablieren die Möglichkeiten und Begrenzungen eines jeden solchen Lebensfeldes.

Inspiration ist ein plötzlicher dreidimensionaler Durchbruch von transdimensionaler Information zu bewußter Strukturierung. Das Gefühl von Energie und Überraschung hat mit der Kraft dieses Durchbruchs zu tun, bei dem die Information durch eine Art mentalen Antrieb buchstäblich in den dreidimensionalen Fokus gestoßen wird. Dann versuchen wir das offenbarende Material mit den »Händen« unseres normalen Verstands zu greifen und zur Bildung neuer Muster zu übersetzen, indem wir es durch unsere gegenwärtigen Vorstellungen bearbeiten lassen. Verfügen wir nur über relativ wenige Bilder und innere Symbole, mit denen wir arbeiten können, dann wird die Inspiration einfach darin gefrieren.

Recht wertvolle offenbarende Informationen werden oft zu minderwertigen Manuskripten oder banalen Beschreibungen verarbeitet, weil die betreffende Person sie zu starr handhabt. Während jeder von uns ab und zu eine Inspiration hat, verfügen Künstler jeden Bereichs über ganz bestimmte Methoden, offenbarendem Material Form und Struktur zu geben.

Die höchsten Inspirationsebenen implizieren transdimensionale Kreativität und Kommunikation zwischen der bekannten Fokus-Persönlichkeit und dem unbekannten Ursprungs-Selbst. Dies beinhaltet stets zwei Schritte, allerdings in vielen Variationen: den initialen Kontakt mit der anders dimensionierten Information und die starke Selektivität auf »unserer Seite«, auf der jener Person zugänglichen Bilder und Gedankenmuster durchgegangen und die geeigneten ausgewählt werden, um das Ereignis oder das Konzept zur Dreidimensionalität zu bringen. Dieser Auswahlprozeß verläuft meist unbewußt. Doch arbeitet die kreative Persönlichkeit konstant mit bewußtem und unbewußtem Material, mischt und vergleicht und setzt es auf neue Weise zusammen. Geschieht das nicht, erfahren diese Bild- und Gedankenmuster eine Beschränkung und werden zur Zwangsjacke für Offenbarung und Inspiration, statt ihnen eine fließende Form zur Verfügung zu stellen.

Analogie vom glatten Blatt weißen Papiers

Zeichnen Sie ein Quadrat auf ein weißes Blatt Papier. Der Raum innerhalb des Quadrats ist nach wie vor weiß, scheint sich aber nun aufgrund der Linien vom Rest der weißen Seite stark zu unterscheiden. Ist das Muster einmal hergestellt, bekommt es Bedeutung und wird zum Fokus für das Bewußtsein; es führt zu der Tendenz, diesen Bereich der Seite als Quadrathaftigkeit zu übersetzen. Der Rest des Blattes wird Hintergrund, aus dem das Quadrat hervortritt; er wird nur in seiner Beziehung zum Quadratmuster wahrgenommen und ansonsten weitgehend ignoriert.

Sein Weiß ist natürlich Bestandteil des Weiß der gesamten Fläche und unterscheidet sich nicht wirklich vom Weiß innerhalb des Quadratmusters.

Die Hand, die das Quadrat zeichnete, kam von außerhalb seiner Oberfläche, und ihr waren die Mechanismen, derer sie sich zur Ausführung dieser Zeichnung bediente, nicht bewußt. Der Verstand, der die Anleitungen zur Zeichnung des Quadrats gab, ist sich der involvierten inneren Mechanismen ebenfalls nicht bewußt. Hand und Augen, physisch fokussiert, sehen das Resultat, aber nicht die unsichtbare Arbeit hinter dem Zeichnen.

Wie die Hand von außerhalb der Dimensionen des Papiers kam, um das Quadrat zu zeichnen, so kam auch das Selbst, zu dem die Hand gehört, aus einer anderen Ebene ins dreidimensionale Leben, wurde auf gleiche Weise ein »Partikel« oder eine Fokus-Persönlichkeit im dreidimensionalen Feld, wie das Quadrat auf dem Papier Erscheinung wurde.

Das Quadrat kann das Papier nicht verlassen und hat *nach unseren Begriffen* keine Kenntnis von seiner Existenz. Die Atome und Moleküle, aus denen sich das Blatt zusammensetzt, sind sich zwar ihrer selbst gewahr, nicht aber des quadratischen Musters. Sie mögen die Veränderungen und die von der Tinte oder dem Bleistift herrührenden Eindrücke »spüren«, nicht aber deren Bedeutung wahrnehmen.

Doch der Charakter des Papiers wurde geprägt; es unterscheidet sich nun von einem Blatt Papier, das kein Muster aufweist. Das Papier selbst verfügt über Fähigkeiten und hat seine Beschränkungen. Die Möglichkeiten, es zu »prägen«, sind begrenzt. Es existiert, und das in einem höher dimensionierten Kontext, als seine eigene Dimension. Es kann verbrannt werden, kann aber nicht beschließen, sich selbst zu verbrennen. Man kann darauf schreiben, es kann aber nicht selbst auf sich schreiben, noch kann es sich dagegen wehren, daß wir darauf schreiben. Es kann in unserem Sinn die einfachsten Worte nicht verstehen oder gar lesen, und doch kann ihm eine großartige Abhandlung aufgedruckt werden, damit andere sie lesen.

Gleichzeitig kann die Bedeutung der Buchstaben auf dem Papier unsere eigene dreidimensionale Erfahrung verändern und uns sogar helfen, unser Bewußtsein darüber zu erheben. Das Papier aber *erfährt den Auf- oder Eindruck nicht als ein Eindringen* aus einer anderen Dimension, sondern als natürliches Ereignis, das für seine eigene Realität charakteristisch ist. Und doch stellt dieses »natürliche« Ereignis auch ein Eindringen aus dem Aktivitätsfeld des Schreibers in das des Papiers dar.

Das gleiche spielt sich ständig in unserer Dimension ab, wenn Ereignisse in das lebendige Pergament des Raums geschrieben werden. Hier werden die »Quadrate«, Muster und Kringel – die Partikel – lebendig, sind ausgestattet mit einem Selbst-Bewußtsein, das sich nach seiner Herkunft fragen und über die höher dimensionierte Realität, aus der es kam, rätseln kann.

Ein sehr einfaches Beispiel, auf anderer Ebene, hat mit dem Schreiben dieser Analogiepassage zu tun. Als ich sie begann, schrieb ich »blind«. Das heißt, auf normal bewußter Ebene wußte ich nicht, woher die Worte kamen oder was diese Analogie bedeutete. Erst als die Sache auf den Punkt gebracht war, verstand auch *ich,* worum es ging! Ich ging selbstverständlich davon aus, daß das, was ich da schrieb, einen Sinn ergab, und daß ich mit der Zeit den Gedankengang und seine Entfaltung erfassen würde. Ähnlich ist es, wenn wir beim Sprechen nicht immer wissen, wie wir sagen werden, was wir sagen wollen, wie wir die Worte setzen, aber dennoch fortfahren im Vertrauen, daß unsere Rede einen Sinn ergibt. Im Fall der hier angesprochenen Passage aber nahm »ich« von meinem Standpunkt aus selbstverständlich an, daß der erste Satz (der von außerhalb meines normalen Bewußtseins kam) seine Botschaft klar enthüllen würde. Nun kommentiere ich die Analogie, die mir von jener anderen Ebene übermittelt wurde. War diese Analogie im kleinen Umfang ein »Eindringen«? Ein »natürliches Eindringen«?

Ich denke, wir verfügen über eine Art »voreingenommener Wahrnehmung«, und jede in welchem Maße auch immer von dieser Voreingenommenheit freie Information scheint uns ein intrusives Ereignis. Während ich die Analogie vom Blatt Papier schrieb, in der es um die Strukturierung von Wahrnehmung geht, wurde mein eigenes Bewußtsein etwas weniger voreingenommen. Es war imstande, sich mit einem Selbst jenseits des Selbst, mit dem wir normalerweise umgehen, zu identifizieren und sich so weit außerhalb dieses Selbsts zu begeben, wie, sagen wir, sich meine Hand von der Dimension des Papiers, auf das sie schrieb, entfernte.

Ich mag den Begriff »freies Gewahrsein« zur Beschreibung jener Art von Wahrnehmungsfähigkeit, über die wir, neben der dreidimensionalen Orientierung an den üblichen Sinnesdaten, potentiell verfügen.

Freies Gewahrsein oder Vor-Wahrnehmung

Freies Gewahrsein oder, von unserem Standpunkt aus, »Vor-Wahrnehmung« ist die Basis für unsere physisch fokussierten Sinneswahrnehmungen. Vor-Wahrnehmung ist undifferenziert; sie ist eine Fähigkeit oder ein Potential zur Organisierung von Wahrnehmung nach bestimmten Richtlinien. Unsere normale Wahrnehmungsfähigkeit macht die Erde für uns lebendig, indem sie unser grundlegendes Gewahrsein strukturiert, es durch die verschiedenen Sinne filtert und wahlweise Daten ausblendet, die sonst ebenfalls für uns »lebendig werden« würden.

Was wir unter Wahrnehmung verstehen, hängt von einer außerordentlich gut organisierten Nicht-Wahrnehmung ab, wodurch bedeutsame Informationen erhellt, scharf umrissen und fokussiert werden können. Das heißt, um diese Klarheit zu erreichen, können wir das uns ansonsten zugängliche Gewahrseinsfeld einschränken.

Ohne solche voreingenommene Wahrnehmung wäre das dreidimensionale Leben, wie wir es kennen, unmöglich. Die Sinne leiten und fokussieren also unser freies Gewahrsein, indem sie ebenso viele Informationen abblocken, wie sie hereinlassen. Freies Gewahrsein ist ein im Schwebezustand befindliches potentielles Feld, das Rohmaterial, aus dem alle spezifischen Sinneseindrücke kommen; Sinneserfahrung ist die Form, welche freies Gewahrsein im physischen Leben annimmt. Meiner Ansicht nach sind aber die biologischen Mechanismen selbst sehr viel weniger voreingenommen in ihrer Nutzung des freien Gewahrseins, das ja das Sprungbrett bildet für die Strukturierungstendenzen der Atome und Moleküle, aus denen sich unsere Zellen zusammmensetzen.

Grundsätzlich kann jedes Atom oder Molekül in jedem Teil des Körpers am Aufbau von Zellen beteiligt sein. Das Zellgewebe meines Ellbogens hätte also genausogut auch Teil des Ohres werden und sich als Sinnesorgan entwickeln können. In gewisser Hinsicht ist der Körper ein lebendiges, fühlendes Wesen, das sich physisch aus demselben Urmaterial zusammensetzt wie die Phänomene, die es wahrnimmt. Auf physischer Ebene ist der Körper gewiß ein wesentlicher Bestandteil der Welt, die er bewohnt.

Dieses sensitive Wesen-in-der-Weltlichkeit hängt von einem äußerst feinen, aber beständigen Sinnes-Fokus ab, und dieser stützt sich fest und biologisch verwurzelt auf das unvoreingenommene, freie Gewahrsein, aus welchem wiederum spezifische Wahrnehmungen hervorgehen. Unsere normale Wahrnehmung ist also ein Kopplungsgeschäft, vorstrukturiert und organisiert aus dem sehr viel größeren, zugänglichen Bereich wahrscheinlicher Wahrnehmung.

Wenn wir noch einmal an die Analogie vom weißen Blatt Papier denken, so wäre das physische Leben das Quadrat auf dem Papier. Den Hintergrund ignorieren wir.

Ich glaube, daß unsere biologischen Mechanismen über eingebaute Potentiale verfügen, die wir noch nicht erkannt haben, und daß freies Gewahrsein zumindest ganz bewußt initiiert werden kann. Ein solches Initiieren würde dann innere Mechanismen in Gang setzen, die es uns ermöglichen, Informationen aus undifferenzierten Bereichen (gegen die wir gewöhnlich voreingenommen sind) bewußt aufzugreifen und sie in brauchbare Begriffe zu übersetzen.

Wahrnehmung und Ereignisse. Individuelle und kollektive menschliche Lebensfelder oder »Jetzts«

Ereignisse scheinen unverletzlich, gegeben und definitiv. Im Grunde handelt es sich hier natürlich um unsere voreingenommene Interpretation von Geschehen sowie um Resultate einer ganz bestimmten spezialisierten Wahrnehmung von Realität. Wenn unsere

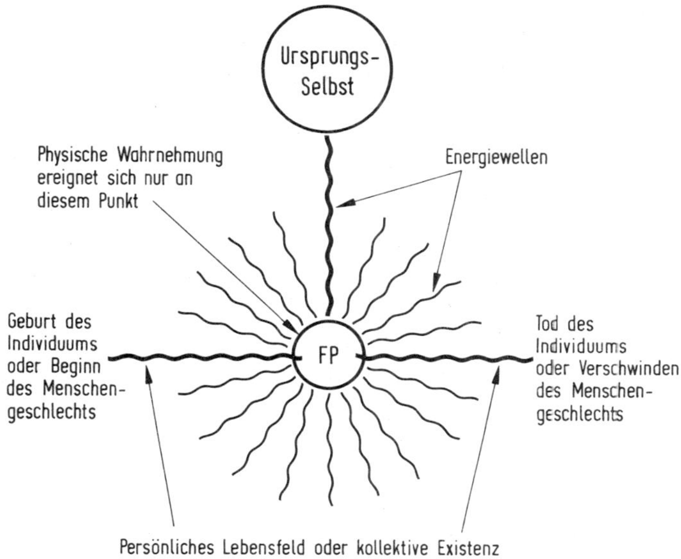

Graphik 2. Individuelles oder kollektives Lebensfeld
Die Schnittstelle von Ursprungs-Selbst und dreidimensionalem Feld bildet die Partikel-(Fokus-)Persönlichkeit in individueller oder die menschengeschlechtliche Fokus-Persönlichkeit in kollektiver Hinsicht sowie ein Lebensfeld erfahrener Zeit. Dieses Feld ist von einem Energiefeld nicht wahrgenommener Ereignisse umgeben.

Sinne die Informationen filtern, blenden sie Dimensionen aus, in denen ebenfalls anerkannte Ereignisse ablaufen. Wenn Zeit nicht *grundsätzlich* konsekutiv ist, dann sind Ereignisse es auch nicht. Unser freies Gewahrsein wäre demnach imstande, Ereignisse sowohl vor als auch nach ihrem Eintritt in die physische Ebene wahrzunehmen. Es würde auch auf zellularen Ebenen operieren, auf denen der Körper schon »vor der Zeit« darauf vorbereitet wird, angesichts zahlloser zu ihrer und in die Zeit eintretender Begegnungen sein Gleichgewicht zu bewahren. Auf diese Weise trüge das freie Gewahrsein dazu bei, das Überleben zu sichern.

Wie die einzelne Person, aus einem multidimensionalen Ursprungs-Selbst im physischen Leben auftauchend, mit oder in der Zeit zu wachsen scheint, so könnte auch das Menschengeschlecht über ein »kollektives Lebensfeld« oder viele Felder verfügen, nämlich dann, wenn sich die Energie eines kollektiven Ursprungs-Selbst mit unserem System kreuzt und in der Dimension der Zeit ausbreitet, was dann unseren historischen Kontext bilden würde. Das kollektive menschliche Lebensfeld wäre im Vergleich zum individuellen Lebensfeld riesig und würde sich zu beiden Seiten weiter ausdehnen. Wie der einzelne Mensch würde auch das Menschengeschlecht scheinbar zuerst am Punkt der Geburt oder Schöpfung auftauchen und dann absterben oder verschwinden.

In Wirklichkeit aber wäre, wie beim Individuum, der Kreuzungspunkt mit dem dreidimensionalen Leben immer die Gegenwart, und die sich hiervon nach beiden Seiten ausbreitenden Wellen würden als Zeit und Erleben erfahren werden. Die Wellen bewegten sich in alle Richtungen, doch das »Partikel« oder die Fokus-Persönlichkeit, die einzelne Person oder der kollektive Mensch würden diese vom Kreuzungspunkt ausgehenden Wellen nur auf der Ebene des Lebensfeldes erfahren. Physische Wahrnehmung ereignet sich nur im Lebensfeld (siehe Grafik 2). Andere Ebenen neben dem Fokus-Bewußtsein mögen noch andere Ereignisse als die, die im Lebensfeld über die Sinne wahrgenommen werden, registrieren, erfahren und darauf reagieren. So könnte zum Beispiel ein bestimmtes Ereignis in unserem Sinn innerhalb des Lebensfeldes zehn Minuten dauern, aber andere Teile unseres Bewußtseins könnten darauf schon vor der Zeit, oder auch rückwirkend, mit »fortschreitender«

Erfahrung im Lebensfeld reagieren. Es könnte sein, daß nur die oberste Spitze eines Ereignisses auf der Ebene des Lebensfeldes auftaucht, wohingegen die molekulare Erfahrung des Körpers zeitlos sein mag; und auch andere »höhere« Ebenen unseres Bewußtseins mögen Ereignisse ständig außerhalb unseres Zeitkontexts erfahren.

13
Ursprungs-Selbst, Fokus-Persönlichkeit. Wahrscheinlichkeiten und Reinkarnation

Das Ursprungs-Selbst ist ein sich selbst ewig gewahrender Bewußtseinsstamm, der individuelle Selbsts oder Fokus-Persönlichkeiten in alle Realitätssysteme aussendet. Jede Fokus-Persönlichkeit ist einzigartig, unabhängig, in ihren spezifisch dimensionierten Bereich »hineingeboren«, wo sie innerhalb dieses Bezugssystems so vollständig wie möglich sie selbst wird und an der Schöpfung und Aufrechterhaltung des Systems teilhat. Dies meint keinen *Abstieg* der Seele, sondern ein Bewußtsein, das sich auf die Erschaffung von erfahrbaren Realitäten eingelassen hat, an denen es dann teilhat.

Doch wir sind wie seelisch-bewußte Bewußtseinssamen, ausgesandt von unserem Ursprungs-Selbst. Statt in Hinterhöfe oder Gärten fallen wir in verschiedene Dimensionen, tragen in uns all die Fähigkeiten unserer Eltern-Selbsts und sind frei, da wir von Natur aus unsere Reise selbst programmieren und unseren dimensionierten Platz auswählen – die Zeit und den Ort unseres Wachstums.

Und wir schicken wiederum andere Samen aus, derer wir uns gewöhnlich nicht bewußt sind: Träume und Gedanken, die sich so leicht von uns lösen wie Blätter von herbstlichen Bäumen. Sie leben in von unserem Leben getrennten Dimensionen, und doch sind sie Aspekte von uns und tragen unsere Potentiale in sich. Vielleicht sind sie künftige Geister oder Schatten unserer selbst, mentale Muster, die sich eines Tages füllen und Gestalt annehmen und auf dieser Erde oder einer anderen wandeln, in Räumen und Zeiten, die die ihren sein werden, nicht die unseren.

Doch das Selbst, das wir jetzt kennen, unsere Fokus-Persönlichkeit, existiert in einem Körper, der nur eine persönliche Zeit lang blüht, zumindest unserer üblichen Erfahrung nach. Und in der Fülle dieser »Jahreszeit« leben wir auf einer Erde, die die unsere ist, verschlossen gegenüber allen anderen Wesen, die vor uns waren oder nach uns sein werden. Eine Weile lang haben wir die Welt für uns selbst. Der anmutige Fokus unserer physischen Sinne schenkt uns diese Privatsphäre und schützt den intimen Raum, den wir in einer Welt von Augenblicken geschaffen haben.

Vielleicht sind es nur unsere Sinne, die uns so einzigartig von anderen Zeiten und Orten abgesondert halten, gemütlich aufgehoben in unserem häuslichen Nest. In freiem Gewahrsein erführen wir vielleicht, wie sich die Dimensionen mischen, verließen unsere einbahnigen Zeitgleise, sähen unsere anderen Aspekte in allen Stadien unseres und ihres Werdens.

Vielleicht erlebten wir die Jahrtausende der Erde als kosmische, lebendige Tapisserie, in der jedes uns bekannte Jahr nur unser offizielles Bild unter tausend anderen Versionen derselben Zeit von Januar bis Dezember wäre. Welches Ereignis geschah wann? Wem geschah es? Wer vermag das zu sagen? Erst wenn unser Bewußtsein seiner multidimensionalen Natur begegnet, können wir unsere Erinnerung daran bewahren und angesichts eines solchermaßen ausgedehnten Gewahrseins unsere Erfahrungen in ihrer Gesondertheit erkennen.

Dieselben physischen Sinne, die uns alle Ereignisse *innerhalb* der Zeit erfahren lassen, verleihen ihnen auch den Charakter von Endgültigkeit, der ihre Bedeutung hervorhebt. Darauf basiert unsere ganze Vorstellung von Erinnerung: ein vergangenes Ereignis, das wir uns zurückrufen.

Und, wie wir unsere Erinnerungen genießen, vor allen anderen verborgen! Uns im Alter zum Beispiel an all die endlosen verlorenen Montage und Dienstage erinnern, als wir unsere Kinder (die nun erwachsen sind) ins Bett brachten und zudeckten, oder an all die Gespräche bei tausend Abendessen. Ihre Bedeutung bekommen diese Ereignisse durch die Art und Weise, in der wir sie erlebt haben. Und trotz allen Geredes über unseren Wunsch nach Bewußtseinserweiterung fürchten wir vielleicht, diesen kleinen, doch leuchtenden Fokus zu verlieren, der uns Begebenheiten und Erinnerungen so lieb macht.

Und doch sehnen wir uns nach diesem umfassenderen Gewahrsein, das die zahllosen Alltagsbegebenheiten unserer Jahre klar zu erkennen vermag und in seiner Gesamtschau auch sieht, was wir nicht sehen – das Muster unseres Lebens, die »Gestalt« unseres irdischen inneren Wesens. Bis zu einem gewissen Grad gelingt uns das natürlich, wenn auch nur in der Imagination. Die Mutter sieht vielleicht den künftigen Mann oder die künftige Frau im Kind, das jetzt in seinem Hochstuhl hockt. Die alte Frau sieht vielleicht im Gesicht ihres erwachsenen Sohnes oder ihrer erwachsenen Tochter das Kind, das er oder sie einmal gewesen ist. In umfassenderer Hinsicht existieren sie alle zugleich, jung, alt, eben geboren, sterbend – in einem »Zugleich« oder einer umfassenden Gegenwart, die groß genug ist, unsere Leben in sich zu bergen.

Da Zeit nicht wirklich als eine Aneinanderreihung von Augenblicken existiert, ist das, was wir jetzt sind, im Grunde nicht das Resultat dessen, was wir gewesen sind; und genausowenig ist das, was wir jetzt sind, das Resultat dessen, was wir sein werden; Gegenwart, Vergangenheit und Zukunft existieren in einem Jetzt, welches uns unsere Sinne gezwungenermaßen in Segmenten wahrnehmen lassen. Wir nehmen uns in gewisser Hinsicht selbst aus dem Kontext heraus, erfahren in jedem gegebenen Moment nur Teile von uns; wir lesen jeweils immer nur eine Seite unseres Lebens *in* der Zeit, während wir auf anderer Ebene das ganze Buch auf einmal schreiben und ständig die »bereits« erlebten Seiten überprüfen und verändern.

Ohne es zu wissen, werden wir jetzt von unserem Tod ebenso beeinflußt wie von unserer Geburt.

Die Tatsache des Todes wirft ihr Licht fraglos auf alle Ereignisse unseres Lebens. Wir sind uns zwar dieser *Tatsache-in-Zukunft* bewußt, nicht aber der Details. Wir können nur eine bestimmte Anzahl von Ereignissen auf bewußter Ebene handhaben. Auf einige andere reagieren wir unbewußt.

Hier mögen die verwendeten Begriffe irreführend sein, denn ich glaube, daß das »Unbewußte« bewußt ist. Es repräsentiert den Teil von uns selbst, aus dem die Fokus-Persönlichkeit mit ihrem »Ego« entsteht. Das Ego ist der aus der Fokus-Persönlichkeit hervorgehende direkte psychische Konfrontationspunkt, der mit dem physischen Leben befaßt ist. Da die Fokus-Persönlichkeit in ihrem Zeitsystem nur eine gewisse Menge an Informationen handhaben kann, wählt sie aus dem Feld des Unbewußten nur jene Wahrnehmungen aus, welche sie in Einklang mit ihren Überzeugungen und Vorstellungen von der Natur ihrer eigenen Realität akzeptieren will (siehe Grafik 3).

Auf dieser Ebene ist die Wahrnehmung nicht zeitgebunden. Ereignisse und wahrscheinliche Ereignisse sind in einem Stadium, das wir Vor-Wahrnehmung nennen könnten, gleichermaßen »bekannt«, weil die Daten noch nicht physisch verwirklicht sind. Von all jenen wahrscheinlichen Ereignissen, derer sich unser Unbewußtes gewahr ist, verwirklichen wir in unserem Lebensfeld wahrnehmend nur ganz bestimmte Ereignisse.

Aber sehen wir uns diese wahrscheinlichen Ereignisse näher an.

Der Status wahrscheinlicher Ereignisse

Ich wollte eigentlich mit der scherzhaften Bemerkung beginnen, daß wahrscheinliche Ereignisse nur einen wahrscheinlichen Status – was sonst? – haben können, aber in gewisser Hinsicht sind alle Ereignisse wahrscheinlicher Natur. Wir verwirklichen nur einige davon und nennen sie dann physisch. Meiner Meinung nach sind wir Geschöpfe, die über eine unglaubliche Freiheit und immense Ressourcen verfügen, aus denen wir unsere Erfahrungen gestalten. Wir wählen also aus all den Vor-Wahrnehmungen, derer sich das Unbewußte gewahr ist, physische Ereignisse aus. Und dieses Auswählen hört nie auf. Wir sind nicht in eine Reihe von Geschehnissen eingesperrt. Wir können uns jederzeit aus allen uns zur Verfügung stehenden Wahrscheinlichkeiten eine andere Entwicklungsreihe aussuchen. Ein Akzeptieren dieses Wissens würde viele Leute vom Gefühl der Ohnmacht befreien und sie ihr Leben auf ganz praktische Weise verändern lassen.

Ich glaube, daß wir solche Veränderungen häufig vornehmen, auch wenn wir uns der involvierten Mechanismen oder Gründe nicht bewußt sind. In einem solchen Fall ereignen sich die neuen,

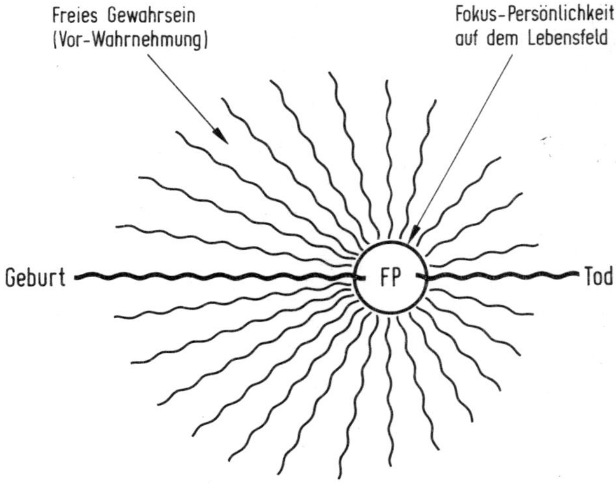

Graphik 3. Das persönliche unbewußte Wahrnehmungsfeld
Im die Fokus-Persönlichkeit umgebenden nicht-physischen Feld ist die Wahrnehmung frei, nicht an Raum und Zeit gebunden. Das Feld besteht aus wahrscheinlichen Ereignissen. Hieraus materialisiert die Fokus-Persönlichkeit im Verlauf ihrer Bewegung im Lebensfeld physische Ereignisse.

die alternierenden wahrscheinlichen Begebenheiten im Lebensfeld, und jene, die sich ansonsten ereignet hätten – die alten Geschehnisse – werden aufgegeben, laufen aber dennoch *außerhalb* des Lebensfeldes ab.

Meiner Meinung nach haben wir es immer dann mit einem solchen Prozeß zu tun, wenn wir mitten im Lauf die Richtung wechseln, plötzlich unsere Lebensumstände verändern oder so anders als sonst erscheinen, daß dies auch anderen auffällt. Derartige Aktionen mögen uns selbst zunächst verwundern und verwirren. Unter Umständen begreifen wir nicht, was wir da oder wie wir es überhaupt gemacht haben. Doch eine sorgfältige Untersuchung der Fakten wird uns zeigen, daß der »neue« Weg schon immer eine erfahrbare Wahrscheinlichkeit war, von uns aber vielleicht nicht als solche betrachtet wurde.

Die Scheidewege in unserem Leben involvieren vielleicht ganz reale, wenn auch unsichtbare Schnittstellen, wo Wahrscheinlichkeiten auf ganz bestimmte Punkte in unserer Zeit und unserem Raum treffen. Vielleicht fungieren sie als Schlupflöcher aus Situationen und Umständen, die wir einmal gewählt hatten, nun aber nicht mehr akzeptieren oder als verbesserungsbedürftig betrachten. Diese Wahrscheinlichkeitspunkte wären demnach unserem Lebensfeld nächst befindliche Energiekonzentrationen, die wir unbewußt gebildet haben. Sie werden durch intensive Wünsche und Überzeugungen geschaffen, die wir zwar gehegt, aber nie als physische Ereignisse gewählt hatten.

Andererseits mögen manche davon einmal auf einer Lebensfeldebene akzeptiert (wenn auch nicht buchstäblich verwirklicht) und dann wie ein Eisenbahnwaggon auf einem Nebengleis abgestellt worden sein. Alle Wünsche, Vorstellungen und Gedanken sind Aktion. Sie setzen sich angrenzend an unser Leben fort und bilden rings um uns herum wahrscheinliche Muster. Uns unbewußt existieren auch sie latent oder inaktiv auf der Ebene des Lebensfeldes.

Ich kann mir die Vielfalt unserer Erfahrungen nur erklären, wenn ich die Existenz von wahrscheinlichen Handlungen und Ereignissen als Quelle physischer Erfahrung anerkenne. Das gleiche gilt für die Erfahrung unserer Spezies im allgemeinen und für historische Ereignisse im Lauf der Jahrtausende.

Die Wahrscheinlichkeitspunkte stellen somit Austauschgelegenheiten zwischen Handlungen auf der wahrscheinlichen Ebene und der Ebene des Lebensfeldes dar. Ich habe zwei einfache Grafiken angefertigt, um zu zeigen, was geschieht, wenn wir unseren »Kurs der Wahrscheinlichkeiten« ändern (siehe Grafiken 4 und 5).

Grafik 4 zeigt eine Fokus-Persönlichkeit in der Mitte ihres Lebensfeldes. Hinter ihr liegt eine Vergangenheit von verwirklichten Ereignissen, die sie aus Wahrscheinlichkeiten ausgewählt hat, und die durch die Auswahl, die die Fokus-Persönlichkeit bislang nach unserem Zeitbegriff getroffen hat, ihre eigene wahrscheinliche Zukunft hervorrufen werden. Die Fokus-Persönlichkeit würde demnach, wenn sie den Kurs beibehielte, der gezeigten Hauptentwicklungslinie des Lebensfeldes folgen.

In Grafik 5 wählt die Fokus-Persönlichkeit hingegen eine alternative Wahrscheinlichkeit und »bringt sie« ins Lebensfeld, verändert das Lebensfeld an diesem Punkt. Die alternative Wahrscheinlichkeit (2) fällt in die Zeit-Stelle des Lebensfeldes und wird nun, statt der früher gewählten, »die Zukunft«.

Der Teil der Fokus-Persönlichkeit, welcher sich für die Lebensfeldwahrscheinlichkeit, wie sie *vor* der Entscheidung existierte, entschied, folgt dieser Wahrscheinlichkeit, jedoch *nicht* auf der Ebene des Lebensfeldes. Eine neue »wahrscheinliche« Fokus-Persönlichkeit wird geschaffen, die mit den gleichen Fähigkeiten und vormaligen Erfahrungen, wie sie bis zum Zeitpunkt der Entscheidung existierten, in eine andere Art von Realität projiziert wird. Mit anderen Worten, die wahrscheinliche Fokus-Persönlichkeit (oder das wahrscheinliche Selbst) verfügt über ein gegebenes Erbe. Auch sie beginnt nun aus Wahrscheinlichkeiten auszuwählen. Die ursprüngliche Fokus-Persönlichkeit (oder das physisch orientierte Selbst) bewahrt ihre Identität, aber da sie sich zu einem Wechsel der Wahrscheinlichkeiten entschlossen hat, wird sie nun zu einer anderen als der, die sie wäre, wenn sie diese Entscheidung nicht getroffen hätte.

Wir sprechen über die Gene und das Wunder von einzigartigen Geschöpfen, von denen es innerhalb des Rahmens biologischer ausgeklügelter Komplexität niemals ein Duplikat gibt. Wahrscheinlichkeiten sorgen für ein mediales und psychisches Ebenbild oder

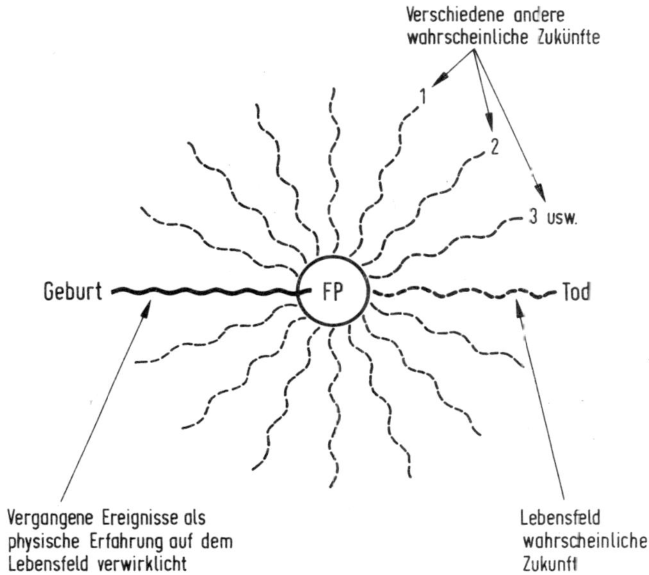

Graphik 4. Die Fokus-Persönlichkeit an einem Punkt der Entscheidung
Während die Vergangenheit, so wie sie erfahren wurde, ihre eigene wahrscheinliche Zukunft andeutet, hat die Fokus-Persönlichkeit zu jeder Zeit die Freiheit, statt dessen aus anderen wahrscheinlichen Zukünften auszuwählen.

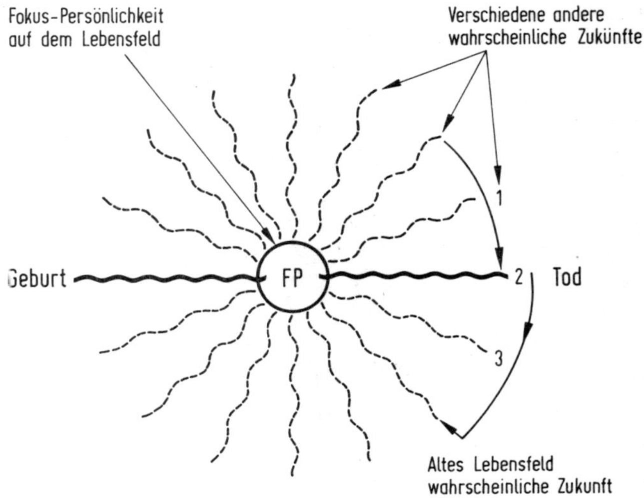

Graphik 5. Die Fokus-Persönlichkeit nach einem Entscheidungspunkt
Die »vormalig« alternierende künftige Wahrscheinlichkeit (2) fällt in den Zeitschlitz des Lebensfeldes.

Gegenstück, das aber weitaus flexibler ist, unserem Bewußtsein eine größere Freiheit der Wahl läßt, und für eine einzigartige Qualität, die zugleich der Individualität ihren unzerstörbaren Fokus gibt. Denn nie wird auch nur zwei Individuen derselbe Satz an Wahrscheinlichkeiten präsentiert, noch würden sie vom selben Punkt aus eine Wahl treffen.

Von daher beinhaltet Reinkarnation vermutlich wahrscheinliche Existenzen in wechselnden Lebensfeldern. Unser Leben, so wie wir es kennen, könnte einer von mehreren Zeit-Fokussen im Raum sein. Wir müssen möglicherweise, um in die Zeit zu gelangen, den Raum verlassen, und kehren an einer neuen Schnittstelle zurück. Geburt und Tod sind vielleicht Türen zu dreidimensionaler Aktivität; und der Tod ist vielleicht der Ausweg aus etwas, was uns sonst in ein dimensioniertes Dilemma bringen würde, in dem eine Weiterentwicklung unmöglich wäre. Wir wären dann in einem einzigen Zeit-Raum-Loch eingesperrt. Unsere gegenwärtige Lebensspanne mag eine der Dimensionen unseres Seins sein (so wie etwa auch Gewicht und Größe unserer Person), die für uns aber nicht in vollem Umfang im Raum in Erscheinung treten kann.

Ereignisse hätten also noch andere Dimensionen als die, die wir gewöhnlich wahrnehmen. Was wir als ein Ereignis betrachten, ist nur ein Aspekt multidimensionalen Geschehens. Wenn wir ein Ereignis erfahren, scheint es uns so gegeben und definitiv wie ein Gegenstand. Die Atome und Moleküle in Gegenständen sind unsichtbar. Ereignisse haben meiner Ansicht nach ihr eigenes Äquivalent an Atomen und Molekülen – die ihnen innewohnenden Millionen von ungesehenen wahrscheinlichen Handlungen, über die sie als definitive physische Handlungen an die Oberfläche gelangen. Ereignisse sind wie psychische Gegenstände, in den inneren Raum des Geistes gestellt. Sie sind immer da, man kann ihnen immer begegnen, vor allem den Erinnerungen an vergangene Ereignisse, die, wie es scheint, zweifellos geschahen und von daher nie mehr zu ändern sind.

Möbelstücke sind zu bewegen, wir können sie auch loswerden und neu anfangen. Aber sind wir nicht doch mehr oder weniger der Gnade vergangener Ereignisse ausgeliefert? Ich glaube nicht, daß es so ist. Ich glaube, daß wir die Vergangenheit verändern können, und zwar auf die einzige Weise, die praktischen Sinn ergibt. Ich glaube sogar, daß wir das so mühelos und effektiv tun, daß die Veränderung zwar für andere offensichtlich ist, nicht aber für uns.

Seth hat in seinen Büchern auf dieser Freiheit in bezug auf vergangene Ereignisse bestanden, und er betont immer wieder, daß die einzelne Person in ihrer Gegenwart Macht über die Vergangenheit hat. Dieser Gedanke hat mich zwar von Anfang an fasziniert, es war aber eine persönliche Erfahrung, die mir schließlich zeigte, wie geschickt und gründlich die Vergangenheit von jemandem verändert werden kann, der wirklich gewisse Aspekte früherer Erfahrungen auslöschen und durch alternierende Ereignisse ersetzen will. Dies beinhaltet dann auch eine »neue Erinnerung« an einst wahrscheinliche Geschehnisse, die sich nun, wie es scheint, ereignet haben.

Mein Schwiegervater starb 1971. Als Vater Butts krank wurde, schwanden seine geistigen Kräfte rapide, und wir mußten ihn in einem Altersheim unterbringen. Zwischen ihm und Mutter Butts hatte es in all den Jahren eine ganze Menge Mißverständnisse gegeben, aber diese sowie die Erinnerungen daran verschwanden für Mutter Butts sehr bald nachdem sie begonnen hatte, allein zu leben. Alle, der Familie sehr wohl bekannten Ereignisse, die von diesen Mißverständnissen zeugten, waren, was meine Schwiegermutter anging, völlig vergessen.

Doch hinterließ dies keine Lücken oder leeren Stellen. Es wurde eine neue Reihe von Erinnerungen eingeführt, die für Mutter Butts perfekt Sinn ergaben und sich gegenseitig bekräftigten. Das Problem war nur, daß diese neue wahrscheinliche Vergangenheit nur von einem Familienmitglied gewählt wurde. Die anderen Mitglieder hielten nach wie vor an den alten vergangenen Ereignissen fest.

Es ist klar, daß ein solcher Vorgang häufig bei alten Menschen zu beobachten ist. Wir erklären uns ihn dann gewöhnlich mit einem fehlerhaften Gedächtnis. Wir sagen, daß sich gewisse Geschehnisse in der Vergangenheit ereignet haben, und damit hat es sich. Ein Mensch kann diese Ereignisse vergessen oder vorgeben, sie seien nicht geschehen, aber das ändert nichts an den »Tatsachen«. Ich denke hingegen, daß Ereignisse nicht unabhängig von den Personen, die sie erlebt haben, existieren können – daß die Menschen Teil der Ereignisse sind –, und daß diese sich, genauso wie Menschen, verändern können.

Das sogenannte konkrete Ereignis schwächt sich ab, wenn ihm Energie abgezogen wird. Wenn wir, wie wir annehmen, in der Gegenwart auf das reagieren, was uns in der Vergangenheit geschah, so reagierte Mutter Butts auf eine neue Vergangenheit. Das war psychisch gesehen außerordentlich wichtig. Sie war nicht mehr die Frau, die sich in den langen Ehejahren ständig mit ihrem Mann gestritten hatte. Sie war eine Frau, deren geliebter Ehemann nun auf den Tod krank war, ein Ehemann, der ihr nie wirklich tiefen Kummer oder Schmerz bereitet hatte. Weder machte sie sich etwas vor, noch heuchelte sie.

Mit anderen Worten, die neue Vergangenheit schlägt oft so fest Wurzeln, daß die alte unreal wird, vergessen, und auch in praktischer psychischer Hinsicht insofern unwirklich, als wir nicht länger darauf reagieren. Statt dessen gründen sich alle unsere gegenwärtigen Handlungen und Einstellungen auf eine völlig andere Hypothese, die für uns ebensolche Gültigkeit besitzt, wie die alte sie hatte. Manchmal unterscheidet sich die neue Vergangenheit so drastisch von der alten, daß Freunde und Verwandte protestieren.

Doch jede gegenwärtige Handlung verändert die Vergangenheit, denn diese vergangenen Ereignisse waren nur die Gipfel oder dreidimensionalen Spitzen weitaus größeren Geschehens. Jede Handlung führt dazu, daß sich die Oberflächenkruste von Zeit und Raum leicht verschiebt. Wahrscheinliche Ereignisse sind psychische Vor-Aktionen, aus denen dann die physischen Ereignisse hervorgehen, das kreative innere Material, aus dem heraus Geschehen irdische Form annimmt.

Nur wenn sich unser Gewahrsein direkt mit dem dreidimensionalen Feld kreuzt, nehmen Ereignisse dieselbe klar umrissene Realität an, wie Gegenstände sie haben (die natürlich Ereignisse anderer Art sind). Nur dann erscheinen sie uns psychisch solide. Haben wir sie aber in der Dimension der Zeit durchlebt, dann nehmen sie wieder ihren wahren fließenden und elastischen Charakter an. Auch begegnen wir ihnen in der Zeit nie wieder auf die gleiche Weise.

Wegen ihrer so elastischen oder formbaren Natur haben wir eine konstante wahrscheinliche Vergangenheit, mit der wir arbeiten können. Was und wie wir Ereignisse erinnern, ist weitaus wichtiger als das, was sich »tatsächlich« abgespielt haben mag. Unsere wechselnden Einstellungen sind Teil jedes Ereignisses, an das wir uns erinnern. Ihre Erweiterungen erstrecken sich buchstäblich von jedem »Jetzt-Punkt« zurück in die Vergangenheit und voraus in die Zukunft.

Ich glaube, daß die Aspekte bei der Geburt einen Überfluß an Eigenschaften und Fähigkeiten zur Verfügung stellen, die, wann immer sie gebraucht werden, den spezifischen Umweltbedingungen gemäß aktiviert werden können, und daß aus diesen verborgenen Aspekten jene Elastizität herrührt, die uns die Begegnung mit so vielen globalen und persönlichen Situationen ermöglicht. Unsere mediale und psychische Ausstattung ist mindestens so komplex wie unsere physische Gestaltung.

Seth spricht von mentalen Enzymen und mentalen Genen. Diese beziehen sich mit Sicherheit auf die medialen und psychischen Ebenbilder oder Gegenstücke der Gene und Chromosome, auf jene innere Organisation, aus der unser persönliches Leben entsteht und unter deren Vorzeichen unsere Erfahrungen konstant zutage treten.

Zeit, Reinkarnation und Wahrscheinlichkeiten

Denken Sie noch einmal an die erstaunliche Integrität, an die ursprüngliche Intimität der Existenz, in der aus undifferenzierten Wahrscheinlichkeiten Erfahrungen zu Bedeutsamkeit aufsteigen – die uns um so lieber und teurer sind, als jedes Ereignis so äußerst persönlich, so sehr das unsere ist, daß nicht einmal ein Gott sich *auf dieselbe Weise* hineinversetzen oder es aus der uns eigenen Perspektive nachempfinden könnte.

Privilegierte Interpreten und Wahrnehmende! Unsere physische Wahrnehmung *ist* voreingenommen, richtig, aber auf gleiche Weise wie ein Licht, das nur in eine und keine andere Richtung gelenkt wird. Dadurch wird die Qualität des Lichts des Gewahrseins, das sich ja in Wirklichkeit auf anderen Ebenen in Bereichen ausbreitet, die uns jetzt verdunkelt scheinen, auf keine Weise gemindert.

Aus undifferenzierten kosmischen Hintergründen, aus unermeßlichen Bereichen des »Vor-Seins« erwachsen diese besonderen Momente, eine unglaubliche Bedeutung in sich bergend – unsere individuellen Erfahrungen. Morgende und Abende, dienstägliche Abendessen, alles das wird brillant fokussiert gehalten, persönlich, gesondert vom Rest menschlicher und kosmischer Ereignisse. Sie werden nicht ordentlich zusammengefaltet in den Jahrhunderten weggesteckt und abgelegt, nicht zermalmt in einer gigantischen Überexistenz, in der sie nicht mehr erkennbar sind, sondern hier zeigen sie sich, unverletzlich in ihrer Besonderheit, und sei es nur für einen Moment. Aber dieser Moment ist ein Triumph des Bewußtseins und der Kreativität, und er beinhaltet eine emotionale Beschleunigung, die in gewisser Weise ewig ist.

Doch diese Intimität entsteht durch eine gleichermaßen erstaunliche Kooperation, die ein Licht auf die inneren Dimensionen an Aktivität wirft. Denn welche Welten mischen sich in uns, sich in Spiralen schraubend, bevor wir auch nur das simpelste Ereignis wahrnehmen können? Und schaut *uns* an: lebende psychische Ereignisse, die sich selbst wahrnehmen. Und aus dem Innern dieser Ereignisse bewegen wir uns durch unsere eigenen Dimensionen, ordnen unsere Erfahrungen in Sequenzen und filtern aus der Unermeßlichkeit unseres Seins all jene einzelnen Episoden heraus, die unser Leben ausmachen. Denn unser Leben ist nur das physische Ereignis von uns selbst, und während wir es leben, setzen wir nach wie vor dieses Anders-als-physische-Sein fort, auf dem das körperliche Leben dahingleitet.

So haben wir vielleicht noch viele andere Leben auf diesem Planeten, andere »Lebensereignisse«, jedes für sich leuchtend und doch Teil der umfassenden multidimensionalen Realität des Ursprungs-Selbst. William Blake, der Dichter und Mystiker des achtzehnten Jahrhunderts, spricht vom Abstieg in die Generationen. Rob und ich haben »diesmal« keine Kinder. Wir sagen, dies ist unsere letzte Reinkarnation. Da sich alle Leben zugleich ereignen, drücken wir auf diese Weise aus, daß dies unser Absprungspunkt ist. Denn die Jahrhunderte sind nicht mehr real als die Augenblicke. Viele Menschen sprechen wie Blake von einem Abstieg *ins* Leben, da uns die Vorstellung, daß wir aus einem physisch nicht wahrnehmbaren

Innern in ein dreidimensionales Leben *hinaus*treten, so große Schwierigkeiten bereitet. Wir kommen aus dem Innern, nicht von oben. Wir legen mit unseren wahrscheinlichen Selbst auch Samen in andere Erden; dies geschieht allerdings nie an unserem Kreuzungspunkt, wenn es dort auch möglicherweise seinen Ursprung hat.

Hier ein sehr einfaches Schema (6) zu Reinkarnationen, wobei statt eines persönlichen ein reinkarnatives Lebensfeld dargestellt wird. Jedes Reinkarnations-Selbst hat seine eigene Fokus-Persönlichkeit in seiner eigenen Zeit-Raum-Periode.

Die Fokus-Persönlichkeiten sind in ihrem eigenen Lebensfeld auf durch Zeitgefühl bedingte Erfahrungen begrenzt und sich auf dieser Ebene ihrer Verbindungen zu anderen »reinkarnierten« Selbst nicht gewahr. Andere gültige Erfahrungen werden jedoch – an das Lebensfeld angrenzend – weiterhin gemacht, und hier würde ein freies Gewahrsein Verbindungen zwischen allen Fokus-Persönlichkeiten auf unbewußter Ebene aufzeigen. Da sich alle Leben zugleich ereignen, sich »ergießen« oder ausbreiten von der Schnittstelle zwischen Ursprungs-Selbst und unserem Realitäts-Feld, meint eine letzte Reinkarnation einfach die Entscheidung eines Individuums, den Kreis oder das Feld zu durchbrechen. Wir können das »zu jeder Zeit«, von jeder Schnittstelle aus tun. In normalen Zeitbegriffen gedacht, würde das aber nicht bedeuten, daß es kein künftiges, uns erwartendes Leben mehr gibt.

Ich glaube deshalb, daß wir über die angeborene Fähigkeit verfügen, mehr als einen Satz an Erinnerungen auf einmal zu handhaben, zumindest in Form eines aufblitzenden Erkennens, das uns, ganz ähnlich wie gewöhnliche Erinnerungen, ins Bewußtsein gleitet. Solche Erinnerungen lagern gerade so weit im Hintergrund, außerhalb des Fokus, daß sie unsere Privatsphäre im Hier und Jetzt nicht stören.

Es ist diese zusätzliche Bedeutung, diese spezifische Kreuzung von inneren Ereignissen mit dem Raum-Zeit-Lebensfeld, das unser Jetzt bewirkt. Erinnerungen schweben im Umfeld dieses Bereichs, lassen sich niemals ganz nieder und sind doch psychisch sichtbar, erhellen unser Alltagsleben und bereichern es durch Vielfalt und Tiefe. Unsere Erinnerungen versehen den Augenblick mit den zu-

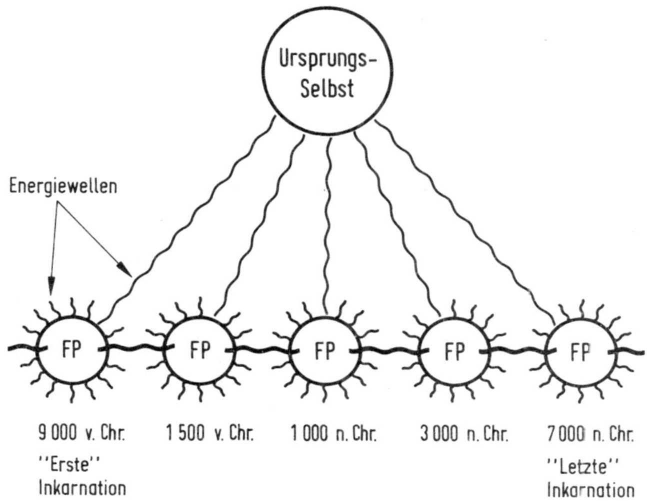

Graphik 6. Reinkarnative Lebensfelder
Das Ursprungs-Selbst ist auf einzelne Fokus-Persönlichkeiten »verteilt«, die in der Zeit auf dem Lebensfeld simultan inkarniert sind.

sätzlichen Dimensionen von Ereignissen, die im direkt verstandenen Sinn nicht der Gegenwart angehören. Zukunftserinnerungen operieren meiner Meinung nach auf ganz ähnliche Weise.

Und doch würden, wiederum theoretisch gesehen, künftige oder vergangene Leben Erinnerungen mit sich bringen, die nicht die unseren zu sein scheinen; sie ereignen sich nicht in unserem akzeptierten Lebensfeld und außerhalb dessen, was wir für die Grenzen der eigenen Persönlichkeit halten. Und wären sie dann stets nichts weiter als Erinnerungen? Wie steht es, da alle Leben zugleich gelebt werden, mit einem »früheren« Selbst, das frisch durch die Augen unserer im zwanzigsten Jahrhundert lebenden Person blickt? Alle Aspekte interagieren. Was hat es da mit einem plötzlichen Bewußtseinsschub hinein in das Feld freien Gewahrseins auf sich, in dem eine Fokus-Persönlichkeit ihrem Gegenstück aus einer anderen Zeit begegnet? Mehr noch, was geschieht, wenn sie miteinander kommunizieren?

Ich denke, das war es, was sich in unserem Wohnzimmer abspielte, als sich Nebene und Shirin »trafen« (siehe Kapitel 5). An der lebendigen Qualität Shirins war nicht zu zweifeln, und rückwirkend läßt sich leicht erkennen, daß Rob und Sue schon immer in vielfältiger Weise auf diese Aspekte ihrer selbst reagiert hatten. Wenn Shirin in eine Zukunft sah, so sah Sue in eine Vergangenheit, aber beide erkannten, daß die Begriffe von Zeit im Grunde bedeutungslos sind.

Seit jenem Vorfall war sich Rob gelegentlich Nebenes gewahr, und Sue spürte Shirin. Und alle vier haben sich verändert. Nebene wurde sich, durch Rob, des freien Wesens der Kreativität bewußt; Rob verstand nun seine Neigung zu Überdiszipliniertheit, die er aus eigenen Gründen von Nebene »übernommen« hatte, und hat sie seither weitgehend abgelegt. Shirins Einstellung zu Nebene hat sich dadurch, daß sie sich über Sue auf Rob bezieht, zum Besseren gewandelt. Und Sue kennt nun die Gründe für ihre gelegentliche Trotzhaltung, die sie früher selbst verblüffte.

Aspekte von Multi-Persönlichkeit? Menschliche Persönlichkeit, die einen Einblick in ihre Gesamtnatur gewinnt? Wahrnehmung, die nicht länger in eine Zeitsequenz des Vorher und Nachher eingezwängt ist? Denn sowohl im hohen Alter als auch in der Kindheit erleben wir gelegentlich eine Durchlässigkeit, Augenblicke, in denen wir fast sehen können, wer wir in einem vergangenen Leben »waren« oder in einem künftigen Leben »sein werden«.

Ich denke, wir können uns unserer eigenen größeren Realität gewahr werden, wenn wir unsere normalen Erfahrungen auf der Ebene des Lebensfeldes als Momente des Ausbalancierens nutzen und uns klarmachen, daß wir lediglich eine einzige Reihe von Ereignissen als real anerkennen und andere ignorieren. Wenn Sie glauben, daß Ereignisse etwas Abgeschlossenes und nicht nach beiden Seiten (oder nach allen Seiten!) Offenes sind, dann werden Sie nie auf den Gedanken kommen, sie als Sprungbrett zu anderen, nicht auf gleiche Weise physisch fokussierten Ereignissen zu benutzen.

Sicher sieht es so aus, daß zwischen den Erfahrungen vergangener Leben und jenen unserer »gegenwärtigen« Existenz Wechselbeziehungen und Entsprechungen bestehen, und zwar nicht nur in bezug auf Eigenschaften und Neigungen, sondern auch auf die von uns typischerweise ausgewählten Ereignisse. Jedes Ereignis unseres Lebens wird möglicherweise erklärlicher, wenn wir verstehen, daß es uns auf psychischem Weg zu Erfahrungen in anderen Leben gelangen lassen könnte.

Unter Umständen ist es das, was sich in manchen Reinkarnations-Dramen in meinem Kurs abgespielt hat. Derartige Erinnerungen oder Ereignisse kleiden sich oft in Symbole, Bilder oder Dramen, die für die gegenwärtig existierende Fokus-Persönlichkeit Sinn ergeben.

Wir haben meiner Meinung nach aber auch im alltäglichen spontanen Alltagserleben häufig solche Erinnerungen, die wir aufgrund unserer Überzeugungen abblocken. Oft fließen sie in künstlerische Produkte ein – wie etwa bei einem Schriftsteller, der ein eigenes vergangenes Leben zu einem historischen Roman verarbeitet, ohne sich dessen bewußt zu sein.

In jedem Fall aber können solche Erinnerungen nicht buchstäblich in unmittelbares Erleben übersetzt, kann unsere Zeit, unser Augenblick nicht außer acht gelassen werden; wir müssen sie *durch* das Medium unserer Erfahrung interpretieren. Trotzdem können sie zuweilen ebenso lebendig sein wie unsere normalen Erinnerungen und eine Präsenzqualität annehmen, wie sie Shirin und Nebene zeigten, eingebettet in einen Augenblick unserer Zeit – in dem sich, wie es scheint, vorübergehend zwei Gegenwarten oder Momente des Jetzt mischten.

14
Ereignisse und die Fokus-Persönlichkeit. Omen, Stimmungen und freies Gewahrsein

Doch werfen wir einen Blick auf dieses Leben und sehen wir, wie wir vom Feld des freien Gewahrseins aus auf Ereignisse reagieren können – ohne uns dessen bewußt zu sein. Solche Wahrnehmungen machen nur dann Sinn und sind nur dann möglich, wenn wir davon ausgehen, daß Ereignisse nach außen projizierte, besonders wahrgenommene und erfahrene Transformationen der Psyche sind – isoliert von allen anderen psychischen Ereignissen, obwohl sie sich in Wirklichkeit nicht von diesen isolieren.

Betrachten Sie es einmal auf diese Weise: Ereignisse *sind* Bewegung, sind innerhalb ihres eigenen Kontexts so lebendig wie Tiere. Wir reagieren auf sie, und sie reagieren auf uns. Sie bewegen sich ohne wahrnehmbare Gestalt. Sie haben einen Impetus, der der unsere ist. Aber da wir das vergessen, reagieren wir oft blind auf sie, nolens volens hinweggefegt von emotionalen Stürmen, die scheinbar gegen unseren Willen losbrechen. In Wirklichkeit sind Ereignisse *unsere* durch unsere Überzeugungen und Wünsche personalisierte und nach außen gelenkte Projektionen; Telekinese in Aktion. Sie sind objektivierte mentale Zustände, die ständig interagieren und sich automatisch durch die Überschneidung von bewußter Energie mit dem dreidimensionalen Feld formieren.

Solange wir das nicht verstehen und nicht lernen, die Schritte zwischen subjektiver und objektiver Erfahrung nachzuvollziehen, werden wir uns der Gnade der Ereignisse ausgeliefert fühlen, die uns stets von außen aufgezwungen zu sein scheinen. Und wir werden niemals die Macht unseres Bewußtseins oder Kreativität begreifen.

Doch unsere individuelle Erfahrung eines Ereignisses ist nur ein Aspekt davon: Das Ereignis beinhaltet in seiner Gesamtheit die Teilnahme aller anderen involvierten Personen sowie die »Auswirkungen« auf andere, deren Leben davon berührt wird, auch wenn sie in keiner aktiven Verbindung dazu standen. Auch am scheinbar spontansten Geschehen haben andere, die ihm, unseren Begriffen nach, vorausgingen und danach kommen werden, teil. Es ist somit eine sehr knifflige Frage, wo ein bestimmtes Ereignis anfängt und wo es aufhört.

Wir strukturieren unser Leben, indem wir dem folgen, was wir für spezifische Ereignisse halten; auf sie konzentrieren wir uns und ignorieren andere. In diesem Maß entscheiden wir darüber, welche von allen bekannten Ereignissen wir zu unserer persönlichen Sache machen wollen. Mit anderen Worten, auf der Grundlage unserer eigenen Interessen, Fähigkeiten und Möglichkeiten treffen wir eine endlose Zahl von Entscheidungen – einige groß, andere winzig –, die alle zusammen unseren Aufmerksamkeits-Fokus und die Art von Ereignissen bestimmen, die wir wahrnehmen.

Wir blocken effektiv manche möglichen Erfahrungen ab und wählen andere aus. Eine sportlich interessierte Person wird die Sportseite einer Zeitung für bedeutsam halten und sich ihr widmen. Dasselbe vollzieht sich auch in allen anderen Lebensbereichen. Ein solches ständiges Aussondern und Heraussuchen führt zu bestimmten Entscheidungen, die unsere persönliche Realität und die damit verbundenen Erfahrungen hervorbringen.

Um es noch einmal zu sagen: Voreingenommene Wahrnehmung unserer Realität ist ebensosehr durch die Ereignisse, die sie ausschließt, wie durch jene, welche sie einbezieht, charakterisiert. Und was auf dieser Verwirklichungsebene mich zu dem macht, was ich bin, und Sie zu dem, was Sie sind, ist der Unterschied in unserer subjektiven Erfahrung, ist das unermeßlich komplexe Zusammenspiel zwischen akzeptierten und verweigerten möglichen Ereignissen. Zwischen beidem ist unser Alltagsleben angesiedelt.

Doch gibt es auch eine gemeinsame Erfahrung, die nicht den persönlichen Aspekt von Ereignissen opfert, sondern ihn vielmehr bereichert, beispielsweise wenn wir ein Geschehen mit jemandem gemeinsam erleben. Neben dieser physischen Gemeinschaftlichkeit gibt es eine innere, weitaus umfassendere Gemeinschaftlichkeit, bei der die intimen oder persönlichen Aspekte nach wie vor beibehalten und Entscheidungen gefällt werden. Hier haben wir es mit einer inneren Ordnung von Ereignissen zu tun, in der sich hinter Worten oder anerkannten Sinnesdaten ständig bedeutungsvolle Kommunikation abspielt.

Hier sind Ereignisse offen, nicht physisch in Raum oder Zeit gesperrt, nicht beschränkt auf Erfahrung im Lebensfeld. Die inneren Ereignisse sind wie Wurzeln, aus denen physische Ereignisse wachsen und aufblühen, im Lebensfeld erscheinen. Unterhalb oder überhalb dieser Erfahrungsebene ist unsere Wahrnehmung nicht an das Was-geschah-wann-Denken gebunden.

Freies Gewahrsein bringt uns ständig Informationen aus diesem Feld der Vor-Wahrnehmung. Das Problem ist, daß man uns gelehrt hat, solche Informationen und Daten zu ignorieren – auch wenn einige davon wichtig sein könnten und uns zum Handeln veranlassen müßten. Diese nicht an ein Raum-Zeit-System gebundenen Informationen mögen uns verwirren oder desorientieren, wenn wir versuchen, in der Zeit darauf zu reagieren. Und doch haben wir oft das Gefühl, auf eine intuitiv gespürte Situation zu reagieren, ohne über normale Sinnesdaten zu verfügen, die unsere intuitive Wahrnehmung oder Ahnung bestätigten.

Seit dem Beginn meiner eigenen medialen Entwicklung habe ich alle Anstrengungen unternommen, objektiv zu sein, muß nun aber schließlich zugeben, daß wahre Objektivität auch die Gültigkeit subjektiver Gefühle anzuerkennen hat, gleich ob sie durch physische Ereignisse bestätigt werden oder nicht. Sie können sich dazu entscheiden, auf solche Gefühle aktiv zu reagieren oder nicht. Sie sind aber sicherlich nicht objektiv, wenn Sie versuchen, diesen Gefühlen die Existenz abzusprechen.

Ich glaube, wir werden uns oft Ereignisse gewahr, die sich nicht auf unserer persönlichen Lebensebene abspielen, das heißt, wir begegnen ihnen nicht direkt in Raum und/oder Zeit. Doch auf merkwürdige Weise spüren wir, daß sie ablaufen und reagieren sogar darauf – in entsprechender Weise. Ein Beispiel. Eines Tages, als meine Schwiegermutter schon krank war, begann ich eine Kurzgeschichte über eine Frau in ihrer Situation zu schreiben. Die alte

Frau in meiner Geschichte stahl sich aus dem Haus ihres Sohnes und schlug sich zu ihrem früheren Zuhause in einer anderen Stadt durch. Dort angekommen, mußte sie feststellen, daß der Familiensitz verkauft worden war. Sie selbst hatte ihn verkauft, konnte sich aber nicht mehr daran erinnern.

Zu diesem Zeitpunkt lebte Mutter Butts bei einem von Robs Brüdern. Ich ging selbstverständlich davon aus, daß ich diese Situation als kreatives Material benutzte. Ich schrieb die Geschichte unter einem Energieschub, zwölf Seiten auf einmal, fast ohne Pause. Doch während ich schrieb, wurde ich sehr traurig, und als ich sie beendet hatte, war ich den Tränen nah. Ein ganz natürliches Gefühl unter diesen Umständen, dachte ich. Aber ich konnte die Stimmung nicht abschütteln. Ich starrte auf die getippten Seiten. Seltsam, daß ich mir die Zeit für eine Kurzgeschichte genommen hatte, statt an meinem Buch weiterzuschreiben ... Tatsache war, daß ich seit drei Jahren keine Kurzgeschichte mehr geschrieben hatte. Einen Augenblick lang fragte ich mich, ob ich, ohne mir dessen bewußt zu sein, etwas über Mutter Butts »aufgefangen« hatte, verwarf dann aber diesen Gedanken. Doch mein tiefes Gefühl von Traurigkeit nahm zu und blieb den ganzen Tag.

Am frühen Abend rief Robs Bruder an und sagte, daß Mutter Butts in ein Altersheim gebracht werden müßte. Sie würden nicht mehr mit ihr fertig werden. Er hob besonders ihren Wunsch und ihre Entschlossenheit hervor, in ihr altes Haus zurückzukehren, und die Tatsache, daß sie völlig vergessen hatte, daß sie es bereits verkauft hatte. Ein ziemlich normaler Vorgang. Doch mit dem Anruf verließ mich mein Gefühl von Traurigkeit. Mehr noch, ich spürte Erleichterung. Nun konnte ich meine Stimmung mit etwas Greifbarem in Verbindung bringen; ich war nicht aktiv geworden ... es gab keinen Grund. Uns wird beigebracht, daß wir nicht auf ein Ereignis reagieren können, bevor es eingetreten ist, aber ich bin davon überzeugt, daß ich entweder auf Mutter Butts' Situation oder im voraus auf diesen Telefonanruf reagiert hatte.

Die Tage vergingen, und ich vergaß den Vorfall. Mutter Butts war inzwischen in ein Altersheim in der Nähe von Robs anderem Bruder gebracht worden.

Etwa drei Wochen nach ihrem Umzug gingen Rob und ich eines

Abends tanzen, kehrten bestens gelaunt zurück und gingen zu Bett. Plötzlich wurden wir durch ein äußerst seltsames Geräusch geweckt. Rob machte das Licht an. Es war Sommer, und die mit einem Schutzgitter versehenen Schlafzimmerfenster standen weit offen. Ich stieß einen Schrei aus. Ein Vogel segelte heftig flügelschlagend im Zimmer herum. Er beschrieb immer wieder große Achten in der Luft, senkte seinen Flug an der Stelle, wo Rob stand und strich über seinen Kopf. Rob duckte sich jedesmal, wenn der Vogel im Anflug war. Es war keine Frage, wie der Vogel ins Zimmer gelangt war. Er mußte durch die unvergitterten Küchenfenster nahe bei der Eiche hereingekommen sein.

In der irischen Nachbarschaft, in der ich aufgewachsen war, bedeutete ein Vogel im Haus Tod. Wie töricht, dachte ich bei mir. Dies war ein ganz normaler Vorfall; nichts Seltsames war daran. Doch ich erinnerte mich, daß vor Jahren, als meine Großmutter starb, ein Vogel durchs Haus geflogen war. Aber dann waren letztes Jahr mein Vater und meine Mutter gestorben – und es hatte keinen Vogel gegeben. Warum also hatte ich das Gefühl, daß *dieser* Vogel den Tod von Mutter Butts ankündigte?

Ich blieb im Bett, während mir diese Gedanken durch den Kopf gingen. Der Vogel zog weiterhin seine Bahnen. Rob öffnete das Schutzgitter in der Hoffnung, er würde hinausfliegen. Wir warteten etwa fünf Minuten, dann schoß der Vogel aus dem Fenster.

Unwillkürlich dachte ich: Mutter wird nicht gleich sterben, denn der Vogel ist entflohen! Aber es bedeutet den Anfang vom Ende. Erschöpft schliefen Rob und ich wieder ein, zu müde, um darüber zu sprechen. Erst am nächsten Tag wurde uns bewußt, daß wir den Vogel nicht hatten identifizieren können, obwohl die Lichter angewesen waren. Zum einen war er so schnell geflogen! Wir waren uns einig, daß er größer als ein Spatz und kleiner als eine Drossel gewesen war und ganz grau. Zum anderen hatten wir nie zuvor einen solchen Vogel gesehen, obwohl sich viele Vögel in Hausnähe tummeln, und wir sie immer sehr genau beobachten.

Den ganzen nächsten Tag war ich unruhig, doch wieder sagte ich mir, daß mich nur mein Wissen um Mutter Butts' Zustand an den Aberglauben denken ließ, daß ein Vogel im Haus den Tod verkünde, und damit basta. Trotzdem schloß ich, mich ein wenig töricht fühlend, die Küchenfenster, als könnte ich meine Schwiegermutter am Leben erhalten, wenn ich dafür sorgte, daß keine Vögel hereinkamen. So fegte ich durch die Wohnung, überprüfte die Fenster und versuchte, den Tod draußen zu halten. Immer wieder sagte ich mir, daß Mutter Butts zwar in schlechter geistiger Verfassung, aber physisch ganz in Ordnung war. Doch die Worte klangen hohl.

Zwei Tage später erhielten wir wieder einen Anruf wegen Mutter, den ersten, seit ich meine Kurzgeschichte geschrieben hatte. Es war meine Schwägerin, die berichtete, daß Mutter sehr krank geworden war und man schon geglaubt hatte, sie würde sterben. Sie hatte plötzlich eine bedrohliche Infektion bekommen. Man hatte sie – vor zwei Tagen – ins Krankenhaus gebracht. Glücklicherweise hatte sie es aber überstanden, und nun hofften sie, daß eine Besserung eintreten würde.

Die nächsten Tage verliefen sehr hektisch. Wir hatten einige Besucher. Ich setzte einen riesigen Topf Spaghettisauce auf, ließ sie auf dem Herd köcheln und setzte mich zum Schreiben nieder. Plötzlich hörte ich einen Vogel oder glaubte ihn zu hören. Ich hielt inne und lauschte, die Finger auf den Tasten der Schreibmaschine. Es klang wie das Flügelschlagen eines gefangenen Vogels. Ich sah nach, konnte nichts entdecken und entschied, daß meine Phantasie mit mir durchging, daß das Geräusch von der blubbernden Spaghettisauce herrührte oder vom Dampf, der gegen den Topfdeckel drückte. Ich notierte meine Eindrücke und den Zeitpunkt und vergaß die ganze Angelegenheit dann prompt.

Zwei Tage später wieder ein Anruf! Diesmal war es mein Schwager, der berichtete, daß Mutters Zustand sich am Montagnachmittag, gegen drei, erneut verschlechtert hatte. Am Montag um drei Uhr dreißig nachmittags hatte ich geglaubt, den Vogel zu hören und dies mit Mutter Butts in Verbindung gebracht. Robs anderer Bruder hätte uns eigentlich am Montagnachmittag verständigen sollen, war aber aus verschiedenen Gründen nicht dazu gekommen. War auch nicht notwendig gewesen, dachte ich – ich bekam die Nachricht auf meine eigene Weise. Gleichzeitig dachte ich verärgert: Ich kann nichts davon beweisen. Es sieht einfach nach einer Reihe von Zufällen aus.

Zwei Wochen vergingen. Mutter erholte sich wieder und kehrte ins Altersheim zurück. Wir waren erleichtert, daß die Gefahr vorüber war. Dann erwachte ich an einem Donnerstagmorgen schrecklich deprimiert und blieb den ganzen Tag niedergeschlagen.

Diesmal ging ich meiner Stimmung nach, schrieb auf, wie ich mich fühlte und notierte: »Ist Mutter Butts o. k.? Fange ich irgendwie ihre Stimmung auf? Geht es ihr schlechter?« Wenn irgend etwas mit ihr nicht in Ordnung war, dachte ich, dann wären wir benachrichtigt worden. Und trotzdem konnte ich das Gefühl einer fast niederschmetternden Bedrücktheit nicht abschütteln.

Am Freitag hörten wir nichts. Ich fühlte mich besser und entspannte mich. Samstag fühlte ich mich wieder verunsichert und besorgt und rief meine Schwägerin an. Sie sagte: »Mutter hat die Operation gut überstanden.«

»Operation? Was für eine Operation?« fragte ich erschrocken. Wieder stellte sich heraus, daß sich Mutter Butts am Tag, an dem ich mich so miserabel gefühlt und dies mit ihr in Verbindung gebracht hatte, in einer kritischen Situation befunden hatte. Am Donnerstag war sie gestürzt und hatte sich das Hüftgelenk gebrochen; sie wurde noch am selben Tag operiert. Und wieder hätte uns ein anderes Familienmitglied benachrichtigen sollen und hatte es nicht getan; doch die Nachricht war – zumindest teilweise – durchgekommen.

Ich schildere diese Ereignisse deshalb, weil sie in gewisser Weise so normal sind; es waren keine Visionen oder Stimmen involviert. Es handelt sich um Dinge, wie sie sich oft ereignen, wenn Familien mit einem schwerkranken nahen Verwandten zu tun haben. Wir können nicht *beweisen,* daß wir, ohne auf physischem Wege informiert worden zu sein, wußten, was sich andernorts abspielte. Wir können nicht beweisen, daß sich in unserer Stimmung die Stimmung einer anderen Person reflektierte. Wir können uns nur an unsere Gefühle halten. Doch uns wird beigebracht, unseren Gefühlen zu mißtrauen, wenn wir sie nicht sofort mit einer physischen Tatsache in Verbindung bringen können.

Und doch ergaben meine Gefühle Sinn und erwiesen sich, nachdem eine Verbindung zu ihren Entsprechungen auf der physischen Ereignisebene hergestellt war, als durchaus angemessen; sie paßten, wenn ich voraussetze, daß ich mir der Ereignisse im voraus gewahr war. Es stimmt, daß mein unbewußtes Wissen reichlich vage war und keine klaren Details beinhaltete. Doch es kam genügend Information durch, um meine Stimmungen drastisch zu beeinflussen.

Die Vogelepisode ist etwas anders gelagert. Gewiß nahm ich den Vogel als Todesomen. Wäre ich an jenem Abend nicht nach Hause gekommen, hätte ich möglicherweise ein anderes lebendiges Geschöpf als Symbol benutzt, um die mir unbewußten Informationen an die Oberfläche zu bringen. War die Symbolik erst einmal etabliert, bedurfte es nicht einmal mehr eines realen Vogels, denn in der Folge nahm ich ja das Geräusch des gegen den Topfdeckel drückenden Dampfes als Geräusch von schlagenden Vogelflügeln wahr. Nach physischer Norm eine fehlerhafte, eine verzerrte Wahrnehmung, ja; aber eine perfekte symbolische Wahrnehmung eines anderen Ereignisses, das in einer anderen Handlungsordnung ablief.

Nochmals: Wo beginnen oder enden Ereignisse? Ganz konkret gesprochen wurde in diesem Fall auf subjektiv gültige Weise die banale Tatsache eines dampfenden Kochtopfs, in dem eine Spaghettisauce brodelte, mit dem kritischen Zustand meiner Schwiegermutter in Verbindung gebracht.

Ein paar Tage nach dieser letzten Episode besuchten wir Mutter Butts. Zu diesem Zeitpunkt begriff ich allmählich, daß ein Entsprechungsmuster zwischen meinen Stimmungen und ihrem Zustand existierte – ein etwas verstörendes Muster. Ich akzeptierte die Existenz von Telepathie, verstand sie aber nicht unbedingt als »Gedankenlesen«, und ich wußte auch vage um die Möglichkeit eines medialen Transfers von Stimmungen. Nun aber fragte ich mich, wie häufig sich diese Dinge im allgemeinen ereignen. Ich wußte, daß mein Wunsch, über den Zustand von Mutter Butts' Bescheid zu wissen, bei der ganzen Sache eine Rolle spielte, ja wahrscheinlich der Schlüssel dazu war.

Dies brachte mich zu weiteren Fragen. Wie persönlich war eigentlich der Charakter von Ereignissen? Wie fest waren sie mit Zeit und Raum verbunden? Wie war das zum Beispiel mit dem Ereignis des Todes? Darüber dachte ich nach, als wir das Krankenhaus betraten, und sobald wir wieder zu Hause waren, schrieb ich folgendes nieder:

Wir besuchten Mutter Butts. Seit letzter Woche hat sie ein Lungenödem. Sie gaben ihr Sauerstoff. Wir standen an ihrem Bett, wie es eben Menschen tun, die sich mit dem Unvermeidlichen konfrontiert sehen. Mutter konnte natürlich nicht sprechen; Schläuche steckten in ihren Nasenlöchern und ihr Mund stand offen. Er sah aus wie ein klaffendes Loch in der Dunkelheit oder Ewigkeit. Das Geräusch ihres mühevollen Atmens erinnerte mich daran, wie wunderbar und automatisch im Gegensatz dazu das Atmen normalerweise funktioniert. Mit welcher herrlichen, gottgleichen Leichtigkeit wir uns lebendig erhalten; und wie unbewußt wir uns der involvierten präzisen Mechanismen sind. Mutter Butts ist noch nicht tot, aber Rob und ich und seine Brüder und ihre Frauen reagieren nun schon wenigstens seit zwei Jahren auf diesen Tod, und Mutter Butts auch. Der physische Tod ist nur ein Teil dieses Ereignisses, der Teil, der in Raum und Zeit festgemacht werden kann.

Zunächst einmal ist ein wesentlicher Aspekt, über den Mutter Butts' Beziehungen herstellt, schon tot. Für sie sind physische Beziehungen peripher, und das tatsächliche Ereignis ihres Todes vollzieht sich schon seit einer Weile. Ich war mir der Krisensituationen von Mutter auf nur dunkel in meinem eigenen Lebensfeld in Erscheinung tretende Weise gewahr. Etwas geschieht, das sich nicht zeigt. Wir erstehen immer aus einer inneren Ereignisordnung heraus zum Leben, doch vor allem, wenn es um den Tod geht, versuchen wir so zu tun, als sei sie nicht existent. Zumindest trauen wir ihr nicht, da sie, unseren Begriffen nach, die Lebenden »fortnimmt«.

Doch zum Zeitpunkt des Todes verlagern wir unsere gesamte Erfahrung in diese innere Ereignisordnung; und sind wir dem Tod nahe, nähert sich unsere Erfahrung dieser Innerlichkeit: Wir sind in und mit unserem Körper auf eine Sache fokussiert, und die Ereignisse, die wir hier wahrnehmen, finden mehr außerhalb des Lebensfeldes als in ihm statt. Episoden aus der Vergangenheit können zum Beispiel unser Hier und Jetzt überlagern. Nochmals: Dinge geschehen, die sich nicht zeigen. Wer kann darüber schon etwas sagen? Denn eine Stummheit befällt die Sterbenden wie auch jene, denen sie lieb sind.

Ich glaube, daß sich hier das Bewußtsein nach und nach von der Ebene des Lebensfeldes abwendet; die Zeitgrenzen seines Fokus gelten nicht länger. Von unserer Seite aus gesehen sagen wir die Sterbenden erliegen Täuschungen oder Halluzinationen, wenn sie die Zeiten oder die Ereignisabfolge durcheinanderbringen. Selten kommen wir auf den Gedanken, daß ihre Sicht von der Realität im Grunde wahrer sein könnte als die unsere.

Mehr und mehr versuchte ich, die Unterseite der Ereignisse zu ergründen, das, »was geschah«, umzudrehen, um zu sehen, was sich darunter verbarg. Das Lebensfeld ist, wie ich schon sagte, nur eine Darstellung von Erfahrung in Raum und Zeit, ein Leben von physisch wahrgenommenen Ereignissen. Aber viele ganz normale Erfahrungen zeigen sich dort nicht klar. Das heißt, für andere sind sie nicht verwirklicht, auch wenn sie für uns ganz real sind. Tatsächlich aber würden ohne sie Ereignisse keinen Sinn ergeben.

Ich meine hier Gedanken und Emotionen. Sie werden ganz unmittelbar wahrgenommen und empfunden. Wir versuchen sie mitzuteilen, und unser Körper spiegelt sie durch Bewegung und Gesten wider, aber sie sind nicht auf derselben Ebene verwirklicht wie, sagen wir, der Akt, wenn uns jemand einen Ball zuwirft. Sie schweben über unseren äußeren Erfahrungen. Und ebenso verharrt anderes subjektives Geschehen knapp außerhalb des Lebensfeldes, wird von unserem normalen Bewußtsein herausgefiltert und dient ihm als unterstützendes Bezugssystem.

Wir wissen, daß sich eine Vielfalt von Ereignissen abspielt, bevor wir ein Geschehen im objektiven Sinn erleben (die psychischen »Atome und Moleküle« innerhalb eines »festen« Vorkommnisses). Hier, unterhalb der Ebene der Objektivität, ereignen sich multidimensionale Geschehnisse in einer unsichtbar bleibenden, doch sich stets wandelnden Sphäre, um sich dann in etwas zu entladen, das wir als physisches Ereignis wahrnehmen. Normale Ereignisse haben für uns nur deshalb einen scharfen Brennpunkt, weil wir nur einen kleinen Teil ihrer Realität – den, der an die Oberfläche dringt – kennenlernen.

Nur ein multidimensionales Bewußtsein könnte alle Aspekte

eines Ereignisses erfahren, könnte sich dessen wahrscheinliche Variationen gewahr sein und jede davon ganz real sehen. Ein solches Bewußtsein müßte buchstäblich uns unbekannte Realitäten überbrücken, um herausfinden zu können, was welchem *Wem* in *welchem* Wann geschah.

In welchem Wann?

Welchem Mir oder Ihnen?

Wie leicht wir uns in den vollständigen Dimensionen eines Ereignisses verirren, den Faden von uns selbst verlieren und vielleicht nie wieder zurückfinden können zum etablierten Lebensfeld mit seiner schützenden Illusion von Kontinuität!

Sind einige Formen von Wahnsinn darauf zurückzuführen? Kommen einige Menschen in ihrem Bewußtsein einfach zu weit ab von jenem präzisen Punkt, den es braucht, um sich hier klar zu fokussieren? Wenn dem so wäre, dann erscheint diesen Menschen möglicherweise alles so verzerrt, daß die Welt für sie diese uns so teure Stabilität oder den Anschein von Stabilität, auf den sich der Rest von uns einigt, verloren hat.

Denn wir befinden uns natürlich nicht nur ausschließlich hier. So wie Bienen um Blumenblüten flirren, schwirren wir um den Fokus unserer eigenen Realität, tauchen in ihn ein und tauchen wieder auf. In Träumen, Tagträumen und anderen Bewußtseinszuständen klinken wir uns hier bis zu einem gewissen Grad aus, um irgendwo anders ein. Aber wohin wir unseren Fokus auch lenken, immer gibt es etwas wahrzunehmen, denn das Licht unseres Bewußtseins transformiert ständig undifferenzierte Bereiche der Realität zu Bedeutung und verleiht ihnen Leben.

In gewisser Hinsicht *ist* unser Bewußtsein Energie, die mit anderen Energiefeldern interagiert. Und während wir wir selbst sind, individuell und relativ ungebunden, stellt unser individuelles Bewußtsein mit Sicherheit auch Masse-Energie-Felder her; einige davon schweben einfach um unser Lebensfeld, andere befinden sich unmittelbar daneben, und in ihnen existiert alles Erdenbewußtsein unserer und anderer Spezies unabhängig von den zeitlichen Perioden ihrer Existenz.

Dies spürte ich in verschiedenen Trancezuständen, und Seth beharrt darauf, daß uns dies alles durch das Fenster unseres Gegenwartsmoments theoretisch zugänglich ist: durch den Punkt unseres Seins in Raum und Zeit. Wir müssen nur den Kanal öffnen. Vielleicht repräsentiert Seth ein solches multidimensionales Bewußtsein, und stehen die Sumari insgesamt einerseits für die erspürten, von unseren eigenen Ursprungs-Selbsts (höher dimensionierte Geister unserer selbst) projizierten Bewußtseins-Scharen, andererseits für das vereinte und von jeglicher irdischen Existenz gänzlich zurückgezogene Bewußtsein.

So gesehen hätte die Erde kein Ende, genausowenig wie wir einen Anfang. Der wahre und einzige »Anfang« ist dieses Jetzt, aus dem die Erfahrung überströmt und sich ergießt, um scheinbar hinter uns eine Vergangenheit und vor uns eine Zukunft zu schaffen; kleine Wellen bildend, die sich von unserm Jetzt aus in Jahre übersetzt ausbreiten. Aber es gäbe andere, für uns wahrscheinliche Erden, andere Lebensfelder und andere historische Vergangenheiten als die unsere.

Doch wir alle bewahren unverletzlich unsere Erinnerungen, und wir sind nicht verloren, sondern frei, unsere eigenen Realitäten von diesem speziell dimensionierten Nest von Raum und Zeit, das wir Erde nennen, aus zu erkunden. Ich bin davon überzeugt, daß ich in irgendeiner wahrscheinlichen, erdengleichen Welt dieses Buch nicht schreibe. Vielleicht bin ich überhaupt keine Schriftstellerin oder lebe in einer Zivilisation, in der Lesen unbekannt ist. Mein schriftstellerisches Potential bliebe dort latent.

Und sehr wahrscheinlich würden Sie in irgendeiner wahrscheinlichen Welt dieses Buch nicht lesen. Bevor Sie es in unserer Realität in die Hand nahmen, waren Ihr Lesen oder Ihr Nichtlesen dieses Buches wahrscheinliche Ereignisse. Die Tatsache, daß Sie dieses Buch lesen, verwirklicht eine dieser Wahrscheinlichkeiten, doch auf einer anderen Handlungsebene »ereignet sich« für ein wahrscheinliches Selbst von Ihnen das Nichtlesen; ein Selbst, das eine andere Entscheidung traf oder sich Umstände schuf, unter denen es nie auf dieses Buch stieß.

Als ich die erste Fassung dieses Kapitels schrieb, wußte ich, daß dieses Buch schon irgendwo fertiggestellt war. Ich hatte zu diesem Zeitpunkt noch nicht mit dem ersten oder den letzten Teilen des Buches begonnen. Doch ich wußte, daß alle Teile irgendwie simultan »geschrieben« wurden, auch wenn ich es auf der Ebene des Lebensfeldes Tag um Tag schreiben mußte. Auf normaler Bewußtseinsebene wußte ich nicht, wohin mich dieses Buch führen würde, aber ich setzte meine Arbeit (ganz ähnlich wie bei der Analogie vom Quadrat auf dem weißen Blatt Papier) im Vertrauen in meine Fähigkeiten auf anderer Ebene fort.

Ich wollte aber nicht all die Tage, bis das Buch fertig war, überspringen. Ich wußte, daß jeder Tag geheimnisvoll und bedeutsam und unbeschreiblich wesentlich war; mir lieb und teuer gerade wegen der Sinneswahrnehmungen, die mir eine Ordnung von Abenddämmerung und Morgengrauen zeigten, auch wenn diese in Sequenzen unterteilte Realität eine Weile lang Teile meines eigenen Buches vor mir verbarg.

Doch diese »Weile«, so wußte ich, war nur relativ. Denn wenn wir uns unserer Multidimensionalität gewahr sind, dann agiert sie als Kontrapunkt. Unsere Träume werden lebendig. Wir finden uns manchmal hellwach im Schlaf und entdecken leuchtende Hinweise auf unser anderes Wissen. Und all das ist wie eine tiefe, komplexe und verstärkende Unterlage, die unsere tägliche kreative Erfahrung bereichert, sie in eine andere, merkwürdigere, breitere Perspektive rückt, die gewiß irgendwie einzigartig ist.

Und dennoch, wie unverständig wir sein können! Ich sollte bestimmt einiges von Inspiration verstehen, und trotzdem ertappte ich mich immer wieder dabei, daß ich mir Sorgen um den Zeitplan für mein Schreiben machte, mich abstrampelte, um ganz sicher zu gehen, daß ich meine täglichen fünf Stunden zur Verfügung hatte, und jede Ablenkung verfluchte. Dann stellte ich fest, daß ich oft am besten arbeitete, wenn ich meine »Pflichten« erledigt hatte und nur mit Ideen herumspielte.

Während das Schreiben eines Buches einige Arbeit erfordert, die definitiv Zeit in Anspruch nimmt, findet Inspiration »zwischen den Zeiten« statt. Sie öffnet die Zeit. Zwei Stunden inspiriertes Schreiben sind soviel wert wie zehn Stunden trockenes, erzwungenes Schreiben auf der Ebene bewußten eingleisigen Denkens. Dabei ist aber ein subjektives Wissen im Spiel, ein primärer Augenblick oder Augenblicke, in denen uns die Inspiration zugänglich ist, und unsichtbare Realitäten plötzlich mit der gewohnten Realität zusammenfallen. Dieses Wissen kommt zu seiner eigenen Zeit, aber seine und unsere Zeit müssen natürlich zusammentreffen.

Ich denke, daß sich eine solche seltsam undurchsichtige Begegnung ereignet, wenn wir aus der inneren Ereignisordnung Informationen erhalten, sei es durch Inspiration, Präkognition, Eingebungen, Ahnungen oder was immer. Seth zufolge löst das Anerkennen dieser größeren Realität ein weiträumiges Bewußtsein aus und gibt unserer Wahrnehmung eine andere, eine umfassendere geistige Färbung. Mit anderen Worten, weiträumiges Bewußtsein verstärkt die Kraft normaler Wahrnehmungsfähigkeit und erlaubt uns, mehr und mehr Ereignissen gewahr zu sein, die nicht direkt in unserem Lebensfeld ablaufen. Die Fokus-Persönlichkeit wird in unterschiedlichem Maße mit Daten vertraut, die ihr aufgrund ihrer Überzeugungen zuvor verschlossen waren. Solche Informationen müssen dann genauso assimiliert werden wie alle Sinnesdaten.

Unseren Begriffen nach haben wir dann mehr Material zu handhaben als zuvor. Wir sind uns dann auch einiger Ereignisse gewahr, die außerhalb unseres Lebensfeldes oder an anderen Punkten als in dem persönlichen Lebensfeld stattfinden. Die Vision, das »Sichtfeld«, erweitert sich. Das weiträumige Bewußtsein verhält sich wie eine Plattform knapp über dem Lebensfeld; es läßt uns ein größeres Umfeld an Aktivität wahrnehmen, so wie wir vom Flugzeug aus mit einem Blick mehr von der Landschaft sehen, als wenn wir uns auf dem Boden fortbewegen.

Die Information muß dann, soll sie in unserem Sinn von praktischem Nutzen sein, in unseren Lebenskontext gestellt werden. All das beinhaltet eine Art spontanes Training, durch das das Bewußtsein der Fokus-Persönlichkeit nicht nur mit den Wahrnehmungen im Rahmen des Hier und Jetzt, sondern auch mit Ereignissen außerhalb dieses Bezugssystems umzugehen lernt.

Unsere Sozialisation allerdings läßt uns gegenüber gespürten oder erahnten Ereignissen, die wir nicht sofort zu physischen Beweisen in Beziehung setzen können, sehr argwöhnisch sein. Von daher unterdrücken viele von uns derartige Informationen und wehren sich dagegen, spontanen Gebrauch von solchen Fähigkeiten zu machen. Ich hätte mit Sicherheit in allen erwähnten Fällen genauere Informationen über den Zustand meiner Schwiegermutter erhalten können, wenn ich mich nicht auch aus Angst, eine Stimmung übermäßig zu verstärken oder meiner Phantasie allzu freien Lauf zu lassen, bis zu einem gewissen Grad zurückgehalten hätte. Indem ich den Vogel als Omen verwendete, hatte ich eine physische Handhabe, konnte für den Moment die inneren Informationen mit der physischen Realität in Zusammenhang bringen und somit der ganzen Angelegenheit irgendwie mehr Respektabilität verleihen.

Für die Fokus-Persönlichkeit ist Respektabilität nicht unwesentlich. Irgendwie muß sie ihren Weg im Lebensfeld machen und ihre großen Energien in eine vorfabrizierte Struktur einpassen. Unsere Vorstellungen von Realität sind ihre Vorstellungen. Unsere Überzeugungen räumen ihr mehr Freiheit und Spielraum ein, oder aber sie hindern sie daran, ihre Freiheit zu nutzen. Die Fokus-Persönlichkeit ist jener Teil der Psyche, mit dem wir uns im allgemeinen identifizieren. Aber wie ein Ereignis hat auch die Psyche einen unsichtbaren Aspekt, aus dem die Fokus-Persönlichkeit entsteht. Um Einblicke in ihn zu gewinnen, müssen wir uns selbst und die Ereignisse, die wir erleben – in und außerhalb der Zeit –, erforschen und untersuchen.

15
Innere Ereignisordnung und »inoffizielle« Wahrnehmungen

Ich war sehr überrascht, eines Abends meinen Sumari-Song »Lied der Schöpfung« auf einem Cello vorgetragen zu hören. Wade, einer meiner Kursteilnehmer, ist Musiker; er hatte das Lied von einer Tonbandaufnahme in Noten übertragen. Die Musik war wunderbar. Eine musikalische Komposition, dachte ich immer wieder. Woher kam sie wirklich? Ich bin eine geübte Schriftstellerin und male manchmal als Hobby, aber ich weiß nicht das geringste über Noten oder Komposition und hatte nie auf irgendeine Weise meine Stimme trainiert, geschweige denn Gesangsunterricht genommen. Und doch war hier ein Musikstück, das sich großartig anhörte, zumindest für meine ungeübten Ohren. Und auch für Wade – und seine Frau, die ebenfalls Musikerin ist.

Hätte ich, wenn ich eine musikalische Ausbildung genossen hätte, eine Komponistin sein können? Wie viele solche Kompositionen gehen verloren, so fragte ich mich, weil die Personen, die sie produzieren könnten, sich ihrer Fähigkeiten unbewußt bleiben? Sind diese Lieder einfach da, damit wir sie uns holen, so wie Bücher? Wie alles? Und während ich dem Cellovortrag lauschte, dachte ich: *Ich* komme ebenso mühelos aus mir heraus zum Vorschein wie damals das Lied, und meine Schüler ebenso. Allen Menschen geht es so. Unsere Individualität kommt immer ganz leicht zum Vorschein, unsere besten Momente, unsere größten Talente, unsere physische Vitalität – alle kommen sie ganz natürlich aus uns heraus. Wir brauchen eigentlich nur dem Selbst, das wir in uns fühlen, zu folgen.

Mein ursprünglicher gesungener Vortrag des Lieds und Wades

Celloversion waren beides äußere Ereignisse, doch die musikalische Komposition, der ich so mühelos Ausdruck gegeben hatte, entsprang dem inneren Ereignis, das das Lied anfänglich produzierte. Und während ich Wade zuhörte, wurde mir wieder einmal klar, daß alle äußeren Ereignisse von inneren Ereignissen herrühren, von einer inneren Ordnung, die nur innerhalb ihres eigenen Kontexts und auf ihrer eigenen Ebene Sinn ergibt; und daß wir ständig Ereignisse aus einer Ordnung in die andere übersetzen. Das »Lied der Schöpfung« ließ mich das so klar erkennen, weil ich mir meiner musikalischen Unkenntnis auf normaler Bewußtseinsebene sehr bewußt war.

Aber wie real sind innere mentale Ereignisse und in welcher Realitätsstruktur existieren sie? Da unsere Aufmerksamkeit normalerweise nach außen gerichtet ist, sehen wir gewöhnlich *durch* unsere Geistesinhalte hindurch. Diese Inhalte fließen so glatt in äußere Ereignisse ein, daß wir uns ihrer oft nicht bewußt sind. Der Geist hingegen verliert sich in seinen eigenen Inhalten, die wir nie genauer untersuchen.

Wenn wir sie untersuchen, können wir die Spur einiger innerer Daten bis hin zu den äußeren Ereignissen, die uns zuzustoßen scheinen, verfolgen. Doch andere innere Inhalte verbleiben in einer anderen Existenzordnung. Ihre Realität ahnen oder spüren wir. Sie mögen sogar einen ziemlich breiten »Raum« in unseren Gedanken einnehmen, ohne sich aber auf gleiche Weise bis zu Ereignissen verfolgen zu lassen. Sie scheinen in ihrem eigenen mentalen Reich zu existieren, wo sie innerhalb ihres eigenen Kontexts akzeptiert oder negiert werden müssen. Sie erscheinen normalerweise nicht in veräußerlichter Form.

Die innere Welt der Aktivitäten, Symbole und Erfahrungen scheint trotz ihrer intimeren Natur ebenso ausgedehnt und vielfältig wie die äußere Welt. Die üblichen Korrelationen, auf die wir uns alle einigen, scheinen dort nicht vorhanden oder sind nicht leicht aufzufinden. Die innere Welt *ist* mit Symbolen, Gedanken und Persönlichkeiten bevölkert. Doch durch unseren physischen Fokus gesehen, sind diese sehr wandelbar und schwer zu greifen. Sie scheinen von uns unbemerkt ihr eigenes Leben zu führen, und wenn uns plötzlich bewußt wird, was da geschieht, verschwinden sie.

"The Story of The Creation"

Freely

Sumari Song

Das Träumen ist ein gutes Beispiel für diese innere Ereignisordnung. Wir *sind* bewußt, aber im Rahmen einer anderen Erfahrungsweise, in dem die üblichen Regeln nicht gelten. Hier scheint manchmal ein völlig fremdes psychisches Bezugssystem zu existieren, in dem unsere Gedanken und Handlungen oft keinem Muster zu folgen scheinen. Fangen wir aber an, unsere Träume zu studieren, dann entdecken wir bald, daß unsere Traumaktivitäten keineswegs so chaotisch sind, wie es zunächst schien.

Zum einen zeigt sich in Träumen Zeit außerhalb des gewohnten Kontexts, was uns bei der Betrachtung unserer Träume im Wachzustand verwirrt. Wir entdecken aber schnell eine andere Form von Strukturierung, allerdings nicht jene, auf welche wir uns im Wachzustand konzentrieren; und ganz gewiß nicht die, nach der wir unsere Alltagsbegebenheiten ordnen.

Wir verbringen ziemlich viel Zeit mit Schlafen und Träumen, deshalb müssen diese innerlich fokussierten Ereignisse wichtig sein, und meiner Ansicht nach besitzen sie auch eine Art von Kontinuität, die sich über Jahre hinweg erstreckt. Das heißt, so wie wir eine »Wach-Geschichte« haben, haben wir vielleicht auch eine Traum-Geschichte in der vergangene und künftige Ereignisse zusammengebracht werden; Ausschnitte von wahrscheinlichen Geschehnissen, die ausprobiert werden, erwählt oder verworfen, bis schließlich ein Modell für physische Ereignisse gefunden ist.

Unsere geistige Realität in Träumen ist nicht auf unsere physische Wahrnehmung im Lebensfeld beschränkt. Ereignisse werden *als* physisch erfahren, vollziehen sich aber nicht im üblichen Fokusbereich der Fokus-Persönlichkeit. Der Vorgang des Träumens braucht Zeit, aber innerhalb dieses Rahmens macht der Geist Erfahrungen ohne die übliche Konfrontation mit Raum und Zeit. Im Traumzustand bleibt die Begegnung der Fokus-Persönlichkeit mit der dreidimensionalen Realität dunkel, und sie verfügt über relativ größere Freiheit.

Doch diese andere Erfahrungsordnung kann auch in unseren Wachzustand eindringen, vor allem, wenn das bewußt unterstützt wird. In diesen Fällen können wir je nach Umständen lernen, von einer Realität in die andere umzuschalten – die innere Ordnung der Realität wahrzunehmen, während sich für uns die äußere Ordnung momentan in den Hintergrund zurückzieht, wo wir uns ihrer nur noch am Rande gewahr sind.

Wenn ich so vorgehe, dann nehme ich oft ganz bewußt die normale Zeit und gewöhnliche Ereignisse als Bezugspunkte; ich bleibe in ihrer Nähe, während ich sehr intensiv auf diese andere Existenzordnung fokussiert bin und mich in erster Linie mit den charakteristischen Ereignissen befasse, die sich dort abspielen.

Wie ich schon sagte, auch die Realität an sich hat Aspekte, und ich betrachte unsere Realität als nur einen davon. Jeder Aspekt ist eine spezialisierte Version einer schöpferischen undifferenzierten Grundrealität – ein stets gegenwärtiges Feld latenter Aktivität –, die sich ereignet oder den Sprung ins Sein macht, wenn Bewußtsein oder »bewußt-gewordene« Energie auf sie auftrifft und sie gemäß ihrem eigenen wahrnehmenden Fokus strukturiert. Ein Realitäts-Aspekt ist so legitim wie der andere. In manche davon, so glaube ich, können wir durch eine Veränderung des üblichen Aufmerksamkeits-Fokus Einblick nehmen; bei anderen ist das wohl nicht möglich. Wir können aber das Wesen unseres Bewußtseins erweitern, wenn wir zulassen, daß es so viele andere Aspekte wie möglich wahrnimmt; daß es lernt, sein Gleichgewicht zu bewahren, während es in mehr als einer Ereignisordnung zugleich wahrnimmt und interagiert.

Das folgende Beispiel zur Demonstration dessen, was ich meine, wurde in Robs Anmerkungen zu Seths Buch *Die Natur der persönlichen Realität* kurz erwähnt, ich möchte hier aber etwas ausführlicher darauf eingehen. Als Seth dieses Buch in Arbeit hatte, schrieb ich meinen Lyrikband *Dialogues Between the Soul and Mortal Self in Time*. Eines Tages war ich ganz besonders inspiriert und endete mit einem Vers, in dem die Seele dem irdischen Selbst vom »doppelten Licht, das unser beider Welten vereint« erzählt.

Rob und ich erwarteten für den späteren Abend Besuch. Nach dem Abendessen ging er noch in den Laden, um Wein und Crackers zu besorgen, während ich die Küche aufräumte. Es hatte den ganzen Tag geregnet, und als ich mit dem Abwasch fertig war, öffnete ich das Küchenfenster, um zu sehen, ob der Regen für einen kurzen Spaziergang zu stark war.

Plötzlich stand ich da, wie angenagelt. Es war eine dunkle, samtweiche Nacht, und doch leuchtete sie im glitzernden Widerschein der Straßenlampen auf nassen Gehsteigen. Eine Pfütze direkt unter dem Fenster nahm meine Aufmerksamkeit gefangen. Ich starrte darauf. Die Regentropfen schienen nicht nur hineinzufallen, sondern auch *heraus*zuspringen. Da war ein lebendiges Geschöpf, das Regentropfen abschoß wie Stacheln von einem Stachelschwein. Seine flüssig-silbrige Haut sog unwiderstehlich die Lichter der Straße in sich ein. Es sah aus wie ein Strauß aus Regenstengeln und Lichtblüten, und ich sah, wie es aufstand und herumspazierte – eines der erstaunlichsten Dinge, die ich je beobachtet habe.

Ich wußte, daß da in der normalen Welt nur eine flache Pfütze auf dem Parkplatz war. Ich wußte aber auch, daß ich über meine physischen Sinne irgendwie diesen anderen Aspekt der Realität wahrnahm, in dem die Pfütze ein Regengeschöpf war, lebendig, wach und voller Energie. Ich *sah*, wie es sich bewegte, aus der Pfütze heraus Gestalt annahm, sich verdichtete. Die Frage, was nun real war, das Geschöpf oder die Pfütze, war lächerlich. Beide existierten. Doch das Geschöpf war weitaus faszinierender.

Während ich das Regengeschöpf beobachtete, war mir klar, daß jeder andere im normalen Bewußtseinszustand fokussierte Mensch nur eine Pfütze sehen würde; und ich wußte, daß in der normalen Welt Pfützen nicht aufstehen und herumspazieren. (Hätte ich das in diesem Bezugssystem behauptet, wäre ich für verrückt erklärt worden.) Doch während ich diesem phantastischen, glitzernden Geschöpf zusah, wußte ich auch, daß die Pfütze die flache, farblose, phantasielose Ausführung von etwas anderem ebenso gültigen war. Und mir war klar, daß mich das Regengeschöpf, sollte ich auf die Straße hinausgehen, nicht verfolgen würde, weil die beiden Realitäten, obschon miteinander verknüpft, in getrennten Bereichen operierten.

Als ich so völlig perplex dastand, geschah etwas anderes. Plötzlich erschien etwa in Hüfthöhe, nahe beim Eisschrank, ein rundes, unbewegliches gelbes Licht vor mir in der Luft. Ich konnte keinen Ort ausmachen, von dem es hätte ausgehen können. Es hatte zum Beispiel auch nicht geblitzt. Es gab kein physisches Äquivalent oder Gegenstück, wie es etwa die Pfütze für das Regengeschöpf darstellte. Das Licht war physisch, aber unseren Begriffen nach hatte es kein Recht, dazusein. Es war ein perfekter flacher Lichtkreis, groß, breiter als der Eisschrank. Weder strahlte er an den Rändern aus, noch erhellte er den Rest des Raums. Ich war so überrascht, daß ich unwillkürlich einen Satz zurück machte, und es verschwand sofort.

Ich weiß ehrlich nicht, woher es kam. Ich bin davon überzeugt, daß es sich weder um eine Spiegelung noch um eine Halluzination handelte. Meiner Ansicht nach handelte es sich auf merkwürdige Weise um ein Ereignis aus jener anderen Realitätsordnung, das symbolisch »das Licht, das unser beider Welten vereint« repräsentierte. Beide Ereignisse, das Regengeschöpf und das Licht, fanden ihren Niederschlag in *Dialogues.* Ich benutzte sie als kreatives Material, als exzellente Möglichkeit, Wahrnehmungen, die irgendeine Ereignisordnung transzendieren, in Zusammenhänge zu stellen. Die Kunst gibt uns ganz sicherlich, wie ich meine, eine Methode an die Hand, verschiedene Realitäts-Aspekte zu vereinen und sie unserer Welt zu präsentieren.

Das Schreiben von *Dialogues* bedeutete, daß ich ständig zwischen den zwei Ereignisordnungen hin- und herpendelte und den Zustand normaler Inspiration als Verbindungsglied nutzte. Ich habe zum Beispiel festgestellt, daß es mir schwerfällt, zu kommunizieren, wenn ich in jene andere Realität versunken bin, und daß die kreative Inspiration als Brücke zwischen beiden Welten fungiert, eine künstlerische Übersetzung möglich macht.

Einmal spürte ich zum Beispiel beim Schreiben eines Gedichts riesige Gestalten, die um den Rand der Welt standen, ihre Hüften baumwipfelhoch, ihre Schultern in ferner Höhe. Natürlich lief ich nicht auf die Straße und schrie: »Leute, seht euch diese Riesen an!« Doch ich wußte, daß sie für ein gültiges Bewußtsein standen, riesig im Vergleich zu unserem. Von diesem Gefühl überwältigt, konnte ich nicht weiter an meinem Gedicht schreiben, weil die Ereignisse sogar diese Art von Bewußtseinsebene überstiegen. Auf diese Episode komme ich noch später im Buch zurück.

Die Sache ist die: Es ist außerordentlich wichtig zu erkennen, daß in diesen Fällen zwei Ereignisordnungen involviert sind. Sehr wahrscheinlich gehörten die Gesichter, die meine Kursteilnehmer eines Abends an der Decke sahen (in Kapitel 1 beschrieben), zu dieser inneren Ordnung. Sie hatten ihre Gültigkeit; sie *existierten*, aber in bezug auf ... etwas anderes, eine andere Realität, die wir in Sinnesbegriffe oder Pseudo-Sinnesbegriffe übersetzen, um sie überhaupt wahrnehmen zu können.

Hätte ich zum Beispiel auf einer *physischen* Existenz meines Regengeschöpfes beharrt und versucht, seine Realität der Realität der Pfütze in unserer Welt überzustülpen, hätte ich ein Problem gehabt. Wäre ich auf die Straße gegangen, um ihm als Wesenheit in unserer Welt der Fakten direkt zu begegnen, dann wäre ich gezwungen gewesen, es in eine Welt einzupassen, in die es nicht gehört. Hätte ich eine Neigung zur Paranoia, dann hätte ich vielleicht all den Hohn, all die gegen mich gerichtete Verachtung, die ich spüre, darauf projiziert; ich hätte vielleicht Angst gehabt, daß es mich angreift. Oder ich hätte, falls ich einem Nachbarn begegnet wäre, versucht, ihn von der Realität des Regengeschöpfes zu überzeugen, darauf bestanden, daß es REAL war. Natürlich war es real, aber nicht in unserer anerkannten Ereignisordnung.

Einigen Menschen fällt es leichter als anderen, ihren Bewußtseinsfokus so zu verändern, daß sie diese »anderen« Ereignisse wahrnehmen. Allerdings scheinen nur wenige imstande zu sein, sie zum normalen Leben in Beziehung zu setzen. Ich selbst habe erst vor kurzem damit begonnen, sie zu studieren, und bislang bin ich mir nur einer Sache sicher, nämlich daß diese Ereignisse eben deshalb zur Kenntnis genommen werden können, weil sie nicht in den anerkannten Ablauf offizieller Realität passen.

Ich weiß, daß wir in Schwierigkeiten geraten, wenn wir die beiden Ereignisarten durcheinanderbringen. Wir verlieren die Orientierung in unserer Welt, unser Verhalten wird unangemessen. Vielleicht kann ich das anhand von zwei Beispielen genauer erläutern. Beide Male handelt es sich um Personen, die kurz in einer Nervenheilanstalt waren; beide hatten Seths Bücher gelesen und dazu fast alles, was an Literatur über »Mediales« auf dem Markt war.

Die erste Episode betrifft einen jungen Mann von der Westküste, den ich Ed nennen will. Er rief mich eines Tages an, um mir mitzuteilen, daß er Christus sei, und daß die Welt in ein paar Tagen untergehen würde. Er war gerade aus der Nervenklinik entlassen worden, in die ihn seine Eltern hatten einliefern lassen, nachdem er Visionen gehabt und Stimmen gehört hatte, die ihm sagten, er sei Christus.

Sein Aufenthalt in der Klinik war nur von kurzer Dauer. Ed hatte seine Sinne genug beisammen, um sich zu denken, daß er dort war, weil er gesagt hatte, er sei Christus, also sagte er es nicht mehr. Statt dessen stimmte er seinen Eltern zu, daß er durch seine Studien am College in einen Erschöpfungszustand geraten war.

Er wurde also entlassen, war aber nach wie vor davon überzeugt, der reinkarnierte Christus zu sein. Er sagte, die Welt würde am 2. Februar untergehen, wollte dies aber von mir bestätigt haben. Ob Seth etwas darüber gesagt hatte? Und da er sich sicher war, Christus zu sein, ging er selbstverständlich davon aus, daß Rob und ich sofort alles liegen- und stehenlassen und das nächste Flugzeug nehmen würden, um ihn zu besuchen. Tatsächlich ließ er durchblicken, daß ich mich glücklich schätzen könne, eine solche Gelegenheit zu bekommen.

Ich versuchte ihm etwas über die innere und äußere Ereignisordnung zu vermitteln und ihm zu erklären, daß er vielleicht einige sehr wichtige persönliche Informationen aus dem Bereich jener inneren Ordnung erhalten habe; daß er sie symbolisierte und nun versuchte, das Symbol zur buchstäblichen Realität zu machen. Nach christlicher Terminologie *ist* jede Person Teil der messianischen Sendung. Ich sagte, ich nähme an, er habe mystische Erfahrungen gehabt, in denen er diese Einheit empfunden habe, und riet ihm, es dabei zu belassen; er solle seine persönliche messianische Sendung als subjektiv gültig betrachten – als Realität in einer Ereignisordnung, die in unserer Welt symbolisch ausgedrückt werden kann. Ich schlug ihm auch vor, seine messianische Sendung zu leben, indem er gütig zu sich und anderen war, daß er aber nicht versuchen solle, sie ganz buchstäblich der physischen Welt aufzuzwingen. »Wir müssen die Ereignisordnungen unterschiedlich behandeln«, sagte ich.

»Aber innere und äußere Ordnung sind eins. Es gibt nur eine Einheit!« rief er ungeduldig aus. Scharfsinniger Kommentar und sehr wahr. Doch er versuchte, eine Art von Realität einer anderen aufzusetzen, und interpretierte die eine Art von Information aus der inneren Ordnung *in Begriffen* der äußeren Realität. Er legte auf, weiter davon überzeugt, Christus zu sein. Vielleicht war er sich ein winziges bißchen weniger sicher. Augenscheinlich ging die Welt dann doch nicht zu seinem vorhergesagten Termin unter, was ihn vielleicht noch mal hat darüber nachdenken lassen.

Normalerweise fängt die Fokus-Persönlichkeit nur einen Hauptsender auf, aber wenn sie ihre Wahrnehmungsfähigkeiten auch nur ganz leicht von ihrer Lebensebene (oder ihrem heimischen Sender) abkehrt, vermag sie andere Realitäten aufzufangen. Die Lebensebene, die die direkte Schnittstelle der Fokus-Persönlichkeit mit dem Raum-Zeit-Feld darstellt, ist der stärkste Sender. Andere Signale müssen von Signalen des heimischen Senders durchsetzt sein, oder sie erscheinen als bedeutungsloses atmosphärisches Störgeräusch. Diese anderen Wahrnehmungen geben dann unseren gewöhnlichen Erfahrungen eine bestimmte Färbung. Es ist der Unterschied zwischen normalen und anderen Ereignissen, der unsere Aufmerksamkeit erregt. Die inoffiziellen Wahrnehmungen sagen uns, daß etwas Andersartiges geschieht, aber diese Daten erreichen uns nach wie vor über unseren heimischen Sender, bis zu einem gewissen Grad unser »Programm« überlagernd. In einem solchen Fall führt die anschließende Übersetzung dazu, daß die Ereignisse mehr oder weniger aus der Form geraten, so wie Gegenstände, die in einen zu kleinen oder vollgestopften Raum gedrängt werden.

Die Folge ist dann eine Art Dimensions-Dilemma. Die neuen Daten drücken die Ereignisse, so wie wir sie kennen, ein wenig außer Form, auch wenn sie der Erfahrung, so wie wir sie verstehen, eingeprägt werden müssen. Da die Fokus-Persönlichkeit auf ihren heimischen Sender auf der Lebensebene eingestellt ist, kommt die Information durch das lokale Programm und verändert es in gewissem Maß. Das kreative Material, das hier verändert wird, sind aber die psychischen Inhalte – die Glaubensvorstellungen, Symbole, Ideen und Absichten des bewußten Denkens, welches die Daten interpretiert.

Die zweite Episode liefert hier ein Beispiel. Ein junger Mann, den ich Arnold nenne, rief mich an und sagte: »Ich habe ähnliche Erfahrungen wie Sie gemacht.« Dann erzählte er eine faszinierende Geschichte. Innerhalb einer Phase von zwei Tagen und Nächten hatte er eine Vision nach der anderen von »Geistern«, die innerlich mit ihm sprachen und mit einem, wie er sagte, Studiengang zur Entwicklung seiner medialen Fähigkeiten begonnen hatten.

An der Zimmerdecke materialisierte sich ein Gesicht und stellte sich, wiederum innerlich zu ihm sprechend, als »Platon« vor; und Platon wurde von diesem Moment an der »Lehrer« des jungen Mannes. Es wurde ihm allerdings mitgeteilt, er müsse den Anweisungen rückhaltlos Folge leisten und ohne Frage gehorchen. Verschiedene Male fand er sich außerhalb seines Körpers in der Luft schweben. In der zweiten Nacht – er befand sich in seinem Körper – wurde er angewiesen, hinaus- und spazierenzugehen, um sich Bewegung zu machen. Er tat es und wurde von seinen Schritten »fortgerissen«; er ging weiter und weiter und konnte nicht mehr aufhören. Hunde folgten ihm, hechelnd und ihn mit »wilden Augen« anstarrend, bis er schließlich nach fünf Stunden an eine fremde Haustür hämmerte und um Hilfe bat. Man rief die Polizei, und Arnold wurde in eine Nervenheilanstalt eingeliefert.

Auch dieser junge Mann hatte so viel Verstand, sich an gewisse Spielregeln zu halten. Er hörte auf mit Platon zu sprechen, sobald jemand in der Nähe war. Er redete auch nicht mehr über seine außerkörperlichen Erfahrungen (die mir übrigens sehr authentisch zu sein schienen) und durfte die Klinik verlassen. Platon, so erzählte er mir, habe ihm Informationen und Voraussagen über unheilvolle Umstände gegeben, in die einige seiner Familienmitglieder geraten würden, die sich aber nicht bewahrheitet hätten. Arnold sprach nach wie vor mit Platon, war nun aber vorsichtiger und folgte nicht mehr blind seinen Anweisungen.

Platon war schon immer der Held dieses jungen Mannes gewesen, also wird Platon sein Lehrer – das ist in Ordnung innerhalb der inneren Ordnung der Ereignisse. Eine solche Begegnung auf psychischer Ebene muß aber, wenn sie als buchstäbliche Information nach außen projiziert wird, dann den Bahnen der äußeren Ordnung folgen, wo sie nicht hingehört. Sie wird zur Sammelstelle von Projektionen. Zweifellos war Arnolds Realitätssicht erweitert worden, aber niemand lehrte ihn, wie er die Informationen, die er bekam, interpretieren sollte.

Ich weiß nicht, wie viele heilige Paulus uns schreiben, jeder mit seinen eigenen medialen Referenzen versehen, die er durch automatisches Schreiben, Träume, das Ouija-Brett oder in Trancen erhielt. Ich persönlich weiß von zwei verschiedenen Gruppen in diesem Land, in denen sich jeweils sämtliche reinkarnierte Jünger Jesu versammeln. Unglücklicherweise wußte dieser eine Christus, mit dem ich mich unterhielt, nichts von diesen Leuten. Vielleicht hätte ich sie miteinander in Kontakt bringen sollen.

Es ist, weiß Gott, einfach, in solchen Fällen eine Position zu beziehen. Wie leichtgläubig können Menschen eigentlich sein? Im Normalfall weisen automatisch geschriebene Mitteilungen per se keine besonderen philosophischen oder literarischen Qualitäten auf, käuen nur langweilige Dogmen über Götter und Dämonen wider und ermuntern den ermatteten Menschen, den guten Glauben nicht zu verlieren.

Doch viele dieser Personen sind, intuitiv und psychisch gesehen, etwas auf der Spur. Sie sind weniger eng gebunden als andere. Ihr Leben *wird* reicher durch imaginative Kreativität, und sie fangen tatsächlich Daten aus dem Feld freien Gewahrseins auf. Das Problem ist nur, daß sie ihre gültigen Erfahrungen in das Gewand sehr beschränkter Ideen kleiden.

Oft haben solche Personen zum Beispiel außerkörperliche Erfahrungen und werden mit der übersprudelnden Aktivität der Psyche vertraut. Doch häufig erscheinen sie geradezu töricht, irregeleitet oder hoffnungslos leichtgläubig, weil sie nicht wissen, wie sie die erhaltenen Informationen interpretieren oder die innere Ereignisordnung in die äußere einpassen sollen. Und sie glauben, daß das unbedingt getan werden muß. Sie nehmen die Dinge zu buchstäblich und versuchen, die Vision unverändert in real praktikable Begriffe zu übertragen. Was dann der leichteste Weg sein könnte, die Vision zu normieren und einzufrieren und sie damit ihrer wahren Kreativität und Beweglichkeit zu berauben.

Ich bin sicher, daß kreative Künstler und Handwerker mit Übersetzungsmethoden medialen Materials vertrauter sind, es damit durch eine Art von Transzendierung in das Leben unserer Welt einbringen, die der Vision treu bleibt – in der Tat der Vision getreulicher entspricht, *weil* nicht versucht wird, sie unseren üblichen Definitionen oder Fakten anzupassen. Diese Menschen wissen, daß die Vision das Wichtigere ist, daß Fakten daraus hervorgehen, daß die Vision selbst sich aber wesentlich dieser Klassifizierung entzieht.

Uns fasziniert an der Kunst die seltsame Mischung von Leben und Nicht-Leben. Physisch gesprochen lebt Kunst nicht. Die kleinste Blume wächst, aber selbst das großartigste Gedicht wird sich nicht auch nur um ein Wort vermehren oder vermindern, als es ursprünglich aufwies. Die Buchstaben auf dieser Seite werden nicht sprießen. So gesehen sind sie tot. Aber etwas ist in oder zwischen diesen Buchstaben enthalten, das nicht nur auf andere Weise lebendig ist, sondern sogar fast so eine Art Superleben hat. Oder nennen Sie es ein Transleben. Eine lebendige Qualität, die sich durch die Dimensionen bewegt, ohne herabzusteigen, die nicht in Zeit und Raum landet wie wir, aber auf sie einwirkt; eine Qualität, die, obgleich nicht physisch, durchaus reale Samen produziert.

Wir werden gelehrt, jede Wahrnehmung an der physischen Welt zu überprüfen, weil wir glauben, von nirgendwo sonst könnten Wahrnehmungen kommen. Erleben wir etwas, das sich in dieser Weise nicht überprüfen läßt, machen wir uns ernsthafte Sorgen. Und wieder fragen wir uns: Ist es wahr oder nicht wahr? Doch ich glaube, daß ein wesentlicher Teil unseres Seins in einem Ereignisbereich angesiedelt ist, der sich in der dreidimensionalen Realität nicht überprüfen läßt, eben weil er zu groß ist, um in dieses Bezugssystem zu passen. Und wie ich schon sagte, ich nenne diesen Teil unseres Seins und Wesens das Ursprungs-Selbst, wobei die Fokus-Persönlichkeit jener Teil ist, welcher sich mit der äußeren Ereignisordnung befaßt.

Wenn wir, wie auch immer, mit der Psyche, mit dem Ursprungs-Selbst in Kontakt kommen, personifizieren wir es leicht als großen »toten« Lehrer, Philosophen, Künstler oder religiösen Führer, gerade weil wir instinktiv seine multidimensionale Natur spüren. Symbolisch gesehen könnte das eine ganz richtige Darstellung sein. Dieser erspürte Teil des Ursprungs-Selbst wäre, nach der Aspekt-Psychologie, der früher erwähnte fundamentale Kern-Aspekt und stünde auch für unsere eigenen idealisierten Selbsts. Die Personifikation würde sich aber in Reaktion auf jenen multidimensionalen Teil von uns entwickeln, der nicht selbst in dieser Realität in Erscheinung treten kann, aus dessen Existenz aber unser gegenwärtiges Sein hervorgeht.

Solche Personifikationen können sich in allen Schattierungen zeigen, von holzschnittartigen »Führer«-Persönlichkeiten, die nur »wohlmeinende« Plattheiten von sich geben, bis hin zu Personagrammen – Persönlichkeiten wie Seth, die von der persönlichen Psyche aus in uns noch unbekannte Dimensionen reichen, und die selbst in dieser Dimension von beträchtlicher Realität sind. Sie können in Visionen, in Träumen oder in anderen Bewußtseinszuständen auftauchen. Doch ihre Grundrealität ist Teil einer anderen Ereignisordnung, die sich zwar mit der unseren verstrickt, aber gesondert von ihr existiert, und aus der sich möglicherweise die Welt, die wir kennen, speist.

Wenn wir diese Personifikationen buchstäblich interpretieren, wenn wir glauben, daß sie von Leuten herrühren, die schon tot sind, von großen historischen Persönlichkeiten, von Göttern oder Gott, dann sind wir gezwungen, ihnen in der normalen Welt der Menschen und Ereignisse zu begegnen und entsprechend mit ihnen umzugehen. Dann müssen sie gute oder böse Geister sein. Dann tragen sie den gesamten Ballast von Vorstellungen und Überzeugungen, die wir in diesem Moment hegen, und die ursprüngliche Vision verwandelt sich einfach in noch mehr Ballast. Die authentischen, vielleicht außerordentlich wichtigen Informationen stehen nicht mehr zur Verfügung.

16
Wenn Aspekte sprechen. »Inoffizielle« Botschaften und Götterlehrlinge

Wenn Aspekte der Psyche sprechen, ist ihre Sprache oft poetisch und dramatisch und bringt schon von ihrer Natur her die Welt des gesunden Menschenverstands in Verwirrung. Ich bekomme Anrufe und Briefe von Leuten aus dem ganzen Land, die innerlich Stimmen von Göttern oder Intelligenzen aus anderen Welten hören, Mitteilungen von Wesen aus dem Weltraum erhalten und in jedem am Himmel herumstreifenden Licht ein Ufo sehen. (Ich beziehe mich hier nicht auf Vorfälle von Ufo-Beobachtungen, die eine *definitive* objektive Grundlage zu haben scheinen.) Diese Personen sind davon überzeugt, daß ihr offenbarendes Material die Welt verbessern und unbedingt zur Transformation des Menschengeschlechts in einen spirituelleren Zustand beitragen werde.

Die Übertreibungen in solchen Fällen sind oft so kraß und offensichtlich, daß ich nicht zu begreifen vermag, warum sie den betreffenden Personen nicht auffallen. Derartige Erfahrungen machen Menschen in allen Lebenslagen, Erwachsene in herausragenden Positionen der Wissenschaft und anderen Bereichen eingeschlossen.

Erst heute erhielt ich zum Beispiel wieder einen solchen Brief, diesmal von einem Mann, der davon überzeugt war, ein Ufo gesehen zu haben. Danach fing er an, geistige Botschaften von einem »Kollegen Seths« zu erhalten. Dieses Material sei von äußerster Wichtigkeit und würde die Menschheit vor dem Untergang bewahren. Der Mann hatte auch meine Bücher und viele andere »mediale« Schriften gelesen. Er hatte einen guten Job in verantwortlicher Position.

Alles, was dieser Mann tatsächlich gesehen hatte, war ein fernes, helles Licht. Warum konnte er nicht einsehen, daß ein einziges Licht ohne irgendwelche anderen Daten unterm Strich nicht unbedingt ein Ufo ergab? Doch während ich darüber und über die Natur von Aspekten, wie sie in der Psyche in Erscheinung treten, nachdachte, begannen bestimmte Dinge einen Sinn zu ergeben.

Die Übertreibungen in diesen Fällen sind wahrscheinlich eine sehr wichtige Komponente; sie stören die Fokus-Persönlichkeit aus ihrer gewohnten Orientierung auf, indem sie sie mit einem dramatischen, aufregenden, symbolischen Ereignis konfrontieren. Die meisten dieser Menschen *sind* von ihrem Wesen her kreativ und von Forschungsdrang beseelt, selbst wenn sie diese Eigenschaften nicht realisieren. Sie waren mit den offiziell akzeptierten Überzeugungen und Glaubensvorstellungen unzufrieden, suchten schon seit Jahren nach etwas, das ihrem Leben eine neue Bedeutung gab, und strebten danach, ihre verschüttete Kreativität freizusetzen und auszudrükken. Sie sehnen sich danach, die bislang blockierte tiefe psychische Energie und Kraft zu erschließen.

So etwas bringt kein kleines unschuldiges Ereignis zustande. Da braucht es schon buchstäblich die Gewalt eines Erdbebens; so ein Ereignis muß die normale Welt auf den Kopf stellen, und es muß mit einer gewissen *Autorität* verbunden sein. Da die meisten Menschen ihre eigene innere Realität nicht verstehen und gelehrt wurden, sich selbst zu mißtrauen, muß dieses offenbarende Material dem Anschein nach von einer äußeren Quelle herrühren.

Das bringt sie dann oft in ein unlösbares Dilemma, da sie beweisen müssen, daß diese äußere Quelle – Gott oder Geist oder außerirdisches Wesen – tatsächlich existiert, oder aber sie verlieren den Glauben an ihre Quelle und müssen sich mit der Tatsache auseinandersetzen, daß ihre Informationen nicht unfehlbar sind. Und zumindest ganz allgemein ist Unfehlbarkeit hier das Schlüsselwort. Die Information muß absolut richtig und wahr sein, oder sie ist absolut falsch und bedeutungslos und die ganze Erfahrung ein Schwindel.

Das bedeutet, daß solche Menschen zum einen oft einem großen Druck ausgesetzt sind, andere dazu zu bringen, die Gültigkeit ihrer äußeren Quelle zu akzeptieren. Zum anderen plagt sie der fast niederschmetternder Verdacht, daß eine solche Quelle gar nicht involviert ist. Angesichts meiner eigenen Erfahrungen kann ich solche Reaktionen gut verstehen. Aber ich umkreiste meine Erfahrungen irgendwie, betrachtete sie fasziniert, doch nicht ehrfurchtsvoll, und dachte bei mir: Aha, was soll das nun bedeuten? Mmm. Ich bewahrte eine gewisse, respektvolle Distanz, bis ich mir bessere Vorstellungen und Theorien von diesen Vorgängen gemacht hatte.

Als Seth zum erstenmal mitteilte, daß sein Material veröffentlicht werden würde, dachte ich: »Großartig, alles, was die Welt unbedingt braucht, ist noch so einen Egomanen, darauf aus, sie vor sich selbst zu retten; noch so eine von ihrer Vision geblendete Visionärin, entschlossen, sie allen anderen Menschen aufzuzwingen.« Ich gebe zu, ich *hätte* in dieser Hinsicht völlig aus dem Häuschen geraten können. Doch ich war frei, meinem medialen Leben nachzugehen, weil ich wußte, ich mußte mir diesen Teil meiner Erfahrung ebenso klar und genau ansehen, wie ich dies auch in allen anderen Lebensbereichen versuche.

Statt nun aus dem Häuschen zu geraten, ließen Rob und ich mich auf eine lange Reihe von Tests ein, die in *Das Seth-Material* erläutert sind, bemüht herauszufinden, wie Wahrnehmung an sich funktioniert und wie zuverlässig Seths Material in den Bereichen war, die sich real überprüfen ließen. Niemals aber nahm ich als selbstverständlich an, daß Seth ein Superwesen in buchstäblichem Sinn sei. Ich setzte mich mit der Frage auseinander, akzeptierte aber keine *A-priori*-Antworten.

Für die meisten Menschen, die mit den herkömmlichen Glaubensvorstellungen arbeiten, müssen aber solche Trance-Persönlichkeiten entweder Götter oder beinahe Götter sein oder aber nichts weiter als Schöpfungen des »trügerischen Unterbewußtseins«. Wie ich schon sagte, führt das zu großem Druck, da solch ein Mensch die Gültigkeit seiner Quelle zu beweisen versucht. Solche Botschaften sind aber in Symbole gekleidet. Die Sprache des Innern ist nicht in unserm Sinn buchstäblich zu verstehen, und doch begreifen wir die symbolische Aussage als buchstäbliche Wahrheit im beschränktesten Sinn von wahr oder unwahr, richtig oder falsch.

Die Übertreibungen solcher Mitteilungen stehen wahrscheinlich in direktem Verhältnis zum Maß der vormaligen inneren Verzweiflung der betreffenden Person und repräsentieren das quälende Bedürfnis, die inneren Energien freizusetzen. Diese kleiden sich dann in jene Ideen oder Persönlichkeiten, zu denen dieser Mensch Vertrauen hat, und lassen so eine Glaubensvorstellung und Akzeptanz von Theorien zu, die nur aufgrund seiner eigenen Autorität zu vertreten, er sich fürchten würde. Nach dem Gefühl, daß das Leben an sich sinnlos ist, ist er selbst nun nicht nur wichtig genug, die Aufmerksamkeit von Göttern und Überwesen auf sich zu ziehen, sondern sie bedürfen auch seiner Hilfe zur Rettung der Welt.

Doch welche therapeutischen Möglichkeiten sich hier potentiell anbieten! Solche Menschen spüren oft einen neuen Eifer und größere Ambitionen in sich und fühlen sich gesünder. Sie haben ein neues Selbstwertgefühl. Oftmals lösen sie nun Probleme, die sie jahrelang belastet haben.

Aber ebensooft hält dieser Zustand nicht an, weil die Überkompensation buchstäblich genommen wird. Zum Beispiel hält man sich vielleicht nun für superwichtig. Während ein solcher Mensch vorher nicht wußte, was er mit seinem Leben anfangen sollte, wird er nun, fast auf sich gestellt, helfen wollen, die Menschheit vor der Katastrophe zu bewahren. Eine übermenschliche Aufgabe führt zwangsläufig dazu, daß wir uns ein wenig minderwertig und der Aufgabe nicht ganz gewachsen fühlen. Abgesehen davon akzeptieren oder glauben die anderen vielleicht nicht an dieses Überwesen oder diesen Geist, auf den nun das eigene Selbstwertgefühl übertragen worden ist. Wird die äußere Quelle nicht akzeptiert, fühlt sich der Betreffende oft mißverstanden und meint, die ganze Welt hätte sich gegen ihn verschworen. Das kann zu noch übertriebeneren Behauptungen von seiten des Überwesens führen, zu Angeboten, Beweise zu erbringen, gefolgt von Entschuldigungen, wenn diese sich nicht so einstellen, wie wir es verstehen.

Der Gesamtkontext – die Visionen, die geistige Kommunikation, Geister – ist jedoch von hoher kreativer Qualität im tiefsten Sinn des Wortes. Die dahinterstehende emotionale Kraft zeigt den ursprünglichen Impetus der Psyche und formt ein Muster, das den inneren Ereignissen einen Rahmen geben soll. Die Übertreibungen waren keine Lügen, wenn man sie innerhalb ihres eigenen Kontexts sieht, nämlich als prächtiges kreatives Gewand, das die beschränkte

Natur unseres auf den Alltag eingestellten Bewußtseins verwirren und in Erstaunen versetzen *soll;* das Fragen in uns aufwerfen, uns verwundern und dazu bringen soll, zu den tieferen Sphären unserer inneren Himmel aufzublicken.

Der nüchterne Verstand will seine Wahrheiten etikettiert, säuberlich in Schächtelchen verpackt und zur einfachen Handhabung klar in Schwarz und Weiß unterschieden haben. Er glaubt an gut oder schlecht, wahr oder unwahr, richtig oder falsch, und er klebt an Autorität. Viele Leute, die Seth folgen, haben zum Beispiel meinen Roman *Überseele Sieben* nicht gelesen, weil es sich eben um einen Roman handelt und deshalb »nicht wahr« sein kann. Genau diese Menschen werden ihren eigenen offenbarenden Informationen mißtrauen und darauf beharren, sie auf herkömmlich akzeptierte Weise zu strukturieren. Und doch sind sie kreativ.

Mit großer Wahrscheinlichkeit werden sie sich jedoch eine Untersuchung und Überprüfung ihres durch automatisches Schreiben produzierten oder über das Ouija-Brett oder worüber auch immer erhaltenen Materials selbst am schwersten machen, denn die Übertreibungen müssen entweder als wahr und stichhaltig oder aber als Lügen angenommen werden. Auch hier können unsere religiösen Vorstellungen und unsere rationale Einstellung, daß etwas entweder richtig oder aber falsch ist, die Dinge wieder auf andere Weise durcheinanderbringen, denn ein solcher Mensch folgert, daß es, wenn es gute Geister gibt, auch böse Geister geben muß. So können dann viele unterdrückte Ängste der Psyche zum Ausbruch kommen, sich als Dämonen, Teufel oder teuflische Visionen dramatisieren, die dann destruktive Befehle geben.

In diesen Fällen wirft die Fokus-Persönlichkeit nie einen direkten Blick auf ihre eigenen psychischen Inhalte. Vielmehr wird das ursprünglich offenbarende Material mit dem Pomp eines bereits vorstrukturierten Dramas ausagiert. Nie sieht die Fokus-Persönlichkeit über die Personifikationen eines inneren Moralstücks hinaus auf die dahinterliegende umfassendere Bedeutung.

Doch selbst das ist äußerst wichtig, da es zu einer inneren Erregung, einer Suche nach Wahrheit, wie fehlgeleitet auch immer, und einer neuen Woge von Bedeutung führt. Aus diesem Grund sind solche Ereignisse oft mit ihrem spezifischen »Zeichen des Himmels« verbunden. Das Licht, das der Ufo-Beobachter sah, diente ihm zum Beispiel als äußeres Signal, das besagte: *Dies ist wichtig. Schau hin!* Das Licht fungierte psychisch und symbolisch als äußerst bedeutungsvolles Omen. Linden, wie ich ihn nennen will, war sich sicher, daß es ein Ufo war, und nichts konnte seinen Glauben erschüttern, obwohl er kein außerirdisches Gefährt gesehen hatte. Und in ihrer inneren Bedeutung war die Aussage korrekt: Auf innerer Ebene *erblickte* er etwas, das von großer Wichtigkeit für ihn war. Ein unbekanntes »Objekt« schwebte an seinem mentalen Himmel, die innere Welt der Psyche tat sich kund.

Unter solchen Umständen (und auch in Lindens Fall) ereignen sich dann oft merkwürdige Dinge. Gültiges, vormals inoffizielles Wissen tritt plötzlich zutage. Vorfälle von Telepathie oder Hellsichtigkeit; manchmal kommt es auch zu außerkörperlichen Erlebnissen. Alles das verweist auf vielfältigste Weise auf eine Welt jenseits der üblichen Realität. Vielleicht erkennt die Fokus-Persönlichkeit zum erstenmal, daß, während sie normalerweise in Raum und Zeit operiert, die Psyche, aus der sie ja kommt, von diesen Beschränkungen frei ist. Daten aus dem Feld freien Gewahrseins werden bis zu einem gewissen Grad psychisch sichtbar.

Bitte lesen Sie noch mal nach, was ich weiter vorn über Personagramme schrieb. Machen Sie sich klar, daß solch offenbarendes Material sehr wertvoll sein kann; das beste davon kommt zumindest aus transdimensionalen Bereichen der Psyche. Und oft enthält es Informationen, die für uns, die wir uns auf das Lebensfeld konzentrieren, paranormal sind.

Das Seth-Material birgt meiner Ansicht nach sehr tiefe Einsichten über die Natur der Realität, und Seth selbst ist, was ich eine Trans-Welt-Wesenheit nennen würde, eine Existenz, die innere und äußere Ereignisse überspannt. Ich schließe mich hier aber nicht unseren herkömmlichen Definitionen von Geistwesen oder Persönlichkeit an. Ich habe viel Zeit und Energie darauf verwendet, so weit zu kommen und zu lernen, verschiedene Realitätsebenen zu erkennen. Und ich hoffe, noch mehr zu lernen.

Die Briefe und Anrufe beunruhigen mich, weil ich sehe, wie viele wohlmeinende Leute sich ungemein anstrengen, ohne zu lernen zwischen dem inneren Wert ihrer persönlichen Vision und dem äußeren symbolischen Gewand zu unterscheiden. Die über das Ouija-Brett oder automatisches Schreiben erhaltenen Botschaften und Trance-Manuskripte *können* außerordentlich wichtig sein. Sie stehen für die Begegnung der Fokus-Persönlichkeit mit der unermeßlichen Kraft ihrer Psyche in dramatisierter Form und für den Kontakt mit der Quelle ihres Seins.

Jeder einzelne Mensch *ist* verantwortlich für die Welt, und jede seiner Handlungen ist eng verknüpft mit dem Überleben der Menschheit. Es ist eine Sache, sich das auf intellektueller Ebene klarzumachen, eine ganz andere ist es, wenn die Fokus-Persönlichkeit diese Tatsache auf sie geradezu blendende Weise unmittelbar erfährt, wenn ihr vorgeführt wird, wie wichtig sie innerhalb des Universums ist. Der Fakt, daß dies in dramatisierter Form geschieht, schmälert nicht ihre Bedeutung.

In gewisser Hinsicht *befindet* sich jede Person im Zentrum des Universums und im Zentrum der Psyche. Ich sage nicht, daß es in solchen Fällen keine Überwesen gibt. Ich *sage*, daß die Psyche ein Überwesen *ist*, das außerhalb des Kontexts von Zeit und Raum existiert und über ein Wissen verfügt, daß wir im Lebensfeld menschlicher Erfahrung verzweifelt brauchen.

Ich bitte nur einfach darum, daß wir offenbarendes Wissen nicht länger in alte Gewänder kleiden. Solche Erfahrungen bieten uns nichts Geringeres als die Gelegenheit zu einer direkten Begegnung mit der Psyche oder dem Ursprungs-Selbst, aber die meisten Menschen weichen sofort vor der ursprünglich nackten Vision zurück. Statt dessen wird der Psyche der Mantel eines Meisters, eines Geistes, eines indianischen Geistführers oder was immer übergestülpt und der Ausdruck der Ursprünglichkeit ihrer eigenen Natur und Stimme verwehrt. Das Personagramm wird zur Marionette.

Das mag ganz praktisch für den Umgang mit solchem Material sein, bedeutet aber auf lange Sicht eine extreme Beschränkung. Statt dessen ist eine Reise in die Psyche gefordert. Führt sie zu einem noch mehr erweiterten Selbst? In ein Bewußtsein, das unseren gegenwärtigen Vorstellungen von Persönlichkeit geradezu trotzt? Ich vermute stark, daß es so ist. Nur das persönliche Engagement, die eigene Psyche zu studieren, kann uns helfen, Antworten zu finden. All der pubertären Symbolik, mit der wir sie gewöhnlich überhäufen, entkleidet, könnte uns die Psyche oder das Ursprungs-Selbst mit einer ursprünglichen Kraft und Kreativität überraschen, die schon immer hinter den Bildern, Symbolen, Geschichten und Dogmen steckten.

In gewisser Hinsicht agieren diese Führungspersönlichkeiten als persönliche Junggötter, reflektieren in sehr abgeschwächter Form die kollektive »Geschichte« der Götter, wie sie sich durch Visionen und Offenbarungen in allen Zeitaltern zeigten. Läßt man sie unbehelligt und nimmt sie für das, was sie sind, dann könnten sie als wahre Führer des Menschen zu seiner eigenen größeren Realität dienen. Es ist zu schade, daß wir uns diese Vision vernebeln lassen.

Denn woher kommen unsere personifizierten Götter, und wofür stehen sie? Was steckt hinter ihnen? Ich glaube, daß ich im folgenden Gedicht etwas von ihrer Realität spürte, so wie sie sich in der Psyche widerspiegeln, uns als Führer, Lehrer und Verkörperungen dienen, die ihrerseits nur wiederum ein Schatten dessen sind, was sie und was wir wirklich sind.

Götterlehrlinge

Im April erheben sich die Götter,
wie alle Religionen
in ihren Kindermärchen lehren.
Im Winter schlafen die Götter,
schließen ihren Millionen Blätteraugen
die grünen Gucklöcher,
durch die sie blicken
und hineinschaun
in unsere Welt.

Im Winter senken die Götter die Stimme,
doch du kannst ihr sanftes Gemurmel hören
von ganz fern, bevor sie sprechen
mit grünen, gräsernen Zungen,
durch die sie heimlich
ihre Botschaften schicken.

Im April bringen
die wiederkehrenden Götter Feste,
örtliche Magier entzücken das Volk
mit ihren Götterlehrlingstricks.
Göttliche Truppe von Zauberern,
erd-gestimmt, erd-gebunden,
wandernde Apollos und Athenes,
erwachsen nun seit damals, als die Erde jung war.
Glänzende Geistgaukler,
die Winter in Sommer verwandeln,
sterben und wiederkehren.
»Ich bin hier«, rufen sie. »Nein, hier!
Schaut, ich starb und lebe doch,
und das könnt ihr auch.«

Sie spielen mit uns Verstecken
über die Jahrhunderte hinweg,
bringen Dinge zum Verschwinden, tragen Masken,
Wunderwerke an Komplexität.
»Schaut, ich bin hier«, und ein weißgewandeter Gott
erscheint auf dem Gipfel eines Berges.
»Dies sind meine Gebote«,
und Materialisationen
von Tontafeln
wirbeln nieder zu Moses Füßen.
»Nein, ich bin hier, bärtig,
siegreich mit meinem Schwert.«
»Nein, ich bin hier, trunken vor Freude,
flötespielend in zauberischen Hügeln,
betörend die Weinstöcke mit meiner Selbstvergessenheit.«
Hier sterbe ich an einem Kreuz,
liebe Kinder, weint!
Aber ach, ich auferstehe vor euren Augen,
nirgends Fäden, seht, und schwebe in den Himmel.
So jubelt und tanzt den Frühling
in seine Millionen von Auferstehungen.«

Was für Geschichten sie spinnen,
welche Dramen aufleuchten
im Theater unsres Geistes,
während die Götter mit ihrer Rückkehr
die Kulissen der Jahrhunderte wegräumen,
Teufel, Soldaten, Könige und Königinnen,
Kirchen, Priester und Alchimisten,
Reiche und Arme, Mörder und Diebe,
und Zivilisationen
im scheinbaren Aufstieg und Fall.

All das für uns? Spielen wir Rollen
während wandernde Erdgötter Regie führen
und andere zusehen?
Klatschen sie in die Hände,
und Donner rollt über die Himmel?
Rufen sie »Licht an«,
und der Vorhang hebt sich?
Reptilien peitschen ihre Schwänze,
und Fische entsteigen lächelnd dem Meer?
Hocken Affenmänner und Affenfrauen in Höhlen,
abgestellt dort im Dunkeln,
hinter der Bühne, kurz vor dem Auftritt,
wenn dann ein Bühnenarbeiter sagt,
»die Menschen sollen kommen«?

Ich denke nicht.
Denn so ähnlich uns diese Erdgötter sind,
neben uns sind sie Superstars,
Ebenbilder, weit mehr als lebensgroß,
uns über alle Maßen dramatisierend,
stehlen sie uns die Show,
während wir an ihrer Stelle zusehen,
wie sie unsere Rollen spielen.

Wie lieb sie sind, und wie wir sie lieben,
unsere Riesenkinder,

hinausprojiziert in ein Universum
mit Kräften, die die unsern sind und doch nicht.
Wie wir ihr Treiben und Jagen verfolgen,
nach unseren Favoriten schreien,
während sie die Zeitalter durchrasen,
Kapriolen schlagen zwischen den Sternen,
unsre Freunde für uns segnen,
unsre Feinde in Verwirrnis bringen,
unsre Schlachten schlagen,
Kardinäle, Gurus und Heilige preisen.
Wie wir ihre Geschichte schreiben,
ihre heiligen Bücher verkünden –
Indianer, Hindus, Christen, Juden,
ein jeder singt mit der Wahrheit Atem.

Doch wie wurden sie geboren?
Von welchen Lenden, aus welchem Schoß?
Welch großer Uterus tat sich auf
zwischen den Universen,
trieb aus unsre Welt,
dich und mich und Götter und jedes?
Welch kosmisches Päckchen,
welche Büchse Pandoras
oder überraschende Materialisation
fiel aus anderen Welten in diese hinein?

Welche Meistermagier
lehrten unsre Götter ihre Kunst?
Wenn du der Hände Trick durchschaust
und dich nicht fangen läßt
von ihren Märchen,
dann erscheinen andere Bilder
hinter dem Flitter, den unsere Götter tragen.

17
Von Göttern zu »Gott«. Die Sprecher und Gott als ein Ereignis

Ich glaube also, daß diese Götter Verkörperungen von etwas anderem sind, daß sie aus einer inneren Ereignisordnung hervorgehen. Ich denke auch, daß wir auf die eine oder andere Weise mit dieser inneren Ordnung kommunizieren und aus ihr erstehen, daß die »inneren Stimmen«, auch wenn wir sie oft verzerren, eine Bedeutung haben. Aber wer sind wir, und was für eine Beziehung haben wir zu den Göttern, den »Dämonen«, den Musen, deren Botschaften, welche physische und nichtphysische Realität verbinden?

Jeder von uns ist sich bis zu einem gewissen Grad dieser inneren Realität gewahr. Wir alle sind irgendwann einmal ergriffen von einem zeitlosen Moment, in dem wir, ohne daß Worte etwas damit zu tun hätten, »wissen, was wir wissen«; ein Moment, in dem die Fokus-Persönlichkeit nahezu auf dem Gipfel ihrer selbst steht und die inneren Himmel ihrer Seele schaut.

Leute, die mir schreiben, sprechen oft davon, daß sie »in Besitz« von Wissen gelangen wollen. Nach meinem Dafürhalten ist das der schnellste Weg, es zu verlieren. Oder sie wollen in die ganz großen Geheimnisse des Universums eingeweiht werden. Nicht in kleine kosmische, sondern in die großen, bedeutenden spirituellen Wahrheiten. Durch diese Einstellung, so denke ich, schneiden wir uns möglicherweise von der immer präsenten, bescheidenen, doch göttlichen Stimme der Natur ab.

Und was ist mit unseren Vorstellungen von Gott? Wie fügen sie sich in das alles ein?

Unsere Vorstellungen von Persönlichkeit und dem Wesen von

Persönlichkeit machen es uns schwer, uns einen multidimensionalen Gott zu denken. Auch unsere Orientierung an und Loyalität zu unserer Spezies beeinträchtigen uns in dieser Hinsicht. Wir sind uns sicher, daß ein Mensch spiritueller ist als eine Katze oder ein Insekt; und gewöhnlich bestehen wir auch darauf, daß nur der Mensch eine Seele besitzt. Gott wird zum Supermann (nicht einmal zur Superfrau, zum Beispiel – so eng halten sich unsere religiösen Theorien an unsere selbstgefälligen sozialen, kulturellen und biologischen Einbildungen).

Üblicherweise glaubt man, daß Gott außerhalb der Natur residiert, nicht in ihr; daß er *getrennt* von seinen Schöpfungen existiert. Unsere Religionen versuchten stets, Erklärungen für die in der menschlichen Erfahrungswelt auftretenden Gegensätze zu finden. Selten haben sie hinter diesen scheinbaren Widersprüchen nach der Quelle aller Erscheinungen gesucht.

Doch aus der inneren Ereignisordnung heraus wird alle physische Erfahrung erst zu Erfahrung. Hier ist die Quelle des Seins, die wir uns so schwer vorstellen können. Denn ganz sicher ist Gott nicht eine Person in unserem Sinn. Wenn »Seine« Existenz aus unserer Perspektive überhaupt beschrieben werden kann, dann käme ihr die Vorstellung von Multi-Persönlichkeit am nächsten. Aber auch hier sind uns durch unsere Vorstellungen von der Natur des Bewußtseins an sich Grenzen gesetzt.

So gesehen wäre Gott ein Superbewußtsein; wäre er jedoch nicht auch mit Liebe, Weisheit und Verständnis oder deren Äquivalenten ausgestattet, hätte zumindest für uns eine solche Vorstellung keine Bedeutung. Ich bin davon überzeugt, daß der Grund für unser Sein *unser Sein* ist. Auch das ergibt für uns keinen Sinn, wenn diesem Sein ein Auslöschen oder ein wie auch immer geartetes seliges Aufgehen im Nirwana und ein Verlust der Individualität vorausgehen oder folgen. Ich kann kaum glauben, daß es Individualität nur gibt, um wieder zerstört zu werden, und ich beharre darauf, daß wir in unserem Glauben an eine persönliche Identität Gott vielleicht näher sind, als uns klar ist.

Denn Gott muß die Individualität achten und lieben, da in unserer Realität alle Dinge, sogar Schneeflocken, einzigartig, einmalig sind. Und wenn ein Gott das Universum erschuf, dann muß ein Teil des Schöpfers auch in seinen Schöpfungen existieren: in Ihnen und mir, in den Sternen, Tieren, Insekten und Felsen. Als Geschehnis muß Gott sich noch immer ereignen, jetzt so wahrnehmbar oder nicht wahrnehmbar wie er es auch in vergangenen Zeiten war, denn in gewisser Weise ist diese Welt an sich eine Materialisation seiner Kreativität, und diese Kreativität setzt sich ständig fort. Wir existieren in der Unmittelbarkeit und Augenblicklichkeit Gottes, wie immer auch unsere Definitionen aussehen mögen.

Und was immer Gott ist, er ist weder statisch oder unwandelbar. Eine solche Gottesvorstellung spricht ihm sogar noch das natürliche begrenzte Wachstum ab, dessen sich seine Geschöpfe erfreuen. Was für eine enge kleine Dimension, in der er da existieren soll – perfekt über alle Veränderung und Erfüllung hinaus, fast so, als sei er ein seniler Gott, dem nichts anderes mehr übrig bleibt, als hinunterzusteigen und durch seine Kinder und deren Leistungen fortzuleben.

Manchmal sind wir so schrecklich ernst darauf aus, so erpicht und fest entschlossen zu *wissen*, daß wir uns selber von unserem inneren Wissen abschneiden. Und immer meinen wir, daß mystische Erfahrungen feierlich, erschütternd, ehrfurchterregend zu sein und vor allem in unsere persönlichen Vorstellungen von Gut und Böse und Moral zu passen haben. Viele glauben auch, daß Gott kennen, sich selbst verlieren heißt, *nolens volens* in einen überwältigenden Ozean von kosmischer Liebe zu fallen, in dem jegliche Individualität sich auflöst. Jenen, welche so erpicht darauf sind, ihre Individualität zu verlieren, rufe ich »Viel Glück!« zu. Wenn Gott uns ein mit Individualität begabtes Selbst gab, dann muß er doch ziemlich überrascht sein festzustellen, daß so viele bereit sind, ihm diese Gabe vor die Füße zu schmeißen. Und das ohne ein Wort des Dankes. Nur: »Nimm mich zurück, Herr. Ich habe es satt, ich zu sein.«

Ich persönlich hatte nie eine derartig vielgepriesene mystische Erfahrung, in der sich eine Jane in Gott auflöste. Aber ich glaube, daß Gott sich in all seinen Wesen »auflöst«, und daß wir zu Bewußtwerdung und Poesie kommen, weil unsere Individualität an sich Teil jedwelcher Gottheit ist. Individualität wegzuwerfen bedeutet, das Kind mit dem Bade auszuschütten.

Aber nein, die Vielfalt und Frische auch unserer persönlichen Erfahrungen deuten auf eine sich ewig wandelnde Quelle von Energie und Ausdruck.

Hier möchte ich über eine Erfahrung sprechen, die ich vor zwei Jahren machte. Sie fand kurz Erwähnung in Robs Anmerkungen zu Seths *Die Natur der persönlichen Realität.* Eines Tages schrieb ich im Zustand inspirierter Kreativität ein Gedicht, das »Die Sprecher« heißt. Während ich schrieb, wuchs die Inspiration über sich selbst hinaus. Ich merkte, daß sich die inneren Symbole allmählich veräußerlichten. Und dann nahm ich durch das Fenster die Gestalten von gigantischen Wesen wahr; sie reihten sich am Rande des mir, etwa in Augenhöhe, sichtbaren Horizonts auf und schienen so groß, daß nur ihr Rumpf »zu sehen« war; ihre Schultern mußten sich irgendwo in ferner Höhe befinden.

Diese Gestalten waren nicht dreidimensional. Ich wußte, daß ich sie nach außen projiziert haben mußte, und sie paßten sich in die allgemeine Szenerie von Häusern, Bäumen und Landschaft ein. Ich sah sie, als ich gerade über »gigantische Verwandte« schrieb. Ich konnte nicht weiterschreiben. Die Vision war dem Gedicht entstiegen und real geworden.

Wir erwarteten wichtige Gäste. Ich rief Rob, erklärte ihm, was geschah, und beschloß, ein kurzes Nickerchen zu machen. Sobald ich mich hingelegt hatte, setzte eine Reihe von überraschenden Geschehnissen ein. Rob hatte inzwischen das Haus verlassen, um unsere Gäste am Flughafen abzuholen, ich war also allein.

Ich zitiere nun aus meinen originalen Aufzeichnungen, die ich gleich im Anschluß machte.

Ich versuchte zu schlafen ... Plötzlich überfiel mich ein mich buchstäblich schockierender Gedanke. Wir sind IN Gott. Wir existierten NIE in veräußerlichter Form. Diese Einsicht läßt sich mit Worten nicht wiedergeben; sie erklären kaum meine Gefühle und Empfindungen. Denn plötzlich war diese Empfindung des In-Gott-Sein wie ein Gefühl, sich in einem Haus zu befinden. Alles, was unserer Vorstellung nach draußen in der dreidimensionalen Welt existiert, wir selbst eingeschlossen, ist innen. Es gibt kein Draußen. Ein Gefühl der Klaustrophobie überkam mich. Meine Augen waren offen. Ich sah das Zimmer und das dahinterliegende Bad, und meine Sicht veränderte sich auf merkwürdige Weise: Während sich alles ganz normal ausnahm, sah ich gleichzeitig, daß sich alles innerhalb eines Innern befand, das seinerseits in einem Innern war, ad infinitum. Für einen Moment fühlte ich mich winzigklein ...

Fast unmittelbar darauf hatte ich jedoch das eigenartige Gefühl von einer phantastischen Sicherheit, und mir wurde klar, daß im Innern Gottes zu sein bedeutet, daß alles, was wir sehen, Gott IST, gleich welche Form es hat, daß wir buchstäblich aus göttlichem Stoff gemacht und deshalb unsterblich sind. Als nächstes hatte ich das schwer zu beschreibende Gefühl, daß dieses Innen so unvorstellbar unermeßlich ist, daß es einen sich endlos ausdehnenden Raum enthalten kann, und daß nur ein solches Innen die Merkmale und Eigenschaften einer solcherart permanenten Ausdehnung aufweisen kann. Danach wurde mir klar, daß diese Gedanken »Gottes« lebendig wurden und ausgestattet waren mit verschiedenen Arten von Dimensionalität, die wiederum andere ihrer Art hervorbrachten ...

Die nächste Erfahrung schloß sich fast unmittelbar an, wurde aber in Robs Anmerkungen zu *Die Natur der persönlichen Realität* nicht erwähnt, da sie keinen Bezug zum angesprochenen Thema hatte. Für unsere Diskussion hier ist sie aber sehr relevant. Während ich auf dem Bett lag und all diese Versionen von Innenhaftigkeit schaute, muß ich die Augen geschlossen haben. Plötzlich fühlte sich mein Körper buchstäblich überaus massiv an. Ich erschrak ein wenig, ermahnte mich aber, daß es nichts zu fürchten gab. Dann fühlte ich, wie ich mich auf bislang unbekannte Weise ausdehnte, sehr leicht wurde und allmählich nach oben schwebte.

Aus meinen Notizen:

Ab einem bestimmten Punkt stabilisierte sich diese Massivität. Ich lag noch immer flach, aber nicht auf dem Bett. Ein Mann trat aus meinem Schädel heraus und nahm sofort eine riesenhafte Gestalt an. Er schritt über Berge, die plötzlich erschienen – auch sie waren vielleicht aus meinem Schädel gekommen; ich bin mir nicht sicher. Mein Bewußtsein trat in diesen Mann ein, doch es war nicht sein Bewußtsein; er hatte sein eigenes. Im Innern seiner riesigen Gestalt fühlte ich, wie er mit großen Schritten über die Berge stiefelte. (Für mich erheiternd, für ihn ganz normal!) Ich war mir der Bewegung seiner Beine sehr bewußt, seiner riesigen Schenkel, der federnden Erde unter »unseren« Füßen. Unseren Begriffen nach waren seine Schritte gewaltig.

Dann fühlte ich in seinem Innern, wie »wir« uns hinunterbeugten. »Wir« waren so unglaublich groß, daß diese Abwärtsbewegung ein wenig beängstigend war, milde ausgedrückt. Unten, in einem kleinen Loch in der Erde, loderte ein Feuer, ein kleines Feuer in seinen Augen, und darin brutzelten und brannten winzige Leute. (Für mich waren sie normal groß.) Mein riesiger Gefährte schien ein wenig überrascht, griff in die Flammen, hob die Leute heraus und warf sie mit sanfter Gebärde in die Luft. Jedenfalls befreite er sie, und ich wußte, daß es sich hier in religiöser Hinsicht um ein Symbol für die Hölle handelte, und daß wahrscheinlich noch andere Feuer existierten, in welche die Leute törichterweise stolperten. Diese Feuer waren einfach da, ohne daß sich irgendeine Moral damit verband. Mein Gefährte war nur leicht verwundert und verblüfft, daß diese Wesen sich so dumm anstellten, ganz ähnlich wie ich empfinde, wenn ich eine Ameise im Ausguß genau in dem Moment unter den Wasserhahn krabbeln sehe, in dem ich ihn aufdrehen will. (Manchmal fische ich sie erst heraus oder verscheuche sie oder ähnliches.)

Ich war mir nicht sicher, was mit diesen Leuten passierte, wußte aber, daß sie frei waren und die Gestalt gewechselt hatten. Ich sah sie nämlich mit seinen Augen; und nachdem er sie befreit hatte, nahmen sie sich aus wie eine Gruppe von Glühwürmchen, für einen Moment hell aufleuchtend im dunklen Raum, danach vergaß er sie sofort.

Dann tat der Riese ein oder zwei Schritte nach oben, was uns von der Erde zu einem Stern oder anderen Planeten brachte. Wir schritten über seine Oberfläche dahin. Und plötzlich waren wir von anderen Wesen seiner Art umgeben. Einer der

Riesen war gerade gestorben. Die anderen betteten ihn flach auf den Boden. So konnte man sehen, wie ungeheuer groß er war. In den Augen des Riesen hatte natürlich alles eine normale Größe, aber für mich, die ich mit meinen Augen durch seine Augen blickte, war alles von gigantischen Ausmaßen. In einer Zeremonie, an die ich mich nur schwach erinnern kann, umstanden die anderen den toten Riesen in einem Kreis, drehten seinen Körper einige Male in verschiedene Richtungen, bis er sich schließlich, noch immer in horizontaler Position, in die Luft erhob. Dann begann er sich ganz langsam zu drehen. Die Umdrehung wurde rascher und rascher; gleichzeitig stieg sein Körper immer schneller auf, bis er schließlich weit oben im Raum verschwand.

Auf eine mir nicht mehr erinnerliche Weise wechselte der Riese bei dieser wirbelnden Umdrehung die Gestalt und schwebte schließlich als ein Planet im Raum. Ich stand noch immer auf der Oberfläche jenes Sterns, und obwohl ich danach Ausschau hielt, konnte ich nicht genau erkennen, wo dieser Planet nun seinen Standort hatte. Aber die geistigen Bilder des Riesen ließen mich das alles dann ganz klar sehen. Das Bewußtsein des toten Riesen erwachte wieder, und damit begann der Planet einen Prozeß, den wir Evolution nennen würden. Das heißt, seine Gedanken wurden zu Formen beginnenden Lebens.

Ich denke, daß sich mein Ursprungs-Selbst bei diesem Erlebnis in einem riesigen Wesen personifizierte und ich von diesem Bezugsrahmen aus versuchte, unsere dreidimensionale Existenz und unser Universum zu betrachten. Die vorangegangenen Empfindungen, in Gott zu sein und niemals in veräußerlichter Form zu existieren, wurden dann ausagiert, ganz so wie sich später mein Bewußtsein, eigenständig bleibend, durch das Bewußtsein des Riesen erlebte. Es war, als wäre sich eine Zelle in meinem Körper plötzlich ihrer Position bewußt geworden, als würde sie meine Realität mit ihren und dann plötzlich durch meine Augen schauen, wobei sie sich dann und wann meiner, von den ihren gesonderten, Intentionen gewahr war.

Diese offenbarenden Informationen wurden mir so vermittelt,

daß ich sie als symbolisch und psychisch wahr erkennen und verstehen konnte, und sie hatten eine starke emotionale Wirkung. Die gesamte Erfahrung *war* eine Trans-Welt-Kommunikation, eine Botschaft vom Ursprungs-Selbst an die Fokus-Persönlichkeit, wobei Sinnesdaten benutzt wurden, die sich nicht mit den Raum-Zeit-Koordinaten unserer Welt überschnitten. Aber mein Bewußtsein blieb dabei klar, ja, es befand sich in einem erhöhten und erhellten Zustand, war sich seiner einzigartigen Gesondertheit gewahr wie auch der Tatsache, daß es Teil einer größeren Struktur war.

Die ganze Episode verwirrte mich in ihrer emotionalen Intensität. Doch nahm ich nicht an, daß ich *buchstäblich* auf einen anderen physischen Planeten versetzt worden war, und natürlich war mir auch klar, daß in unserem Ereignissystem kein Riese aus meinem Schädel trat. Ich erzählte meinen Kursteilnehmern nicht, ja, es gibt Riesen, denn ich habe sie gesehen. Einer kam und nahm mich auf eine Reise zu einem anderen Planeten mit.

Meiner Ansicht nach ist diese ganze facettenreiche Episode als Interpretation von etwas anderem zu verstehen, als Interpretation in dramatisierter Form, mittels derer ich – zumindest bis zu einem gewissen Grad – gewisse Konzeptionen begreifen würde, die sich hinter den Worten und Bildern, wie wir sie kennen, verbergen mochten.

Als ich aufstand und mich anzog, sangen die Vögel, und ich *wußte,* es waren Götter, die da sangen. Und dies war keine symbolische oder künstlerische Eingebung, sondern eine plötzlich erkannte Tatsache. So lauschte ich den singenden Göttern, und die unglaubliche Süße ihres Liedes brachte mich zum Lachen. Gleichzeitig kümmerte ich mich um meine Fingernägel, feilte und lackierte sie. Und meine Bewegungen waren so natürlich und voller Segen wie die Lieder der Vögel; und mein Lachen war auch das Lachen der Götter.

Doch wie sagt man in unserem Ereignissystem: »Höre, die Vögel sind Götter. Da draußen laufen fünfzig Millionen Götter, Menschen, herum. Hörst du sie?« Denn in unserer Welt wollen die Leute Supermenschen-Götter, die Anweisungen geben und mit dem Höllenfeuer drohen und uns helfen, Kriege gegen unsere Feinde zu führen.

Während ich später unsere Gäste begrüßte, war ich noch immer in meiner Erkenntnis befangen: *Wir haben nie in veräußerlichter Form existiert.* Diese Worte gingen mir immer wieder durch den Kopf. Doch dann verflog die Unmittelbarkeit der Empfindung, und ich konnte nur noch versuchen, mich zu erinnern. Später dachte ich: Heißt das, daß wir keine in Raum und Zeit objektiv existierenden Geschöpfe sind? Auch jetzt noch habe ich manchmal die merkwürdigsten klaustrophobischen Anwandlungen, wenn ich mich an dieses Erlebnis erinnere, so als sei da etwas, aus dem wir heraus müßten, oder als befänden wir uns unwissentlich noch immer in einem kosmischen Schoß, noch nicht einmal halb geboren. Und ich denke, wer möchte schon ein Traum im Bewußtsein eines Gottes sein?

Und *dann* habe ich zugleich auch das Gefühl von allergrößter Freiheit: Der Raum selbst war aus dem Innern hervorgegangen, und dieses Innere war buchstäblich unendlich und aller Arten von Ausdehnung fähig. Es gab kein Außen! Dann dachte ich: *Natürlich!* Und alles ergab einen klaren Sinn. Diese ganze Geschichte von innen/außen, subjektiv/objektiv war bedeutungslos.

Später dachte ich: Kein Außen ...? Mein Verstand verschwamm an den Rändern ...

Gleichzeitig ließ sich unmöglich fragen, wo Gott nicht war, denn was er ist, ist überall und alles. Als die Vögel sangen, und ich wußte, daß sie singende Götter sind, wußte ich auch, daß die Götter das sind, was GOTT ist. Darin lag kein Widerspruch. Später kamen mir alle möglichen dummen Fragen. Schreibt man »Gott« *(God)* groß und »Götter« *(gods)* klein? Und sicherlich besteht doch ein Unterschied zwischen einem ... Gott und einem Vogel? Was für ein Unsinn. Was war es noch, das ich zu wissen geglaubt hatte?

Und doch beharrte ich eigensinnig darauf, zu wissen, darauf, daß dieses Wissen noch vorhanden war, von augenscheinlichen, in unserem Lebensfeld der Erfahrung auftretenden Widersprüchen unberührt. Das Problem ist, daß Gott für uns keinen Sinn ergibt, wenn wir »Ihn«, »Sie«, »Es« nicht irgendwie personifizieren können, also versuchen wir uns vorzustellen, wie Gott sein könnte – in unseren Begriffen.

Während ich dies schreibe, fällt mir wieder mein Regengeschöpf ein. In unserer Ereignisordnung war es eine Pfütze. War das Regengeschöpf der innere Geist der Pfütze? Und war das Licht, das ich in der Küche sah, in Wirklichkeit *mein* Geist in jener anderen Ereignisordnung? War ich sein physisches Gegenstück, nach dem ich suchte und das ich nicht finden konnte? Wie anders sich jene innere Welt von unserer aus gesehen wohl ausnehmen würde! Wer kommt da schon auf den Gedanken, daß jede Teil der anderen ist?

Ein Gott könnte hier somit in ganz gewöhnlichem Gewand auftreten. Er könnte in allem, was wir erfahren, Sie und mich eingeschlossen, in Erscheinung treten und der Realität ihre phantastischen Muster und besondere Eigenart verleihen. Doch im Innern unseres Selbst, das in der inneren Ereignisordnung existiert, in den verborgenen inneren Sphären unserer selbst, wüßten wir um jene größere Realität, aus der wir entstehen. Und wir würden von dort Botschaften ausschicken an das Selbst, das wir kennen.

Im Versuch, innere Ereignisse in dreidimensionalen Begriffen zu vermitteln, entstünden aus diesem inneren Empfinden alle Personifikationen Gottes, all die Dramen und heiligen Bücher.

Vielleicht bringt uns unser Verlangen, Gott zu erkennen, in dieselbe Situation, in der sich ein hypothetisches ungeborenes Kind befinden mag, das sich fragt, wo seine Mutter ist, und sie gern von Angesicht zu Angesicht sähe. Zuerst müssen wir geboren werden. Vielleicht existieren wir innerhalb dessen, was Gott ist. Durch die Geburt wird das Kind objektiv in die Gegenwart seiner Mutter versetzt, gleichzeitig aber auch in entscheidender Weise von ihr getrennt, damit es eigenständig wachsen kann. Möglicherweise verhält es sich mit unserer augenscheinlichen äußerlichen Verkörperung genauso.

Wenn wir also im Innern dessen sind, was Gott ist, so mag Gott wiederum im Innern dessen sein, was wir sind, obwohl wir »ihm«, unseren Begriffen nach, nie von Angesicht zu Angesicht begegnen. Meiner Ansicht nach sind alle »mystischen« Visionen, Offenbarungen, inneren Stimmen und automatisch geschriebenen Texte unsere Interpretationen von größeren Wahrheiten über uns selbst, Botschaften von multidimensionalen Aspekten unseres Wesens und Seins an unser Selbst in Raum und Zeit.

Was bedeuten solche Botschaften wirklich, wenn wir sie hören oder wahrnehmen? Das folgende Gedicht, »Die Sprecher«, schrieb ich an dem Tag, an dem ich einem eigenen diesbezüglichen Erlebnis nachzugehen versuchte und zumindest andeutungsweise eine Antwort fand. Wer sind die Seths, die Musen, die Stimmen? Und während ich schrieb, wuchs das Gedicht über sich selbst hinaus; die Antworten kamen in Gestalt von Symbolen und die Symbole wurden real, bis sie sich schließlich zu dem in diesem Kapitel beschriebenen Ereignis verbanden. Das Gedicht sagt Dinge, die sich in Prosa nicht ausdrücken lassen, und stellt als solches die klarste Aussage dar, die ich bislang zu »offenbarendem Informationsmaterial« und seiner Quelle machen kann.

Die Sprecher

Laßt mich denn als ein Sprecher sprechen
mit diesen Stimmen, meine Stimmen,
die sich kundtun durch mein Ich,
die meinen sind,
doch nicht jenes mir bekannte Ich,
das auf dem Marktplatz kämpft um Brot
und melancholisch wird an einem trüben Tag. Statt dessen
hinterlassen diese Stimmen, Dämonen, mit ihren uralten
und doch neuen Kräften ihr Zeichen an mir,
so gewiß wie Tinte auf den Seiten eines Buches.

Ich bin heilig, doch nicht anders als es die Blätter sind,
und wunderbar, doch nicht anders als der Wind,
der durch das offene Fenster meines Geistes braust,
ihn mit Zeiten und Orten füllt, die zum Leben erwachen und
die Geographie meines Gehirns entfalten,
sie bereichern mit Kontinenten, Flüssen,
sanft geschwungenen Tälern,
die zuvor nicht waren,
vervollständigen meine inneren Himmel, an denen
neue Sterne und Planeten aufscheinen,
zur Überraschung der Hirten meiner Gedanken,

die endlos neue Geburten mit Freuden begrüßen und hinaufstarren,
die Hände vergraben im wolligen Stoff der Erde,
ihre Augen Spiegel des sich ewig wandelnden Universums.

In meinen Geist dringen Stimmen und sprechen
mit der Eloquenz uralter Eichen, denen Sprache gegeben ward.
Und so erhebt sich ihre anmutige Weisheit und ihr Staunen
mit ungestümem und doch ruhigem Widerhall,
der hoch über meinen alltagsgestimmten Ohren schwingt.
Und andere sprechen in kürzeren, doch noch komplexeren Liedern,
gesungen vor dem Erklingen des ersten Wortes.
Als ob jedes der Atome und Moleküle sich nach Sprache sehnte
und ausdrückt durch mich die tiefe
Zugehörigkeit, die sie formt und verwandelt
mit solch geschwinder Zärtlichkeit, daß sie
durch eine Gestalt in die andere fallen, jede liebend,
doch in einer jeden nur verweilend,
bis sie belebt in magischer Bewegung,
sangen mit biologischen Liedern ein jedes Ding zu eigenem Sein
und doch auch angehörig seiner Art.
So laß ich nun diese Stimmen sprechen
und höre, was sie sagen
durch die wirbelnden Muster
meiner taumelnden Kreatürlichkeit.

»Musen? Erdgötter? Geister?«
Wie ein Reisender einsam in der Nacht erbebt
der matte Intellekt und ruft: »Wer da?«,
dreht ängstlich seinen Kopf, das Schlimmste argwöhnend,
von solch unheimlicher Wegbegleitung.

»Wo sind deine Empfehlungsschreiben?
Von welcher ehrbaren Akademie des Wissens kamst du her?
Warum belästigst du mich mit deinen törichten Geschichten?
Ich habe zu tun
mit den nüchternen Details, die mein Leben betreffen.«
So spricht der Intellekt, stirnrunzelnd, unwissentlich

innehaltend an der Schwelle seiner selbst, von wo,
obgleich er es vergessen hat,
die Musen kamen.
Nun scheinen sie ihn zu verwirren,
wie fremde Wesen,
mit ihrem Wispern zu vermehren
das stete Geschnatter in seinem Kopf,
herumgetragen wie ein Sack
voll raschelndem Gemüse.

Eine Stimme ist zu hören: Die Früchte deines Denkens faulen.
Sie sind zu alt, ihr klebriger Saft
taugt nur noch zum Fliegenfangen.
Das Brot deiner Bemühungen liegt klitschig
und schwer im Korb deines Geistes.«

Eine andere Stimme:
»Warum bist du so zögerlich, so einsam,
und fürchtest so um deine Würde,
daß du unsere Begleitung ablehnst?
Gewiß entsinnst du dich unser: der Stimmen
im Kinderzimmer, die durch
Sonnenlicht, Schatten und Möbel sprachen.
Der Namen, die du kanntest, bevor das Sprechen von Worten
dein Hören programmierte
und du so eigen wurdest
in dem, was du zu hören dir erlaubtest?«

Ich bin ein Spiralenwirbel,
spinne mich ins magische Netz meines Seins,
webe die Jahreszeiten, Faden um Faden,
Tag und Nacht.
Die Wochen glimmern
in durchscheinenden Nestern von Schnittpunkten des Monats,
durch die ich mich bewege
und ausweite.

Meine Berufung fiel mir plötzlich zu
als der Erwachsene in mir und das uralte Kind sich trafen.
Und augenblicks sprach meine Stunde ihr eigenes Alphabet
und bildete ein magisches Wort,
das widerhallte
durch die gelben Margeritenfelder des Wissens meiner Zellen
das zusammenrief all meine verstreuten Teile,
die abgefallen waren zu Puzzlebildchen,
zerbröckelt
wie die Ränder
prächtiger Kontinente,
zerbrochen
in kleine zerklüftete Inseln aufgegebenen Denkens.

Das Wort rief Osten und Westen,
Norden und Süden zusammen,
und band wie ein Magnet
die fernsten Bereiche zu einer Stimme.
Disharmonie verwob sich zu Symmetrie.
Mein Atem – ein luftiger Fluß,
nach innen und nach außen mich tragend,
in so reiche Welten, daß ich mich wundere
über die seichten Strudel, in denen ich ging.
Der Fluß – Rhythmus meiner Natur,
wo ich meinen Platz orte und meinen Ton klar höre,
doch intim verbunden bin mit allem anderen.

Unsichtbar jenseits des Greifbaren fühle ich
wie Neues sich triumphierend formiert,
die Feiern zur Heimkehr Verlorener, lang vergessen.

Meine Augen besingen eine neue Sprache,
meine Hände vereinen sich wie Sterne zu einer neuen Galaxie,
zu einer Allianz, in der ihre Weisheit
freudig ihre doppelt fünf Welten sprechen läßt.
Die Schatten meiner Fingerspitzen
senken sich über innere Landschaften,

beschwören Magie aus den Wäldern,
bilden Pfade über die Jahrhunderte,
die meine Brüder beschreiten.
Mein Körper kennt den Fokus seines heilgen Fleisches,
an diesem Ort in dieser Zeit,
und fühlt, wie sein eigenes Lied
die Leiblichkeit dieser Form durchdringt.

Und andere Sprecher, ohne Zunge,
sprechen durch meine Fingerspitzen,
träumen in verborgenen Höhlungen meines Blutes,
schlummern in meiner Kreatürlichkeit.
Einst wandelten sie auf Erden, wie wir es nun tun,
und sprachen und werden wieder sprechen.
So wie ich ihnen meine Zunge leihe, werden sie
dann dereinst das Wort für mich ergreifen.

Ein einst kleines Dorf in Spanien
mag sich für einen Moment in meine Hände schmiegen.
Jetzt statt Häuser, Scheunen und Felder
eine winzige Zelle
aus freundlichen Atomen und Molekülen,
umschlossen von Bergen aus glattem Bein
unter dem leuchtenden Mond des Gehirns,
jede kleinste Struktur intakt,
die Erinnerung von König, Ritter, Hausfrau, Narr oder Dieb,
jede lebendig und an ihrem Platz
an der Schwelle ihrer Seele stehend,
so kostbar –
und sprachlos eine Weile lang.
Jede Gestalt, die mein Körper kennt
im Innern oder Außen dieses magischen Fleisches,
trägt in sich die Erinnerung an Herd und Felder und Wald,
und wird dereinst in anderer Form
wieder sprechen für mich,
die ich ihnen Stimme verlieh.

Ich werde verschlungen
und wiedergeboren aus einem anderen Schoß,
wiedererschaffen
aus einem früheren Selbst, das schon jetzt
zur Erinnerung verblaßt.
Und ein Atom wird in jemandes Hand,
ein Blatt, in frischen Grund gesunken,
um wiedergeboren zu werden,
oder ein Staubflöckchen,
vorbeiwehend an meiner Wange,
nicht mehr erkennbar nun
und von mir gegangen.

Wer spricht?
Doch da ich für die Sprachlosen spreche,
finde ich meine Stimme,
stolpere nicht länger
durch düstere Schweigen,
denn diese Stimmen, die nicht die meinen sind,
fliegen auf meinen Schwingen wie ich auf den ihren,
bis nur noch eins ist –
Flug.

Leben die Sprecher?
Ihre gigantischen Leben überspannen die unseren,
durch die Pupillen ihrer Augen
blicken wir hinauf auf ein Universum.
Alles, was wir wissen oder sehen,
ist nur Detail in einem so gewaltigen Plan,
daß ich nun, beim Schreiben, schwach werde
und beklage, daß das, was ich spüre,
durch meine Worte fällt, die nicht erfassen können
solch innere Evidenz.
Mir bleiben nur so riesige Lücken,
daß das, was ungesagt ist, alles ist –
und da – was ich nicht fassen kann – ist,
was ich bin und was du bist.

Meine Gedanken vermögen so wenig wie meiner Hände Schalen
die Bedeutungen zu erfassen,
und unsere Leben
sind wie die Schatten meiner Fingerspitzen.
So werden wir
ausgeschickt von anderen,
gigantische Verwandte, eine riesige Familie,
in der sich doch ein jedes Mitglied
wärmt.
So spreche ich Worte,
die nicht die meinen oder deinen sind
sondern die ihren,
und verleihe der Natur Sprache,
so wie ich es vermag.

Wahr oder falsch?
Diese Stimmen leben in Sphären,
in denen wahr oder falsch ohne Bedeutung,
und erheben sich mit einem Feuer,
daß niemals findet seine endgültige Form,
sondern den Geist spricht
mit einer Flamme
die alle Welten formt,
und hinter jeder Wahrheit steht,
die wir kennen.
Und so deute ich
auf Wahrheiten jenseits von Leben oder Tod,
in denen sich Geburtsstätte oder Grab
auflösen
in einem magischen Kalkül, in welchem
jeder seinen Platz hat.

18
Die Sphäre der Identität. Ereignisse als unsichtbare Strukturen

Im Gedicht »Die Sprecher« ist von »gigantischen Verwandten« die Rede. Es ist mir schier unmöglich, mit herkömmlichen Worten auszudrücken, was ich damit sagen will. Natürlich sind hier keine Riesen im physischen Sinne gemeint; vielleicht käme »gigantisches Bewußtsein« der Sache am nächsten. Sind wir somit Bewußtsein im Embryonalzustand, kleine Kinder in dieser Hinsicht, die immer nur mit jeweils einer Realität gefüttert werden? Hängen wir am Gängelband unseres Lebensfeldes physischer Erfahrung und nehmen nur in Träumen oder Visionen kleine Einblicke in das, was außerhalb ist?

Ich denke, dahinter steckt noch mehr. Ich denke, jeder von uns hat eine »Identitätssphäre«, die wir noch kaum zu erkunden begonnen haben. Doch werfen Sie zunächst einen Blick auf Grafik 7. Sie zeigt die Fokus-Persönlichkeit, wie sie bislang beschrieben wurde.

Der Kreis stellt die Fokus-Persönlichkeit in einem gegebenen Moment ihrer Bewegung auf dem Lebensfeld dar. Das Lebensfeld ist die Ebene unserer physischen Erfahrung, weil sich nur hier die Ereignisse mit Raum und Zeit kreuzen. Die innere Erfahrungsebene setzt sich aus wahrscheinlichen Ereignissen oder Handlungsspeichern des freien Gewahrseinsfeldes zusammen. Gemäß unserer Wünsche und Absichten wählen wir daraus aus. Die von uns akzeptierten wahrscheinlichen Ereignisse verwirklichen sich als physische Erfahrung auf dem Lebensfeld. In Wirklichkeit ereignet sich alles Geschehen gleichzeitig, aber die Eigenschaften und Strukturen des Lebensfeldes lassen den Anschein einer Vergangenheit und Zukunft entstehen.

In Graphik 7 scheint das Ursprungs-Selbst *über* dem dreidimensionalen Feld angesiedelt zu sein. In Wirklichkeit aber haben wir es uns *im Innern* des Feldes zu denken, in der inneren Ereignisordnung. In Graphik 8 versuchte ich eine Perspektive aufzuzeigen, wie sie sich vom Standpunkt des Ursprungs-Selbst aus ergäbe, wenn es sich unserer Realität »gegenübersieht«.

Hier stellt der große Kreis eine Identitätssphäre dar, die aus dem Ursprungs-Selbst hervorgeht. Diese Identitätssphäre befindet sich in ewiger Bewegung und Wandlung. Der kleine Kreis auf dem Lebensfeld steht für die Fokus-Persönlichkeit im physischen Leben.

Hier ist das Lebensfeld als Kurve und nicht als gerade Linie gezeichnet, was der Wahrheit näher kommt, auch wenn wir in unserer physischen Wahrnehmung in ihm eher eine von der Geburt zum Tod führende gerade Linie erblicken mögen. (Ebenso sagen uns unsere Sinne, daß die Erde flach ist – wir fallen nicht hinunter.) Diese Kurve physischer Existenz weist zudem Gipfel und Täler und Tiefen auf, die normalerweise nicht erkundet werden.

Theoretisch könnten wir innerhalb einer Lebensspanne »ewig« leben, indem wir, nach wie vor in dieser Kurve fest verwurzelt, solche »Augenblicks-Punkte« erforschten: die Gipfel und Täler, die von jedem gegebenen Moment ausgehen und sich fortsetzen.

Wie in Graphik 8 gezeigt wird, ist die Fokus-Persönlichkeit *jener Teil* der Identitätssphäre des Ursprungs-Selbst, der auf die dreidimensionale Realität auftrifft. Die Erfahrungen der Fokus-Persönlichkeit sind dann das Resultat der »Reibung«, bei der innere Ereignisse durch diese Kreuzung, dieses Auftreffen, zu physischen Ereignissen entzündet werden.

Die Fokus-Persönlichkeit zieht innere Ereignisse an, die dann zur Verwirklichung strömen. Tatsächlich sehe ich die Fokus-Persönlichkeit, physisch gesprochen, als das Gegenteil vom schwarzen Loch an, denn durch sie strömen innere Ereignisse zur Verwirklichung, Masse und Gewicht treten in Erscheinung, Zeit wirbelt nach

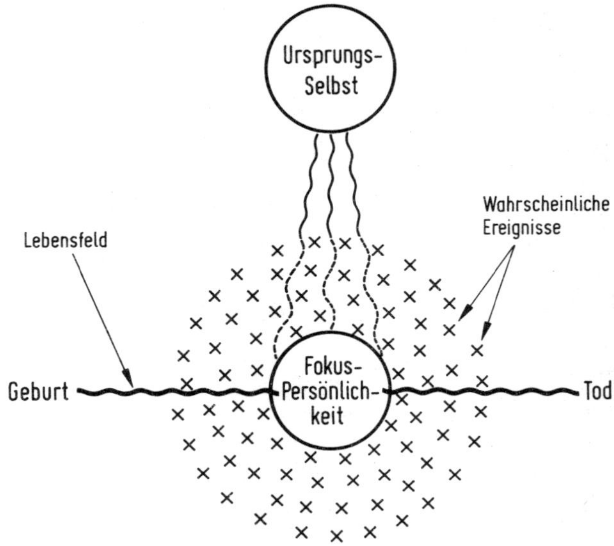

Graphik 7. Die Fokus-Persönlichkeit, wie sie bislang beschrieben wurde, umgeben von ihrer inneren Erfahrungsebene
Die X stehen für wahrscheinliche, als Handlungsvorrat dienende Ereignisse, aus denen wir physische Erfahrungen auswählen.

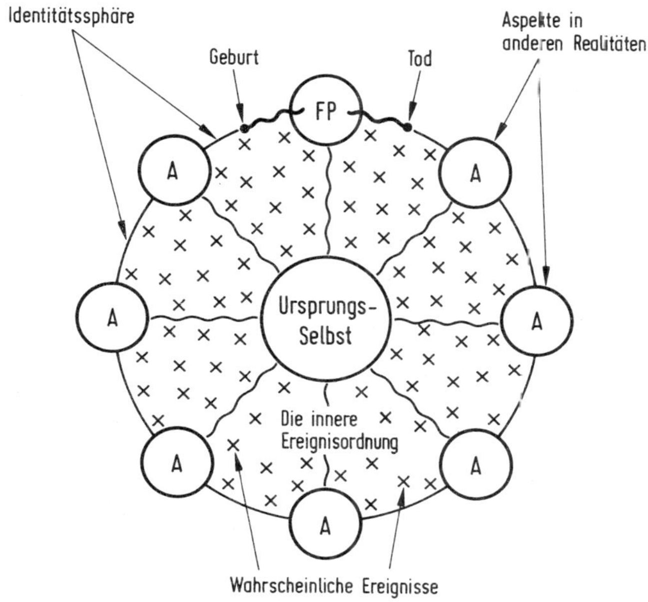

Graphik 8. Die Identitätssphäre und ihre innere Ereignisordnung
Eine Innenansicht von der Fokus-Persönlichkeit und ihrem Lebensfeld, aus der Perspektive des Ursprungs-Selbst gesehen. Der äußere Kreis steht für die Identität des Ursprungs-Selbst innerhalb der inneren Ereignisordnung, aus der alle Wahrscheinlichkeiten hervorgehen.

außen zu erlebter Realität, und ein Universum verdinglichter Phänomene gelangt zur Existenz.*

Wir fallen durch das »physische weiße Loch« (als Gegenteil des »physischen schwarzen Lochs«), erfahren den Fluß der Zeit und den Wechsel der Ereignisse in einer Richtung. Zumindest denkbar wäre es, daß andere Bewußtheiten aus einer Quelle auf der anderen Seite einen Fall »rückwärts« antreten; ungeachtet dessen, was wir alles zu wissen glauben, sind andere Menschen vielleicht imstande, genauso rasch rückwärts durch die Zeit zu fallen, wie wir scheinbar vorwärtsstürzen.

Auch physisch gesehen sind wir Ereignisse in diesem Universum, zusammengesetzt aus einem Stoff. In gewisser Hinsicht könnten wir selbst weiße Löcher sein, wären uns dessen allerdings nicht bewußt. So wie die Zeit in einem schwarzen Loch verschwindet und Materie sich auflöst, würde sich Zeit und Materie durch die weißen Löcher in einer Geschwindigkeit aufbauen, die *innerhalb* dieses Loches ganz normal und logisch erschiene.

Psychische weiße Löcher wären endlich. Mit dem Tod träte eine Umkehrung ein. Dann verwandeln wir uns vielleicht in psychische schwarze Löcher, in denen die Zeit zerfällt und Materie sich in ihre Bestandteile auflöst, Gewicht und Masse verschwinden, Licht nicht mehr ausgestrahlt wird. Es mag zwar vorhanden sein, wäre aber außerhalb des schwarzen Loches nicht wahrnehmbar. Später werden wir diese Analogie noch etwas weiterführen und untersuchen, was unter diesen Umständen mit der Natur des Bewußtseins passiert.

Für den Augenblick wollen wir uns die Natur von Ereignissen, so wie wir ihnen begegnen, genauer ansehen. Im allgemeinen beinhaltet die von der Fokus-Persönlichkeit gemachte Erfahrung spezifische Raum-Zeit-Ereignisse, aber, wie uns die Präkognition zeigt, einige Ereignisse werden in einem außerzeitlichen Kontext wahrge-

* Physiker postulieren die Existenz von schwarzen Löchern im Weltraum. Sie verstehen darunter Überbleibsel von riesigen kollabierten Sternen, die nun eine so unvorstellbare Dichte und enorme Anziehungskraft haben, daß ihnen nichts entfliehen kann, nicht einmal Licht. Sie sind unsichtbare Orte, in denen Zeit und Raum ihre Bedeutung verloren haben und Materie sich auflöst.

Einige Physiker vertreten auch die Theorie, daß die in den schwarzen Löchern »verschwundene« Energie in einem anderen Universum als weißes Loch wieder auftaucht.

nommen. Ein solches Geschehen würde für die wahrnehmende Person nicht in der gleichen Weise existent sein wie ein normales Ereignis. Eine jetzt »gesehene« künftige Entwicklung ereignet sich nach wie vor in der *Zukunft* und nicht zum Zeitpunkt der Wahrnehmung. Wenn zum Beispiel A in einer Vision sieht, daß B an einem ganz bestimmten künftigen Tag sterben wird, und dieses wahrscheinliche Ereignis dann auch eintritt, so geschieht es an diesem künftigen Tag und nicht zum Zeitpunkt der Vision. Für die betreffende präkognitive Person mag dieses Ereignis scheinbar zweimal eintreten, doch wenn es eintritt, dann stets an seiner eigenen Raum-Zeit-Schnittstelle.

Ein Vorgang dieser Art mag sich im freien Gewahrseinsfeld abspielen, in der inneren Ereignisordnung, in der er sich (von unserem Blickpunkt aus) im Zustand der Wahrscheinlichkeit befindet. Wie ich schon an früherer Stelle erwähnte, glaube ich, daß die Zellen »präkognitive« Fähigkeiten haben. (Seth bestand immer darauf, daß Präkognition eine zellulare Eigenschaft ist.) Möglicherweise werden auf tiefer körperlicher Ebene ganz automatisch bestimmte Korrelationen hergestellt, wissen unsere Zellen zum Beispiel, wann unsere Eltern sterben werden. Und manchmal gelangen solche Informationen ins Bewußtsein. Ich glaube nicht an irgendeine Form von Vorherbestimmung, und ich halte Ereignisse in jeglichem Stadium für formbar. Solche »zellularen Todesankündigungen« mögen häufig kommen und gehen, den Wechsel von Zuständen und Situationen spiegeln, den Sieg über eine Krankheit und so weiter. Auf einer bestimmten Ebene könnten unsere Zellen sehr wohl Gesundheit und Krankheit unserer Kinder und Eltern auf eine Weise reflektieren, die nichts mit Erbgut im üblichen Sinn zu tun hat.

Merkwürdiger Gedanke: Könnte die Heilung eines Familienmitglieds auch helfen, einen anderen Familienangehörigen zu heilen, auch wenn er eine ganz andere Krankheit hat? Die Symptome jeglicher Krankheit stellen nur die obere Schicht des Krankheitsereignisses dar, was seine Wurzeln angeht, so mögen hier ganz andere Zusammenhänge und Beziehungen bestehen, als wir vermuten.

Sehen wir uns nun die Zusammensetzung von Ereignissen an. Wie ich schon sagte, bestehen sie, wie Gegenstände, aus Energie, nur haben wir bislang nicht gelernt, ihre Komponenten im einzelnen auszumachen. Ereignisse, so *scheint* es, müssen persönlich erlebt werden, wenn sie für uns Bedeutung haben sollen. Doch ein im Wald umstürzender Baum *ist* auf der Welt-Fokusebene ein Ereignis, ob jemand diesen Sturz nun hört oder sieht oder beides nicht der Fall ist. Unser Hören oder Sehen sind in diesem Beispiel potentielle Möglichkeiten, wahrzunehmen, was geschieht. Der Baum stürzt, ob wir davon wissen oder nicht. Der Erdboden reagiert in seiner Weise auf die Schallwellen, ohne dazu Ohren zu brauchen. Seine Reaktion ist Teil des Ereignisses, so wie unsere Reaktion auf irgendein Ereignis Teil davon ist.

Solange wir Ereignisse für definitiv und konkret gegeben halten, solange wir annehmen, daß sie unabhängig von der wahrnehmenden Person stattfinden und fast mit einem psychischen Gegenstand zu vergleichen sind, werden uns ihr wahres Wesen und ihre wahren Zusammenhänge entgehen. Wir können die Atome und Moleküle, aus denen ein Tisch besteht, nicht sehen, wissen aber, daß sie trotz allen Anscheins von äußerer Stabilität vorhanden sind. Wir können auch *lernen*, die »Atome« eines Ereignisses zu erspüren, indem wir durch das augenscheinliche Geschehen hindurch nach all den winzigen, zahlreichen Ereignissen in seinem Innern, unter seiner Oberfläche Ausschau halten. Das physische Ereignis ist lediglich gefrorene Bewegung, die, und sei es auch nur für einen Moment, der Zeit verhaftet zu sein scheint. Freier Wille, so glaube ich, ist wegen der grundsätzlich formbaren Natur eines Ereignisses und der Existenz von sich stets um jedes Raum-Zeit-Geschehen anlagernden Wahrscheinlichkeiten möglich.

Der Zusammenhalt unseres Körpers ruht sicher in diesem plastischen Medium der Ereignisse, und die Zellen arbeiten auf bestimmten Ebenen mit immensen Kalkulationen, einfach um die Stabilität des Körpers aufrechtzuerhalten. Andere Wahrscheinlichkeiten draußen zu halten, ist in diesem Kontext so wichtig wie die Wahl der »richtigen« Wahrscheinlichkeit; dem Körperzustand liegt in jedem Moment ein ständiges Jonglieren mit Wahrscheinlichkeiten zugrunde. (Seth spricht über dieses Thema in *Die Natur der persönlichen Realität.*)

Wie schon früher erwähnt, zeigen Ereignisse im Traumzustand

auch ihre anderen Gesichter. Hier beschäftigen wir uns meiner Ansicht nach oft mit ihren umfassenderen wahrscheinlichen Versionen, mischen mögliche Kombinationen und Sequenzen und fügen sie zusammen und wählen unser physisches Morgen in einem Bewußtseinszustand aus, der eng mit dem inneren Ereignisaufbau zusammenarbeitet. Tatsächlich mögen manche Träume bereits Übersetzungen von anderen Erfahrungen sein, die wir nicht begreifen, da sie mit Wahrnehmungsebenen über oder unter der Ebene unserer Worte und Bilder zu tun haben.

Bilder sind für unsere physische Wahrnehmung von grundlegender Bedeutung. Sie sind zwangsläufig auch stereotype Wege der Erfahrung von »Realität«. Unsere Sinne präsentieren uns die Welt als handliches Paket. Selten wird uns klar, daß es sich um einen »Handwerkskasten für den Heimwerker« handelt; daß wir auf anderen Ebenen die Einzelteile zusammenfügen, die Ingredienzen zusammensammeln und dann die ganze Kiste unserem bewußten Selbst präsentieren und uns vormachen, es sei eine Überraschung, die nichts mit uns und unserer Kreativität zu tun hat. Unsere Sinne sind es also, die uns die Ereignisse so erfahren lassen, wie wir sie erfahren. Wir sind programmiert, die Welt auf eine bestimmte Art wahrzunehmen, aber es gibt keinen tieferen Grund, warum wir sie nicht auch anders erfahren können sollten.

Einige Bewußtseinsformen nehmen vielleicht einen Gegenstand in seinem zeitlichen Wandel wahr, sehen beispielsweise den alten und den neuen Stuhl gleichzeitig oder eine Stadt als Objekt mit vielen beweglichen Teilen. Andere sehen vielleicht Bilder, die sich aus Tönen formen, doch nicht unsere Gegenstände. Sie nehmen einen Ton als Bild wahr, ein Tisch aber bleibt für sie relativ unsichtbar, von Tonwerten abgesehen, die uns wiederum entgehen.

Was geschieht in einem solchen Kontext mit Ereignissen? In einer anderen Art von Realität würde der Gedanke an Onkel Elias sofort und zugleich alle Dinge, die mit ihm verbunden sind, sichtbar werden lassen. Diese könnten sich im nächsten Moment verändern und durch einen vollkommen anderen Satz an Dingen ersetzt werden, nämlich von jenen, die mit Tante Eleonore verknüpft sind.

Theoretisch könnte eine plötzliche Fokusverschiebung dazu führen, daß jemand ein Gestern im Heute jedes anderen erfährt. Wir sagen manchmal, daß ein Mensch in der Vergangenheit lebt, obwohl er doch offensichtlich durch seine jetzige Existenz an unserer Gegenwart teilhat. Mit Sicherheit kann zuweilen eine ähnliche Verschiebung stattfinden, bei der Ereignisse aus der Vergangenheit die Gegenwart buchstäblich beiseite drängen. (Verschiedentlich beobachtete ich zum Beispiel, wie Mutter Butts im Alter im Kontext *unserer* Gegenwart auf ein »vergangenes« Ereignis reagierte.) Ich bin davon überzeugt, daß sich in diesen Fällen mächtige Motivationskräfte der Persönlichkeit nach außerhalb des Lebensfeldes begeben haben.

Der springende Punkt daran ist die Tatsache, daß unsere Erfahrung von Realität und Ereignissen das Resultat einer feinen Abstimmung unseres Bewußtseins auf ein bestimmtes »Erdenprogramm« ist. Jedes Abweichen von der Frequenz dieses Heimatsenders könnte uns mit einem völlig anderen Bild von der Realität konfrontieren.

Die meisten von uns erfahren jedoch die Ereignisse innerhalb des Bezugsrahmens unseres anerkannten Sinnes-Fokus in dem Lebensfeld, in welchem die körperliche Integrität fest verwurzelt ist. Manchmal bewirken Krankheit oder Drogen, daß unser gewohnter Fokus seine Richtung ändert und uns so Einblicke in andere Realitäten gewährt werden, in andere Methoden der Wahrnehmung und der Datenorganisation. Ereignisse geraten außer Form, wir sehen sie verlängert, verkürzt, verdichtet, vergrößert oder verkleinert. Wenn uns nicht klar ist, was wir da tun, können wir unter Umständen unsere Feinorientierung verlieren.

Solche inoffiziellen Wahrnehmungen werfen Fragen nach der allgemeinen Natur von Ereignissen auf. Normalerweise gehen wir zum Beispiel ganz selbstverständlich davon aus, daß sich Ereignisse in Zeit-Raum-Simultanität vollziehen. Nur mit Mühe könnten wir uns ein Ereignis vorstellen, das zwar im Raum, nicht aber in der Zeit abläuft; oder in der Zeit, nicht aber im Raum. Doch alle Ereignisse finden meiner Überzeugung nach außerhalb von beidem statt, in jener inneren Ordnung, aus der Zeit und Raum selbst hervorgehen. Was wir als ein Ereignis wahrnehmen, ist nur eine der Blüten unsichtbar verwurzelter Ereignisse, die sich im Universum verflechten.

Vor drei Wochen hatte Rob einen sehr kurzen Traum, in dem ein fremder Mann und eine fremde Frau unsere Miete einforderten. Rob sah im Traum unsere Finanzunterlagen durch, um alte Mietbelege zu finden. Er erzählte mir am nächsten Morgen davon, dann vergaßen wir beide diesen Traum. Zwei Tage später erhielten wir einen Brief mit der Mitteilung, daß unser Haus von einer neuen Hausverwaltung betreut würde. Die Miete sollte von nun an an eine andere Adresse geschickt werden. Die neuen Hausverwalter würden auch demnächst vorbeikommen, um die Wohnungen zu überprüfen und das neue Arrangement zu besprechen.

Das Haus hatte in den zwölf Jahren, die wir nun dort wohnten, nur einmal den Besitzer gewechselt und seither immer dieselbe Hausverwaltung gehabt. Als wir den Brief erhielten, wurde uns klar, daß sich zumindest ein Teil des Trauminhalts bewahrheitet hatte. Rob hatte Informationen erhalten, die sich im Alltag als korrekt erwiesen: Fremde forderten unsere Miete ein. Wir dachten, damit sei die Sache beendet.

Doch vor einer Woche kam ein Anruf von der neuen Hausverwaltung: Sie hatte unsere Miete nicht bekommen, obwohl Rob einen Scheck geschickt hatte. Rob ging die entsprechenden Belege durch und erinnerte sich dabei an seinen Traum. Aber auch das war noch nicht das Ende. Gestern klopften zwei Fremde an unsere Tür, ein Mann und eine Frau, um sich im Auftrag der Hausverwaltung die Wohnung anzusehen.

Robs Traum war präkognitiv gewesen, aber was bedeutet das? Ist ein präkognitiv wahrgenommenes Ereignis ein Ereignis, das in der Zeit, aber noch nicht im Raum stattfindet? Wenn ein physisches Ereignis nur eine Version von einem umfassenderen Geschehen ist, ist dann ein vorausgesehener Vorgang ein Ereignis, das außerhalb seines Kontexts aufgefangen wird, verschwommen und unfokussiert wahrgenommen, bevor es sich dann an der Raum-Zeit-Schnittstelle klar differenziert?

In Robs Traum forderten ein fremder Mann und eine fremde Frau unsere Miete ein, und Rob sah unsere Finanzunterlagen nach Belegen durch. Im Traum ereigneten sich diese Vorgänge auf einmal, in unserer Realität aber verteilten sie sich über einen Zeitraum von drei Wochen. Der erste Teil des Traums, der Fremde und Miete in

Zusammenhang brachte, scheint auf den Wechsel der Hausverwaltung zu verweisen, den der Hausbesitzer schon vor dem Traum vorgenommen haben mußte. Auf physischer Ebene wurden wir dann durch den Brief davon in Kenntnis gesetzt. Die anderen Ereignisse schienen sich anschließend aus der ersten Traumaussage zu ergeben.

Der Traum komprimierte die Ereignisse, mischte Vergangenheit und Zukunft in eins. Auf physischer Ebene spielte sich dann alles in zeitlicher Abfolge ab. Meiner Überzeugung nach klinken wir uns in solchen Fällen im Traumzustand in das Feld freien Gewahrseins ein und nehmen Ereignisse aus einer anderen Perspektive wahr.

Jedes Ereignis ist von Energiefeldern umgeben, aber nur wenn diese mit der dreidimensionalen Realität zusammenfallen, erkennen wir etwas als physisches Ereignis. Doch selbst dabei ergeben sich große Unterschiede in der Wahrnehmung von Zeit. Wir wissen wenig über den Zeitsinn von Tieren, geschweige denn über den von Insekten, Bäumen und Pflanzen. Wir wissen, daß er sich von dem unseren unterscheiden muß, sich aber in unserem dimensionalen Kontext bewegt.

Es ist, als seien wir alle an ein riesiges Schaltpult angeschlossen. Lichter gehen an und aus, während sich die innere Ereignisreihe mit unserem Raum-Zeit-Netzwerk kreuzt und »weiter«klickt. Das Netzwerk selbst transformiert das innere Geschehen automatisch zu äußeren Ereignissen und läßt jedes Licht aufleuchten. Während wir leben, sind wir alle an dieses Schaltpult angeschlossen; auch unsere Nerven und Zellen sind ein sowohl ständig empfangender wie auch übertragender und weiterleitender Teil davon.

Jeder von uns ist ein durch das Netzwerk zu physischer Verwirklichung transformiertes irdisches Ereignis. Wir werden eingeschaltet und senden. Der Körper ist der lebendige Heimatsender, durch ihn muß alles physische Geschehen hindurchgeleitet werden. Wir schalten uns ständig ein und aus, obwohl unser irdisch eingestimmtes Bewußtsein nur auf eine bestimmte Folge von Frequenzen eingestellt ist und die »Aus-Phasen« nicht registriert. Wie ich schon sagte, verfügen wir möglicherweise auch noch über andere Heimatsender; andere Aspekte unserer Identität sind auf andere Realitäten eingestellt, so wie wir auf unsere Realität eingestellt sind.

Einige davon mögen sich noch in unserer Reichweite befinden, so daß wir uns von hier aus in sie einklinken und sie zu uns durchdringen und unseren Ereignissen so weit ihren Anstrich verleihen können, daß sie unsere Aufmerksamkeit erregen.

Graphik 9 zeigt ein hypothetisches Gesamtereignis. Im Grunde gehe ich davon aus, daß jedes Ereignis Teil jedes anderen Ereignisses ist, so daß eine Zuweisung nur willkürlich und bequemlichkeitshalber vorgenommen wird. Das wahrgenommene Ereignis und die Fokus-Persönlichkeit decken sich, was beide verändert; die Fokus-Persönlichkeit wird Teil des Ereignisses und umgekehrt. Das Ereignis wird gemäß den der wahrnehmenden Person zur Verfügung stehenden Rezeptionsmöglichkeiten und -methoden erfahren. Diese Methoden variieren, so daß es in unserer Dimension völlig verschiedene Arten von Realität geben kann und gibt, die sich aus demselben gemeinsamen »Ereignisbestand« aufbauen.

Tiere erfahren zum Beispiel ein auch von uns wahrgenommenes Ereignis ganz anders. Obgleich wir an gewissen Ereignisbeständen gemeinsam teilhaben, unterscheiden sich unsere Wahrnehmungsmethoden doch so sehr, daß die mit ihrer Hilfe organisierten Existenzsysteme als jeweils grundverschieden erscheinen können.

Jedes Ereignis aber formiert sich durch die Überschneidung von (bewußtgewordener) Energie mit Raum und Zeit am Jetzt-Punkt; die »Wellen« ergießen sich in alle wahrscheinlichen Richtungen und bilden auf dem Lebensfeld die augenscheinliche Vergangenheit und Zukunft. Je weiter ein Ereignis vom Lebensfeld entfernt ist, desto weniger real ist es für uns. Das Ereignis insgesamt existiert jedoch im Feld freien Gewahrseins der Vor-Wahrnehmung.

Graphik 10 zeigt ein kollektives Ereignis. Wie ich schon sagte, haben wir uns die Oberflächenebene des Lebensfeldes eher als Kurve denn als gerade Linie zu denken. Kollektive Geschehnisse ereignen sich, wenn sich ein Ereignis mit dem Lebensfeld einer Gruppe von Fokus-Persönlichkeiten überschneidet. Energetisch gesehen haben wir hier ein explosives Element, eine umfassende und tiefgreifende Veränderung an den betreffenden Schnittpunkten in der inneren Landschaft. Diese Veränderung ist so real wie ein Erdbeben und löst neue Anpassungen, zuweilen auch eine völlige Umorganisierung auf der Lebensebene, aus.

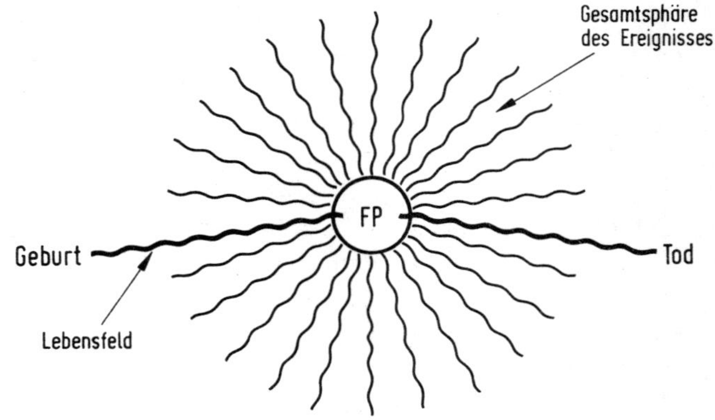

Graphik 9. Ein hypothetisches Ereignis in seiner Gesamtheit
Die Fokus-Persönlichkeit nimmt während ihrer Reise im Lebensfeld von der Geburt bis zum Tod einen Teil der Ereignissphäre an einem Raum-Zeit-Schnittpunkt wahr.

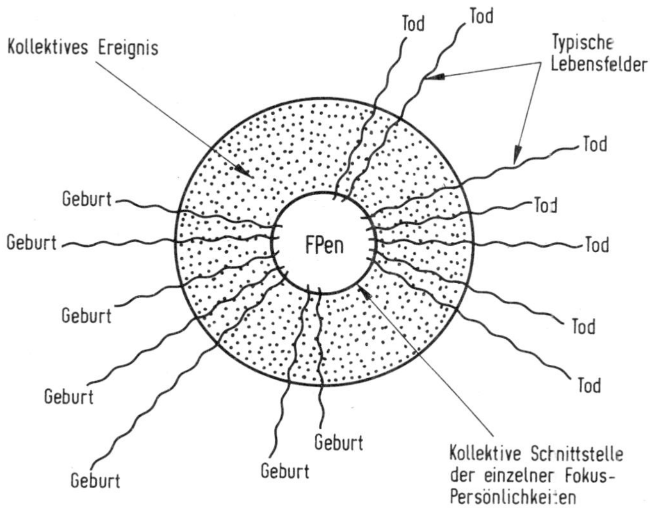

Graphik 10. Ein kollektives Ereignis
Der gepunktete Bereich steht für ein kollektives Ereignis, das an einem bestimmten Punkt in Raum und Zeit mit einer Reihe von einzelnen persönlichen Lebensfeldern zusammenfällt.

Wenn innere Ereignisse mit der dreidimensionalen Realität kollidieren, kann es gut zu einer Explosion oder Entladung kommen, die nicht weniger real ist als die, die durch kollidierende Atome entsteht. Wir sind nur nicht gewohnt, in solchen Begriffen über Ereignisse nachzudenken. In Wirklichkeit sind Ereignisse unsichtbare Strukturen und ebenso komplex und mannigfaltig wie äußere Objekte. Sie stoßen sich ab und ziehen sich an, gehen neue Allianzen und Verbindungen ein, nicht anders als es das zellulare Leben tut. Sie verändern sich genauso wie die Elemente, um verschiedene Massengruppierungen zu bilden. Sie haben ihre Bestandteile – ein Äquivalent zum Atomkern und die ihn umkreisenden Elektronen; und ihre Realität ist mit unserer biologischen und psychischen Struktur zusammengeschlossen. Ereignisse sind von großer Beweglichkeit und könnten sich, psychischen tierischen Lebewesen vergleichbar, auf dreidimensionaler Ebene fortpflanzen und sterben, sich über unsere Raum-Zeit-Schnittpunkte hinausbewegen, während ein Teil ihrer Realität, so wie die unsere, weiter existiert.

19
Irdische Erfahrung als weißes Loch

Ich sprach über die innere Natur der Ereignisse, weil unsere psychische Befindlichkeit aufs engste mit unserer Art des Erfahrens von Realität verknüpft ist. Nicht nur dieses Leben, sondern auch jegliches Überleben nach dem Tod verwickelt uns in eine Begegnung mit Ereignissen der einen oder anderen Art. Ich glaube, daß wir uns nach dem Tod vorrangig mit der inneren Ereignisordnung befassen.

Mit welcher Struktur des Universums ließe sich beides, die innere und die äußere Welt, erklären? Wenn wir uns unser Universum – unser sinnlich wahrgenommenes äußeres Universum – als weißes Loch dächten, hätten wir zumindest einen theoretischen Bezugsrahmen, der unsere inneren und äußeren Aktivitäten, unsere physische und spirituelle oder psychische Existenz in Einklang bringen könnte, und das würde das augenscheinliche Dilemma von einer simultanen Gegenwart lösen, in der sich alles zugleich ereignet, und einer Alltagserfahrung, in der wir eine zeitliche Abfolge von der Geburt bis hin zum Tod erleben.

Wie können unsere persönlichen Erfahrungen privat und eigenständig bleiben, wenn auf einer anderen Realitätsebene alle Ereignisse, wir selbst eingeschlossen, miteinander verbunden und verwoben sind? Wie kann unsere Individualität ihre einsame Größe bewahren angesichts eines verwirrenden Über-Lebens, in dem alle Dinge letztlich miteinander verknüpft sind? Die folgende Analogie liefert uns wenigstens einen Bezugsrahmen dafür, solchen Fragen nachgehen zu können, wie auch, so meine ich, ein paar wichtige intuitive Einsichten in die Natur unserer physischen und nichtphysischen Realität.

Graphik 11 zeigt die irdische Erfahrung als weißes Loch. Die Ereignisse strömen in der inneren Ordnung auf den »Ereignishorizont« zu. Sie nehmen nur so lange physischen Charakter an, wie sie sich aktuell auf diesem Ereignishorizont befinden. Darüber und darunter existiert eine Sphäre des Schwebezustands, in der die Wahrscheinlichkeiten zeitlos existieren, in den Seitenkulissen warten, ob sie, je nachdem, was am Ereignishorizont passiert, von dort angezogen werden oder nicht. Bildlich gesprochen, schwimmen die wahrscheinlichen Ereignisse auf ihre physische Verwirklichung zu wie Spermien auf das Ei. Die ständige Bewegung und der ewige Fluß am Ereignishorizont machen es möglich, daß dort Ereignisse herausgeworfen werden und andere wahrscheinliche Geschehnisse auftauchen und ihren Platz einnehmen (ähnlich wie bei der Elektronenfalle.)

Der Ereignishorizont setzt sich aus mehreren Schichten zusammen. Die Tiefe des Eintauchens bestimmt, welche Art von Bewußtsein und welches Maß von Selbst-Bewußtsein, wie wir es nennen, daraus hervorgehen. Das spezifische »Ich«, mit dem wir uns identifizieren, die Fokus-Persönlichkeit, existiert nur in einer ganz bestimmten Position auf dem Ereignishorizont. Je tiefer die Versenkung, desto weniger Bewußtheit (in unserem Sinne) und desto geringer die fokussierte Erfahrung von abfolgender Zeit. Nach »unten« hin nehmen die Unterschiede und Spezifizierungen ab, und es besteht hier eine engere Korrespondenz mit den »über« dem Ereignishorizont existierenden Bedingungen.

Der physische Körper formt sich (am Ereignishorizont) durch Material, das aus den tieferen Schichten »aufsteigt«. Dessen Komponenten verfügen über Eigenschaften des freien Gewahrseins, die in besonderem Maß zur Aufrechterhaltung unserer spezifischen Art von Bewußtsein geeignet sind, ein Bewußtsein, das nicht Daten in dieser Form unmittelbar handhaben und zugleich seinen Von-Zeit-zu-Zeit-Fokus aufrechterhalten kann.

Über und unter dem Ereignishorizont existiert eine innere atmosphärische Ebene, auf der sich die innere Ereignisordnung verdichtet, zu physischer Verwirklichung drängt. Hier ist alles ständig in Bewegung, und die wahrscheinlichen Ereignisse prallen wie Atome aufeinander; zu ihrer endgültigen Verwirklichung kommt es durch

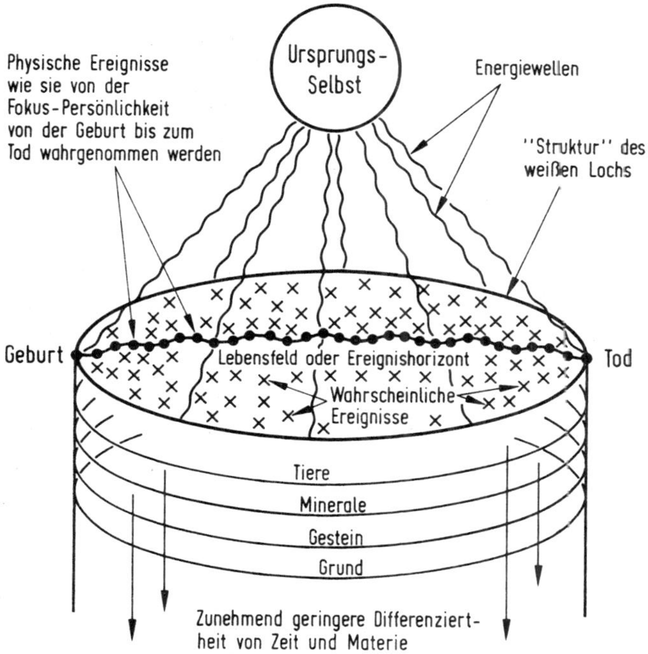

Graphik 11. Die gesamte irdische Erfahrung einer Fokus-Persönlichkeit als weißes Loch
Unsere spezifischsten Raum-Zeit-Ereignisse sind auf der »obersten« Ebene der Struktur des weißen Lochs angesiedelt. Unser Lebensfeld korrespondiert mit dem Ereignishorizont.

die bewußten Gedanken und Überzeugungen der Fokus-Persönlichkeit, die die Ereignisse dann als real erfährt. Die Fokus-Persönlichkeit sammelt und fokussiert Ereignisse, ist zugleich selbst ein bewußtes Ereignis, organisiert Aktivität und Geschehen, ist ein selbst-bewußtes Ereignis.

Hier nehme ich ein hypothetisches »Kern-Selbst« an, das jener Teil der Identitätssphäre des Ursprungs-Selbst wäre, welcher die Fokus-Persönlichkeit formt. Das Kern-Selbst wirbelt nach außen und läßt durch seine Bewegung die Fokus-Persönlichkeit entstehen, indem es sich selbst ständig am Ereignishorizont zu physischer Form übersetzt und dort das persönliche Lebensfeld schafft. Das Kern-Selbst ist die fortwährend ausströmende Energie des Ursprungs-Selbst, die auf dreidimensionale Felder auftrifft und von Raum und Zeit unabhängig ist. Es ist jene Energie, welche unsere persönliche Erfahrungsebene erzeugt, aber nicht darauf beschränkt ist. Das Kern-Selbst ist imstande, alle wahrscheinlichen Erfahrungen der Fokus-Persönlichkeit simultan wahrzunehmen und kann ihr behilflich sein eine Wahl zu treffen.

Das Kern-Selbst läßt den Körper entstehen, erhält ihn aufrecht und stattet die Zellen mit ihrem eigenen freien Gewahrsein aus; das heißt, die Zellen können in »unbewußtem« Wissen um das gesamte Lebensbild operieren und die künftigen Wahrscheinlichkeiten gewahren, um den Zusammenhalt des Körpers zu gewährleisten. Das Kern-Selbst ist also relativ ungebunden, obgleich es im allgemeinen auf die Fokus-Persönlichkeit (oder das physische Partikel-Selbst) konzentriert ist. Die Fokus-Persönlichkeit operiert ähnlich wie eine Elektronenfalle: Sie zieht die Energien des Kern-Selbst, aus dem sie ja entstanden ist, an und bindet sie; sie zieht Ereignisse in die Verwirklichung hinein.

Wenn mit dem Tod das Kern-Selbst dem dreidimensionalen System entflieht, zersetzt sich die Körpermaterie in einfachere Bestandteile, fällt auf den Grund der »Quelle«, wo sie dann zum Aufbau weiterer physischer Formen genutzt wird.

Das Kern-Selbst hält sich, auch während es in der Materie »gefangen« ist und sie mit selbst-bewußter Energie und dem Ich der Fokus-Persönlichkeit ausstattet, auf beiden Seiten des Ereignishorizonts auf und nimmt alle wahrscheinlichen Ereignisse wahr. Es ist selbst nicht in der Zeit gefangen, die nur an seinen Rändern oder Grenzen erfahren wird; sein »äußerer Ring« ist die Fokus-Persönlichkeit.

Zeit und Ereignishorizont

Zeit wird am Ereignishorizont aufgebaut und je nach in ihr eingenommener Position oder Ebene unterschiedlich erfahren. Gegen die Mitte hin wird sie am spezifischsten und zu beiden Enden, bei Geburt und Tod, weniger deutlich empfunden. Auch mit zunehmend tieferer Entfernung von unserem Ereignishorizont erfährt das Zeiterleben eine qualitative Veränderung. Wir stellen uns Zeit gewöhnlich nur so vor, wie wir sie auf unserer Ebene erleben, aber Vergangenheit, Gegenwart und Zukunft vermischen sich bis zu einem gewissen Grad unter und über unserem Ereignishorizont. Jede Bewußtseinsform hat ihren eigenen Ereignishorizont mit dem für sie charakteristischen Lebensfeld und Zeiterleben.

(Unbewußt reagieren wir auf der Ebene des Kern-Selbst konstant auf Telepathie und auf »künftige« Wahrscheinlichkeiten, und wir können, wenn wir unseren Fokus [hinsichtlich seines Horizonts] verändern, auch diese innere Ereignisordnung bis zu einem gewissen Grad wahrnehmen.)

Noch einmal: Die Fokus-Persönlichkeit ist das Selbst, das wir in seinem Bezug zu äußeren Ereignissen kennen. Sie ist der Aspekt des Ursprungs-Selbst, der auf den dreidimensionalen Bezugsrahmen auftrifft. Das Kern-Selbst hingegen ist der initiale wellenartige Ausdruck, der aus dieser Schnittstelle des Ursprungs-Selbst erwächst. Es breitet sich aus, um die Partikel-Fokus-Persönlichkeit entstehen zu lassen, bleibt aber von ihr unabhängig. Latent enthält es in sich alle anderen Aspekte des Ursprungs-Selbst, die sich hier im Schwebezustand befinden, psychisch unsichtbar bleiben, aber die dynamische Struktur des Selbst, das wir kennen, herstellen. Sein Wirken kann nur über seine Verbindung zur Fokus-Persönlichkeit wahrgenommen, nur so kann seine Anwesenheit erspürt werden.

Auch die Zeit verhält sich auf der Oberfläche des Ereignishorizonts wie ein Partikel, was für uns den Anschein von Momenten entstehen läßt. Doch je tiefer wir uns hinunter (ins weiße Loch) begeben, desto mehr zerfällt Zeit in längere Wellen; und obgleich wir uns die Dimension der Zeit mit Bergen, Insekten und Bäumen teilen, lebt einiges jahrhundertelang und anderes nur ein paar Stunden. Das hat nichts mit dem subjektiven Zeitempfinden zu tun, das einer noch schwerer zu entschlüsselnden inneren Ereignisordnung angehört.

Alles auf dem Ereignishorizont materialisiert sich aus dieser inneren Ordnung, entsteht aus ihr. Und die Differenziertheit nimmt, wie gesagt, unter und über dem Horizont ab. Alle in dieses System eintretende Energie wird in ihre jeweils spezifischen Merkmale und Eigenschaften transformiert wie Masse, Gewicht, Materie und Raum-Zeit-Beziehungen. Wegen dieser ständigen Übertragung in äußere Manifestationen ist es fast unmöglich, von einem Standort innerhalb dieses Systems aus eine klare Vorstellung von dieser inneren Ereignisordnung zu gewinnen. Alles, was wir hier beobachten können, sind gewisse Gesetzmäßigkeiten. Selbst unsere mentalen Kalkulationen sind in diesen Prozeß verwickelt, da unser Gehirn sowohl mit Materie arbeitet als auch daraus besteht.

Wir *können* aber unseren Fokus bis zu einem gewissen Grad verändern, unsere Aufmerksamkeit momentan von der mit sich selbst übereinstimmenden Erfahrungslinie abziehen *und uns auf jene Erfahrungen konzentrieren, welche nicht stimmig sind, das offizielle Bild stören und dem widersprechen, was wir unserer Meinung nach wissen.* Wir werden, denke ich, schließlich zu zwei verschiedenen Weltsichten gelangen: einer objektiven und einer subjektiven. Jede gültig und real, aber verschiedenen Ereignisordnungen zugehörig.

Veränderte Bewußtseinszustände können in diesem Zusammenhang außerordentlich effektiv sein, so wie auch das Studium der Träume, wenn es mit einer anderen Einstellung unternommen wird. Es *existiert* eine, in stark gefurchte Gehirnwindungen übersetzte innere Landschaft des Geistes, in der sich die Dinge zuerst ereignen, in der die Schöpfung immer jetzt geschieht, in der das Bewußtsein zu physischer Verwirklichung ausbricht, jetzt nicht weniger vehement als im Moment eines hypothetischen Uranfangs.

Künstlerische oder andersartige Inspiration erlaubt uns oft einen Einblick in diese innere Ordnung; und ebenso oft bezeichnen wir diese Wahrnehmung als irrational, weil sich dieses aus der Inspiration hervorgegangene Bild so anders ausnimmt als das offiziell anerkannte. Kein Wunder, wenn Genie häufig mit Verrücktheit gleichgesetzt wird, denn wahres Genie nimmt oft diese innere Ordnung wahr. Aus diesen beiden Arten von Realität besteht unsere Welt, wobei die eine aber als unsichtbare Struktur unserer physischen Realität existiert.

Die Fokus-Persönlichkeit ist nur im gesamten Umfang ihrer dreidimensionalen Existenz als vollständig anzusehen, also unter Einschluß des Todes. Alle ihre Erfahrungen existieren zugleich, auch wenn sie sie als Abfolge wahrnimmt. Doch wandeln sich die Ereignisse ständig, da in jedem Moment des Lebens Energie in alle wahrscheinlichen Richtungen ausströmt. Das führt zu ständiger Bewegung, zum ständigen Fluß innerhalb des gesamten Lebensmusters (siehe Graphik 12).

Eine Bewegung, die zum Beispiel im Alter von zweiundachtzig auftritt, kann ein Ereignis, das im Alter von zwanzig geschah, »verdrängen« oder »verlagern«. Die Entscheidungen, die wir in jedem Moment treffen, ersetzen andere Handlungen, werfen sie aus der physischen Erfahrungslinie und unserem Fokusbereich und bringen andere Ereignisse hoch, die »bis dahin« wahrscheinlicher Natur waren (siehe Graphik 13).

Dies wird für uns gegen Ende des Lebensfeldes augenfälliger, wenn wir über eine größere Anzahl vergangener Ereignisse verfügen, mit denen wir herumspielen können. Oft ist dies dann auch der Moment, in dem wir anfangen, mit unserer offiziellen Vergangenheit »Schiffchen versenken« zu spielen. Meiner Ansicht nach zeigte sich dieses Phänomen bei einigen Erfahrungen meiner Schwiegermutter, aber auch manche Episoden meines Lebens ließen mich zu dieser Schlußfolgerung gelangen. Da wir, wie gesagt, normalerweise der anerkannten Ereignisordnung folgen, sind wir es nicht gewohnt, nach inoffiziellen Ereignissen Ausschau zu halten. Und wenn wir uns darin trainieren wollen, sie zu entdecken, müssen Arbeit und Energie aufgewendet werden. Ich für meinen Teil habe gewiß die Absicht, dieses spezielle Studium weiter zu betreiben.

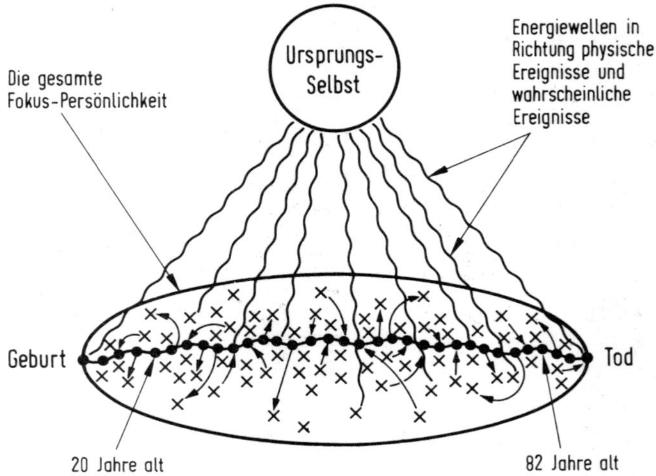

Graphik 12. Das gesamte Leben einer Fokus-Persönlichkeit
Zwischen den wahrscheinlichen Ereignissen (X) und den physischen Ereignissen (die schwarzen Punkte auf dem Lebensfeld) findet ein konstanter wechselseitiger Austausch statt. Je älter Sie sind, über desto mehr »vergangene« Ereignisse verfügen Sie, mit denen Sie spielen können.

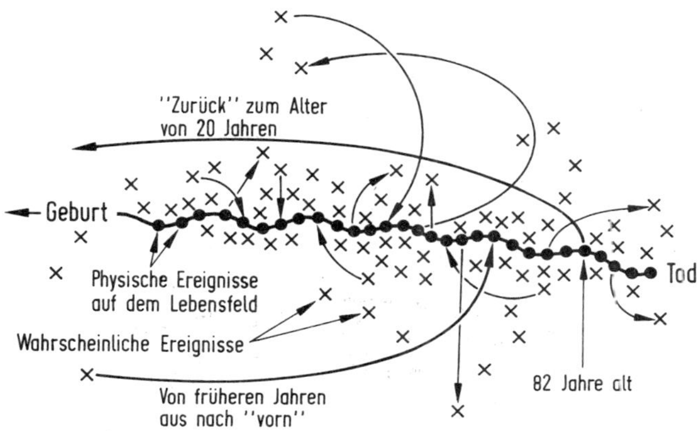

Graphik 13. Vergrößerter Ausschnitt vom ständigen Wechselspiel zwischen physischen Ereignissen, wahrscheinlichen Ereignissen und Zeit
Hier verdrängt ein im Alter von 82 Jahren stattfindendes Ereignis ein Ereignis, das »geschah«, als die betreffende Person 20 Jahre alt war. Letzteres wird nun ein wahrscheinliches Ereignis.

Ich bin zum Beispiel davon überzeugt, daß sich »vergangene« Begebenheiten verändern, nachdem sie sich in Raum und Zeit auf dem Lebensfeld ereignet haben. Ich glaube nicht, daß sich hier nur unsere Einstellung ihnen gegenüber verändert. Während wir uns auf eine Kontinuität im Sinne von Zeit konzentrieren, wird diese sich in der Gegenwart vollziehende Veränderung vergangener Ereignisse buchstäblich unsichtbar. Hier geben uns auch Träume, die sich mit anderen Erfahrungen als jenen des Wachzustands befassen, manche Hinweise, denn meiner Meinung nach klinken wir uns in Träumen in Wahrscheinlichkeiten ein und organisieren buchstäblich unser gesamtes Alltagsleben von *beiden* Seiten des Lebensfeldes aus, und zwar je nach unseren bewußten Wünschen und Überzeugungen.

Und noch einmal: Jede Energiequelle des Ursprungs-Selbst strömt aus, um ein Kern-Selbst zu bilden, das seinerseits die Fokus-Persönlichkeit formt. Diese Wellen treffen ständig auf das dreidimensionale Feld auf, werden zum Ereignishorizont hingezogen und drängen zu physischer Verwirklichung (siehe Graphik 14). So gesehen sind wir in Wirklichkeit eine »Reihe« von Schwingungen, erkennende, bewußte Wesen mit einer weitaus größeren Identitätssphäre, als uns normalerweise klar ist.

Diese Schwingungen kreuzen *alle auf einmal* das dreidimensionale Feld, auch wenn sie von der Fokus-Persönlichkeit als eine Abfolge von Geburt zum Tod erfahren werden. Das Kern-Selbst ist sich des simultanen irdischen Lebensereignisses in seiner Gesamtheit bewußt. Für dieses Selbst ereignen sich spätere Schwingungen zur selben Zeit wie frühere, was bedeutet, daß Ereignisse über das ganze Lebensfeld hinweg bis zu einem gewissen Grad verändert werden können (siehe Graphik 15).

Frühere Ereignisse werden von der Fokus-Persönlichkeit in der Gegenwart stets als Schatten-Ereignisse erfahren, da der Raum-Zeit-Schnittpunkt nicht präzise genug ist, um eine Jetzt-Wahrnehmung entstehen zu lassen.

Ich bin davon überzeugt, daß wir in Träumen auch auf wahrscheinliche künftige Ereignisse reagieren, aber ihre künftige Natur wird für uns vielleicht nicht offensichtlich, da sie im Kontext gegenwärtiger Erfahrung keinen Sinn zu ergeben scheint. Zweifellos

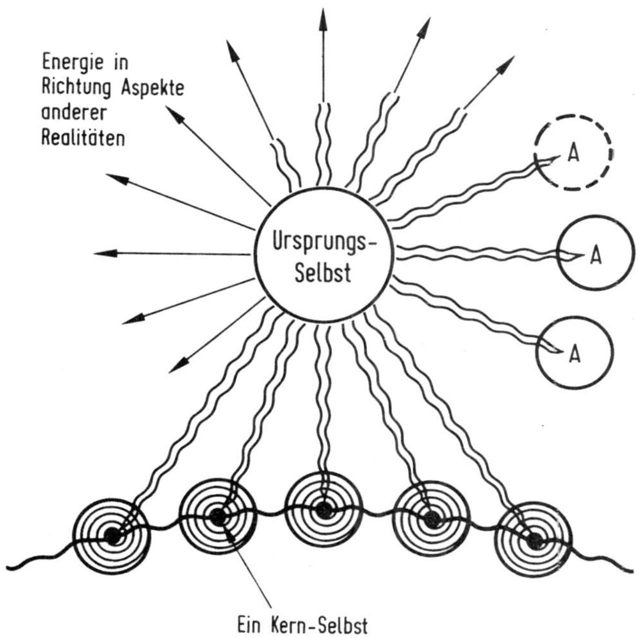

Graphik 14. Das Ursprungs-Selbst bildet, aus unserer Perspektive gesehen, eine Reihe von Kern-Selbsts
Jede vom Ursprungs-Selbst ausgehende Energiewelle formt ihr eigenes, von Raum und Zeit unabhängiges Kern-Selbst. Jedes Kern-Selbst wirbelt nach außen, um seine Fokus-Persönlichkeit im Lebensfeld entstehen zu lassen.

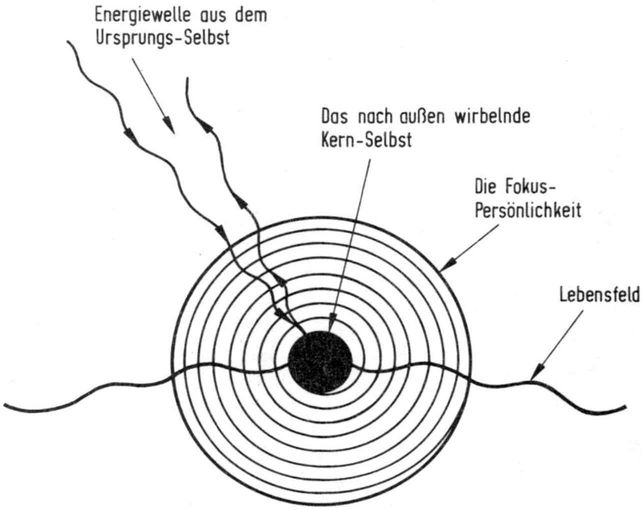

Graphik 15. Anatomie eines Kern-Selbst, das eine Fokus-Persönlichkeit formt
Der äußere Rand des Kern-Selbst ist die Fokus-Persönlichkeit, die Raum und Zeit erfährt.

bleiben deshalb zukünftige Erinnerungen unerkannt, doch eine veränderte Einstellung könnte uns mit der Präkognition ebenso selbstverständlich umgehen lassen, wie wir es mit gewöhnlichen Erinnerungen tun.

Im Schlaf und im Traum schauen wir, wenn auch nur dunkel, aus der inneren Ereignisordnung hinaus auf die physische, objektive Welt. Träume *sind* gegenwärtige Ereignisse, denen wir auf dem Lebensfeld nicht in derselben Weise begegnen wie Ereignissen im Wachzustand.

Von unserem Standpunkt aus sind sich wahrscheinliche Ereignisse und Traumereignisse, was ihre Beschaffenheit angeht, ziemlich ähnlich. Wir erkennen nur unseren Ereignishorizont an, an dem sich für uns Energie zu Materie und Ereignissen verdichtet. Alle Ereignisse, die sich nicht in unserem »Pferch« von Raum und Zeit abspielen, existieren jedoch trotzdem als Wahrscheinlichkeiten, sind physisch und psychisch unsichtbar und nicht Bestandteil unserer anerkannten Realität. Das Kern-Selbst hingegen akzeptiert sie.

Doch in diesem System existiert eine unbegrenzte Anzahl von Ereignishorizonten gleich dem unseren, auf denen andere wahrscheinliche Ereignisse verwirklicht und erfahren werden. Innerhalb dieses Systems ereignen sich somit noch immer alternierende irdische Geschichtsabläufe, die ebenso »real« sind wie die unseren. Jede beliebige Periode von Jahren, sagen wir zum Beispiel 1900 bis 1980, wird in unendlich vielfältiger Weise erfahren, nicht, indem sie immer wieder aufgerollt wird, sondern indem sie endlos aus dem Medium dieses Systems erwächst.

Da die Ereignishorizonte unterschiedlicher Natur sind, sind sich die Bewohner einer wahrscheinlichen Welt nicht der anderen Welten bewußt. In jeder wahrscheinlichen Welt existieren wahrscheinliche Jahrhunderte oder Epochen, und ein Bewußtsein wird so lange in dasselbe wahrscheinliche System wieder hinein- oder »zurückgeboren«, bis es ihm »entflieht«.

Innerhalb eines schwarzen Lochs würden eine Million Jahre als nur ein Augenblick empfunden. In einem weißen Loch wird ein Augenblick oder ein ewiges Jetzt als Abfolge von Zeit, und das in Zeitlupe, wahrgenommen. In diesem hypothetischen weißen Loch wird Identität verzeitlicht und die Identitätssphäre des Ursprungs-

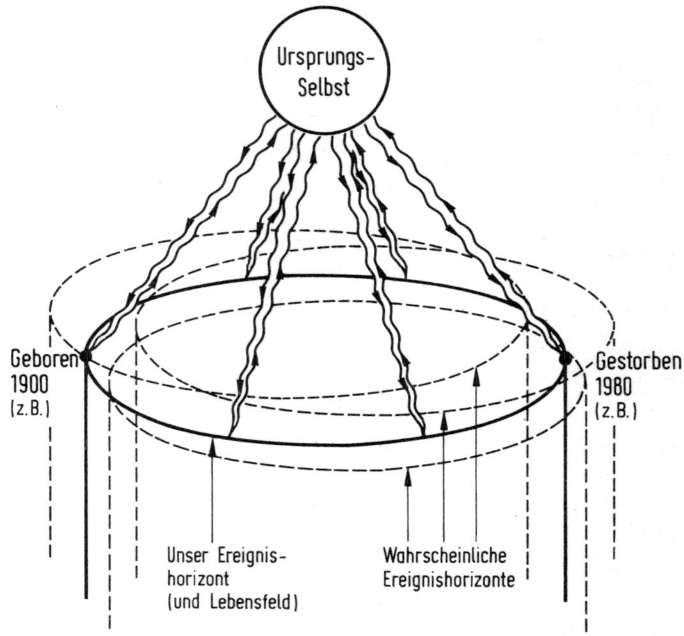

Graphik 16. Wahrscheinliche Ereignishorizonte (und Lebensfelder)
Jede beliebige Anzahl von aufeinanderfolgenden Jahren unseres Systems würde in anderen Realitäten, unter Einbeziehung von wahrscheinlichen Ereignissen und alternierenden Ereignishorizonten, anders erfahren werden.

Selbst in Selbst-Segmente aufgespalten, so wie ein ewiges Jetzt dem Anschein nach in eine Reihe von Augenblicken zersplittert.

Da aber das Ursprungs-Selbst jenseits des dreidimensionalen Feldes existiert, verbleibt seine Gesamtidentität und sein ganzes Wissen in unbestimmter, latenter Form im unzerstörbaren Kern-Selbst, das seinerseits die Partikel- oder Fokus-Persönlichkeit bildet. Im weißen Loch wird die Individualisierung geboren, so wie wir sie verstehen, wird die Spezialisierung zur Regel und werden ewige Kräfte in lokal beschränkte Gesetze aufgespalten. Das Ursprungs-Selbst ist von diesem lokalen System unabhängig.

Graphik 16 zeigt wahrscheinliche Ereignishorizonte. Fällt Energie in ein weißes Loch, wird sie in Materie verwandelt. Es ist die Energie des Kern-Selbst, welche diese Übersetzung oder Transformation befördert, verursacht wird sie von den dimensionalen Aspekten des weißen Lochs. Das weiße Loch hat auch Bezug zu den Feldern, von denen es umgeben ist. In ihm aufgebaute Materie kann ihrer aktuellen Form nicht entfliehen. Die in ihr enthaltene unsichtbare Energie hingegen *kann* es, und der Anschein von materieller Stabilität ergibt sich aus der Tatsache, daß die Energie konstant zu sich selbst – durch die Identitätssphäre, durch das Kern-Selbst hin zum Ursprungs-Selbst – zurückschwingt.

Wie schon gesagt, verwandeln wir uns nach dem Tod möglicherweise in ein schwarzes Loch, wo Raum und Zeit bedeutungslos sind und Materie sich auflöst. Das Kern-Selbst, das unsere Individualität und Erinnerungen bewahrt, würde dann in einem anderen weißen Loch und neuen Realitätssystem auftauchen. Praktisch gesehen hätten die »Bewohner« der einzelnen Systeme keine Kenntnis voneinander – außer innerhalb der inneren Ereignisordnung.

20
Die Fokus-Persönlichkeit und die Sinne. Einige Fragen und die Auslöschung des Selbst

Psychische weiße Löcher oder nicht – wir sind in der physischen Realität fokussiert; wir manipulieren Gegenstände und bewegen uns, wie es scheint, durch die Zeit. Wir stecken fest zwischen dem Wissen um unseren sicheren physischen Tod und inneren Offenbarungen, die uns sagen, daß der Tod nur ein anderer Seinszustand ist.

Während Rob und ich uns letzte Nacht unterhielten, betrachtete ich sein Gesicht im Lichtschein der kleinen Lampe auf dem Nachtkästchen. Fast kam es mir so vor, als glitte es aus der Dunkelheit in unsere Realität, so voller Leben und Ausdruck, phantastischstes Wunder des Bewußtseins – ein Selbst, das sich selbst aus dem Universum formt, vital, mit strahlendem Fokus und doch dazu bestimmt, ebenso geheimnisvoll wieder zu verschwinden, wie es gekommen war. So wie wir alle, dachte ich. Denn wir sind gefangen zwischen dem Triumph unserer Existenz und der Angst, die uns unsere Unkenntnis von dem, was davor war oder danach sein wird, einflößt. Und wenn es so ist, daß wir in jedem Moment ewig existieren, warum können wir dies dann nicht erkennen?

Doch selbst in diesem Augenblick war mir klar, daß unser entschiedener, klarer, physischer Fokus zumindest bis zu einem gewissen Grad von unserem Vergessen abhängt. Wie könnten wir die von uns so geschätzte Intimität des Augenblicks erfahren, wenn uns all die anderen ebenso gültigen Augenblicke gleichfalls bewußt wären? Wären uns dann diese Stunden noch so lieb und teuer oder wären wir übersättigt und trunken vom Exzess?

Das ließ mich daran denken, wie wertvoll unsere physischen Sinne doch sind! Sie kreieren das Theater der Wahrnehmung, in dem und durch das wir die Realität erleben. Sie organisieren, kategorisieren und umreißen riesige Felder unbearbeiteten Datenmaterials, um ein dreidimensionales, lebendiges Bild zu erschaffen. Ein Bild, in das wir dann so tief involviert sind, daß wir selbst *in* dem, was wir sehen, existieren, auch wenn wir unsere eigene Person darin nicht erkennen.

Unser Sein wird ständig von den Sinnen gelenkt. Soviel ist klar. Weniger offensichtlich ist die Tatsache, daß wir die physische Realität aus dem Innern heraus erfahren (innerhalb des Körpers, der wiederum selbst innerhalb des Bildes existiert), wenn sich auch dem Anschein nach die Realität »da draußen« jenseits der Haut befinden mag. Wir erschaffen sogar das, was Realität ist, obgleich wir sie als etwas wahrnehmen, das sich da draußen ereignet.

Die Sinne sind es, die klug und schön die physische Realität und unsere bedeutungsvollsten Erfahrungen mit ihr erschaffen. Hingegen scheint uns die Realität schon immer *da* gewesen zu sein, veräußerlicht, von unserer Wahrnehmung unabhängig. Töne erwecken zum Beispiel den Anschein, daß da *draußen* Geräusche existieren, die allgemein zu hören sind. Meine Augen versichern mir, daß da eine Welt voller Gegenstände ist, die man sehen kann.

Doch unser In-der-Welt-sein und das Gefühl, sicher und lebendig in ihr verwurzelt zu sein, hängen in allem von den Sinnen im Körper selbst ab. Wir nehmen diese inneren Zusammenhänge, auf welchen unsere gesamte Erfahrung von der Welt beruht, nicht bewußt wahr.

Zum Beispiel hängen Lebendigkeit und das Vermögen, auf die Welt zu reagieren, von einem inneren Balancegefühl ab, das uns mit den »äußeren« Bedingungen in eine Linie bringt. In Wirklichkeit aber erschafft dieses innere Fühlen die Bedingungen. Wir sprechen von einem warmen oder kalten Tag, je nachdem, was für ein Empfinden die Luft an unserer Haut hervorruft. Doch die Luft ist von sich aus weder warm noch kalt. Es sind lediglich unsere inneren thermischen Sinne, die diese Empfindungen erzeugen.

Auf gleiche Weise scheinen wir von Gegenständen umgeben zu sein, weil unsere physischen Wahrnehmungen Daten zu bestimmten Mustern organisieren und wir dann auf die augenscheinliche Realität reagieren. Der Körper ist ein einzigartiger realitätsbildender Organismus; einer, der nicht nur ein dreidimensionales Bild nach außen projiziert, sondern auch selbst innerhalb dieses, von ihm ständig erschaffenen lebendigen Realitätsbildes existiert. Das Feedback erfolgt so blitzartig, so unmittelbar, daß es uns entgeht.

Der Körper erschafft sich ständig aus dem Innern dieses Systems wechselseitiger Beziehungen, entläßt aus sich selbst physische Darstellungen in dreidimensionaler Realität, die er dann erlebt. Er erschafft zum Beispiel den Raum, durch den er sich bewegt, die Zeit, in deren Verlauf er wächst und altert, und all die äußeren Bedingungen, auf die er dann reagiert.

Seine körperliche Lebendigkeit entsteht natürlich aus Schichten unterhalb unseres üblichen Bewußtseins. In diesen Regionen reagieren wir ständig auf Dinge wie Temperatur, Luftdruck, kosmische Strahlung und Gezeiten, deren wir uns nicht bewußt sind, von denen aber unsere Realität abhängt.

Für uns ist es leicht ersichtlich, wie ein Baum aus der Erde in den Raum hineinwächst: Seine Wurzeln können sich zwar bewegen, sind aber doch relativ fixiert. Stellen wir uns nun unseren Körper aus einer solchen Sicht vor, dann wächst er in den Raum nach allen Richtungen hin, wenn wir etwa auf der Straße gehen, im Flugzeug fliegen oder tauchen. Bewegung und Wachstum sind verschiedene Aspekte ein- und derselben Sache: Wir wachsen in den und bewegen uns im Raum, so wie wir auch in der Zeit wachsen und uns durch sie bewegen. Wir sind nur nicht gewohnt, es aus dieser Perspektive zu sehen. Wenn wir diese Bewegungen simultan wahrnehmen könnten und sie »Spuren« im Raum hinterließen, dann würden sie uns zeigen, wie wir agieren und reagieren, in alle Richtungen »zugleich« wachsen, in den Raum explodieren wie ein seltsames Blütentier; wie wir an vielen Orten zugleich aufblühen, hier erscheinen und dann dort. Man würde Ihren Körper an der Ecke Ihrer Straße wachsen sehen, von wo er dann wieder verschwindet, um an anderer sichtbarer Stelle aufzutauchen und so weiter. Wir sind in der Erde verwurzelt und in sie eingeordnet.

Die Freude physischer Empfindung mit dem Gefühl von einem natürlichen In-Einklang-Sein ist eine unserer größten Wonnen und eine der besten Möglichkeiten, Körper und Seele zu vereinen und sie in ihre richtige und angestammte Beziehung zueinander zu bringen. Physisches Vergnügen und körperliche Bewegung bringen die Dinge in Ordnung, versetzen das bewußte Selbst (die Fokus-Persönlichkeit) in seine richtige Position. Es fühlt seine Seele lebendig im Fleisch, sicher verankert in der Stütze seiner eigenen Kreativität. In dieser Beziehung sind Gedanken so physisch wie Körperzellen, sind Körperzellen so mental wie Gedanken; beide vereinen sich zu körperlichem Ausdruck.

Die Sinne im Körper selbst erschaffen Raumdimensionen, durch die sich der Körper dann ausdrücken kann – sich freuen, auf Erkundungsreise gehen –, Dimensionen oder Agilität und Bewegung mit unbegrenzten Möglichkeiten zum Handeln – Manipulieren, Spielen und Darstellen –, eine gleichermaßen unbegrenzte wie stets einzigartige Gelegenheit zu taktilen Erfahrungen und Ausdrucksformen. Abgesehen davon ist da dieser als selbstverständlich erachtete Triumph, ein dreidimensional ausgestatteter Körper zu sein, der in einem System existiert und agiert, für das ganz speziell er geeignet ist.

Wenn Sie zum Beispiel beobachten, wie Fische im Wasser schwimmen, dann erkennen Sie, wie wunderbar sie für ihre Umwelt ausgerüstet sind. Manchmal verändert sich Ihre Wahrnehmung, und Sie sehen den Fisch als Teil seiner Wasserwelt: Wasser und Fisch durchdringen einander. Ebenso natürlich bewegt sich der Mensch im Raum, und seine Gliedmaßen sind dafür so geeignet wie die Fischflossen für das Wasser. Der Organismus erfreut sich ganz natürlich dieser wechselseitigen Beziehungen und Verwobenheit. So betrachtet ist auch der Mensch Teil des Raums und durchdringt ihn, wie er von ihm durchdrungen wird.

Dieses Gefühl innerkörperlicher Kreativität löst ein Empfinden von physischer Lebendigkeit aus, von körperlichem Geschehen und einer tiefen selbstverständlichen Einbezogenheit, das wir verlieren, wenn wir die mentalen Aspekte, das Gedankliche überbetonen. Zumindest im Moment gründet sich das Denken auf das physische Leben der Zellen. Soviel sollte offensichtlich sein. Solange wir Körper haben, sind Gedanken physischer Ausdruck, sie erwachsen aus unserem Gehirn wie Blumen aus der Erde.

Das heißt nicht, daß Denken nicht ohne physischen Körper existieren könnte. Es bedeutet aber, daß das Denken, solange wir einen Körper haben, fest in das Fundament unserer irdischen Körperlichkeit eingebettet ist. Unsere Gedanken *müssen* unserem physischen Selbst-Ausdruck im Fleisch folgen, denn sie interpretieren die durch das Fleisch wahrgenommenen und von den Sinnen erschaffenen Daten. Ein Denken, das unabhängig vom Körper, außerhalb des dreidimensionalen Systems existiert, wäre ein ganz anderes (*denke* ich), da in diesem Fall nicht unbedingt die Notwendigkeit bestünde, Wahrnehmungen innerhalb von Zeit und Raum zu strukturieren.

Wir können nicht in den Körper hineinsehen, doch auch in ihm findet sich eine innere Landschaft, so vital und lebendig wie jene, welche wir vor unserem Fenster sehen; in der sich Zweige im Wind wiegen, Menschen auf den Straßen spazieren und Blumen wachsen. Die Zellen sind mit Sicherheit kein »kleines Völkchen«, aber sie sind winzige Bewußtheiten und reagieren auf ihre Umwelt wie wir auf die unsere. All diese Aktivität passiert in uns; sie ist ich; sie ist Sie: ein Erschaffen des und Antworten auf das Leben, in dem wir gegenwärtig unser Sein haben.

Ich glaube, daß der Körper grundsätzlich ein sich selbst reinigendes und regulierendes System ist. Wie die Zellen Organe bilden, so formen die Gedanken Glaubenssysteme, die so lebendig und vital sind wie Organe. Die Gedanken kommen und gehen innerhalb dieser Glaubenssysteme. Organe wie Glaubenssysteme halten ihren »Platz« oder ihre Position. Glaubenssysteme sind so notwendig wie Organe, denn sie steuern die unbewußte Gesundheit und Vitalität des Körpers und formen seine Erfahrungen in körperlicher Hinsicht.

Seth hebt in seinem Buch *Die Natur der persönlichen Realität* die große Bedeutung von persönlichen Überzeugungen und Glaubensvorstellungen für das Erschaffen der eigenen alltäglichen Realität hervor. Er betont, wie wichtig es ist, sich nicht vor Gedanken und Gefühlen zu fürchten, vor allem nicht vor den aggressiven. Werden sie natürlich und unverkrampft in Körperbewegung, Gestik und Handeln ausgedrückt, sind sie notwendiger Bestandteil körperlicher Realität. Nur wenn wir vor ihnen Angst haben und ihren natürlichen Ausdruck behindern, stauen sie sich an oder werden gefährlich.

Indem er sich seiner Sinnesdaten bedient, wird der Körper sich seiner selbst bewußter; er wird zunehmend lebendiger, indem er ständig sein Leben erschafft und dann wahrnimmt. Je freier und ausgedehnter unser physischer Ausdruck ist, desto mehr Spielraum lassen wir unserem mentalen und emotionalen Leben. Je mehr wir den Körper einsetzen und uns an ihm erfreuen, desto umfassender reagiert er darauf, desto tiefer ist sein Gefühl, im Leben zu sein und sich im Einklang mit der Welt zu befinden, und desto umfassender und intensiver sind das Feedback und die Stimuli zu weiterem physischen und mentalen Ausdruck.

Ich glaube nicht, daß wir spiritueller werden, wenn wir das Fleisch leugnen, oder daß wir unser Bewußtsein erweitern können, indem wir die uns gegebene Art von Bewußtsein *nicht* benutzen in der Hoffnung, daß wir, wenn wir die Augen vor dieser Welt verschließen, eine andere Welt um so deutlicher sehen. Vielmehr müssen wir allmählich lernen, die uns verfügbare enorme Flexibilität zu nutzen – ein Bewußtsein, das *wir* in viele Richtungen lenken können, wobei wir gleichzeitig unseren irdischen Fokus klar und hell bewahren. Die Erforschung unserer Kreatürlichkeit und aller ihrer Fähigkeiten wird uns vielleicht einige grundsätzliche Wahrheiten über die wirklich gültigen mystischen Elemente der Natur lehren, die wir, so scheint es, vergessen haben.

Aus Gründen, die ich in diesem Buch nicht ausführen kann, betonten unsere Religionen Repression, Restriktion und Sühne, statt Segnung, Ausdruck, Feiern und Liebe. Im allgemeinen haben sie uns nicht geholfen, »Gott« zu lieben, sondern uns statt dessen gelehrt, uns selbst und unserer physischen Existenz zu mißtrauen; sie brachten uns permanent bei, unsere Kreatürlichkeit zu verachten. Und fast alle Religionen, westliche wie östliche, zeigten eine verdächtige Bereitschaft, das bewußte Selbst – die Fokus-Persönlichkeit – entweder einem milden Himmel oder nirvanischem gesegneten Schwachsinn auszuliefern.

Seth sagt dazu, daß diese Tendenz mehr als alles andere mit der Entwicklung unseres Bewußtseins zu tun hat: Manchmal ist uns die Freiheit bewußter Entscheidung und Kontemplation zu viel, und wir sehnen uns »zurück« nach etwas, das wir uns als bewußt-lose Glückseligkeit vorstellen.

Wenn Gott in uns individualisiert ist, dann ist es eben diese gottgegebene Identität, dieses Gott-erkennt-sich-selbst-als-uns, das wir abwerfen wollen. Selbst unseren Begriffen nach sind wir eine Kombination aus bewußter und unbewußter Aktivität. Sind unsere Zellen glückselig? Warum denken wir allem Anschein nach, daß Selbst-Bewußtsein nicht auch die Erfahrung von Seligkeit bringen kann, während es doch andererseits keine Mühe hat, allertiefsten Schrecken zu empfinden.

Kein Wunder, daß so viele dieser armen Heiligen – dem Zwang ausgesetzt, innerhalb ihrer Glaubenssysteme ihre Offenbarungen in einem solch dunklen Spiegel zu deuten – dem Wahnsinn nahe waren. Göttlichkeit erlangen, indem wir den Körper verstümmeln oder leugnen? Jene wunderbare Manifestation von Fleisch gewordenem Geist in der Welt von Zeit und Jahreszeiten? Selbstaufgabe? Sehr viel besser ist es, wir geben uns dem Selbst und der vergnüglichen Entwicklung seiner Fähigkeiten hin.

Die Fokus-Persönlichkeit ist nun einmal im irdischen Leben individualisiert, was immer an Göttlichkeit sie auch haben mag. Vielleicht finden wir einen Gott, den wir nicht kreuzigen müssen; vielleicht kommen wir zu einer Auffassung von Persönlichkeit, nach der ihre Vollkommenheit nicht von ihrer eigenen Auslöschung abhängt. Aber nichts davon kann eintreten, solange wir unserer eigenen Natur mißtrauen und unsere Individualität als Bürde ansehen. Wenn wir uns uns selbst sein lassen, entdecken wir möglicherweise, daß wir, wenn wir uns selbst zu opfern glauben, gar nichts zu geben haben. Selbst ein Gott würde wohl ein Geschenk mit Mißtrauen beäugen, das so verzweifelt angeboten wird.

Und zu welchen großen Taten und welchem Heroismus führten uns derartige Ideen? Zu fanatisch verteidigten Vorstellungen vom Guten, für die wir gern getötet haben; zu Dogmen, die auf der Annahme basieren, daß wir wegen unserer Kreatürlichkeit verdammt sind, verdammt allein durch die Tatsache, daß wir leben. Viele unserer größten Verbrechen werden begangen, wenn wir glauben, mehr als alle anderen im Recht zu sein. Doch selten stellen wir unsere Vorstellungen von Recht und Unrecht in Frage.

Glauben wir im Unrecht zu sein, dann halten wir zumindest inne, um nachzudenken; wir zögern, sind manchmal sogar demütig. Doch wenn wir selbstgerecht sind und uns im Recht fühlen, werden wir oft grausam und gedankenlos. Wir haben auf diesem Planeten mit bemerkenswert geringem Respekt vor anderen Lebensformen gewütet, weil wir glaubten, von Gott ein Mandat erhalten zu haben, uns der Erde so bedienen zu können, wie es uns paßt.

Oft vertrauen wir der Natur, nicht aber uns selbst. Während ich zum Beispiel das hier tippe, werden die Schatten länger. Der Gedanke kommt mir, daß dies ohne mein Zutun geschieht. Letzte Woche hatte sich Willy, mein Kater, ziemlich schlimm verletzt. Die Wunde heilte problemlos von allein, genauso geheimnisvoll, wie ein Abend kommt und geht oder das Licht sich verändert und die Schatten länger werden. Ich ging selbstverständlich davon aus, daß der Kater sich selbst heilen würde. Und die meisten von uns vertrauen darauf, daß die Jahreszeiten kommen und gehen. Warum fällt es uns also so schwer, in gleicher Weise Vertrauen in uns selbst zu haben?

Ich mache mir Sorgen und schmore in meinem eigenen Saft und scheine mir nie auch nur einen Moment Ruhe zu gönnen. Doch ich weiß, daß mein Ein- und Ausatmen so natürlich ist wie der Rhythmus der Gezeiten, und daß mir fortwährend Leben eingehaucht wird und mir wieder entströmt, ohne daß ich es weiß. Ich weiß, daß meine Existenz so unvermeidlich und richtig ist wie die meines Katers, und daß wir alle getragen werden von dem großen Atem, der ist und uns erhält. Ich weiß, daß mein persönliches Leben von dieser sicheren Ordnung getragen wird: Mein Leben öffnet sich einer bestimmten Zeit und einem bestimmten Ort, so wie sich ein Blatt öffnet. Das Blatt vertraut gewiß dem Baum, und Willy vertraut gewiß sich selbst; jede seiner Bewegungen sonnt sich im Wissen von der Richtigkeit seines Seins.

Wenn ein Kater dem Universum vertraut, warum sollte ich es dann nicht tun? Der Kater vertraut seiner Katzennatur: seinen Sprüngen und seinem Jagen nach Vögeln, seinen Gelüsten und seinen Wünschen. Und diese Qualitäten der Katzennatur bereichern das Universum. Und ich wette, daß sich diese Eigenschaften im Universum auf millionenfache, unbekannte Weise reflektieren –

so wie auch in unserer Welt, im Panther und im Kätzchen und in meinem ganz speziellen Hauskater.

Warum also vertrauen wir nicht unserem Menschsein? Oder um genauer zu sein: Warum vertrauen wir nicht unserem ganz speziellen menschlichen Wesen, wie es sich in unserer einzigartigen Individualität spiegelt? Warum können wir nicht darauf vertrauen, daß in der größeren Ordnung der Natur alle unsere persönlichen Eigenschaften und Merkmale ihren Platz haben, und daß selbst die geringsten von ihnen irgendwie erlöst werden? Die Katze begeht kein Unrecht, wenn sie Vögel tötet, sondern sie erfüllt ihr Wesen und hilft damit der Natur, sich selbst zu regulieren.

Damit will ich bestimmt nicht Mord rechtfertigen, doch hegen die meisten von uns die Vorstellung, daß unsere natürlichen Gefühle und Empfindungen, wenn wir ihnen freien Lauf ließen, irgendwie Unrecht seien, und wir alles ruinieren würden, im persönlichen wie im kollektiven Bereich; daß alles in der Natur recht handelt, nur wir nicht; daß wir die wahre Pest für die Natur sind, ein Mißgriff, der noch immer überlebt.

Doch ein Teil in mir beharrt auf meinem Recht der gleichen Gnade: zu schlafen und zu wachen in diesem so überaus unschuldigen Vertrauen eines Tieres. Und mein Kater Willy muß übrigens nicht beten: »Vater, der du bist im Himmel«. Er muß sich keinen Katzengott vorstellen, er muß nicht opfern oder das Knie beugen.

Ich kann nicht anfangen, das Schreckliche und Grauenhafte, das wir einander antun, zu erklären, aber ich kann auch nicht einsehen, warum die Natur Recht tut – in jeder anderen Hinsicht Ordnung und Richtigkeit zeigt – und mit dem Auftauchen des Menschengeschlechts einen Fehler gemacht haben soll. Sind wir ein Experiment, das schief gegangen ist? Das entschärft, zerschlagen und zerstört werden muß, in seine Teile verstreut oder anderen überlassen? Wird es uns nie wieder auf dieselbe Weise geben?

Alles in mir bäumt sich gegen eine solche Verdammung auf.

Aber warum verdammen wir uns dann selbst? Und wie könnten wir uns angesichts unserer Geschichte nicht verdammen? Ich weiß es nicht. Aber ich *weiß*, während ich hier sitze und mich der tiefen, sinnlichen Integrität dieses besonderen Augenblicks erfreue, daß ein Geschöpf, welches solcher Wahrnehmungen fähig ist, nichts

Verdammenswertes sein kann. In diesem Moment bin ich zutiefst entzückt von der Form meiner Hand auf dem weißen Papier, dem Schatten meines Stiftes und dem Arm auf dem Tisch, den Bergen von Licht und Schatten, die sich an den weißen Wänden auftürmen. Ein Geschöpf, das zu solcher Freude und Wertschätzung fähig ist, kann nicht schlecht sein. Vielleicht brauchte das Universum uns, damit wir es erkennen und würdigen. Vielleicht sind wir der Spiegel der Natur.

Aber warum töten wir dann und wissen zugleich, daß es unrecht ist, und verdammen uns selbst? Und wenn unser Töten natürlich und rechtens ist, so wie eben die Katze den Vogel tötet, warum haben wir dann ein Gewissen, das uns sagt, daß wir Unrecht tun?

Schätzen wir das Einzelwesen, das Persönliche mehr als der Rest der Natur es tut? Überraschen wir als von der Natur hervorgebrachte Schöpfung eine Natur, die sich nur um allgemeine Erscheinungsformen des Lebens bekümmerte, nicht aber um das Einzelne, gleich welcher Art? Sind wir das Zufallsprodukt einer Natur, die sich selbst mit einer Schöpfung übertraf, welche sich dann über sie hinwegsetzte? Zwar immer noch an der Leine, aber doch in einer neuen Art von Individualität schwelgend? Und ist diese Individualität so einzigartig, daß wir noch immer nur halb bei Sinnen, halb verrückt sind, getrieben, entweder wahre Göttlichkeit zu erlangen oder noch minderwertiger zu sein als das Geringste, das die Natur kennt?

Sind wir Natur in Evolution, halbgare Schöpfungen? Ist unsere Selbstverdammung unsere Rettung, die uns weiterführt? Und haben wir all das auch schon zuvor unternommen?

Das sind Fragen, denen wir meiner Meinung nach nicht ausweichen können. Ich glaube aber, daß die Antworten in der Psyche und nicht im verdinglichten Universum zu finden sind. Das heißt, aus meiner Sicht hat die Psyche – das Ursprungs-Selbst – eine Realität, die die uns bekannte Welt weit überragt. Das Ursprungs-Selbst besitzt, wie ich erklärte, Aspekte seiner selbst, die in verschiedene Felder der Verwirklichung eintauchen. Das irdische Leben ist nur eines seiner Umwelten. Es gibt Grundanteile unserer Fokus-Persönlichkeit, die mit diesen anderen Aspekten korrespondieren. Sie schließen sich zur Bildung jenes Selbst zusammen, in dem wir uns erkennen. Normalerweise sind sie psychisch unsichtbar, »kommunizieren« aber mit uns durch Offenbarungen, Träume, Visionen und andere inoffizielle Wahrnehmungen.

Sehr häufig dienen diese Aspekte als innere Führer im Gewand der »inneren Stimme«. Manchmal »vereinzeln« sie sich, agieren relativ frei, bilden Personagramme (Persönlichkeitsstrukturen, die Realitäten überbrücken). Diese entstehen aus den fundamentalen Aspekten der Fokus-Persönlichkeit, repräsentieren aber eine andere Art von Bewußtsein oder einen anderen Seinstypus, der seine Existenz grundsätzlich außerhalb unseres Systems hat. Das Personagramm, das *hier* in Erscheinung tritt, wird von unseren persönlichen Ideen und Vorstellungen gefärbt, und seine Aussagen und Übermittlungen sind so gehalten, daß sie dreidimensionalen Sinn ergeben.

An sich ist es ganz natürlich, wenn wir solche Informationen den uns bekannten »Fakten« entsprechend interpretieren. Unter diesem Gesichtspunkt sind aber meiner Meinung nach unsere Vorstellungen von der Natur des Bewußtseins im allgemeinen und vom Wesen der Persönlichkeit im besonderen äußerst beschränkend. Einerseits sind wir bemüht, das Ego oder die Fokus-Persönlichkeit unter allen Umständen zu schützen. Andererseits glauben wir, daß die Fokus-Persönlichkeit geopfert werden muß, wenn wir unser Bewußtsein erweitern wollen. Befürworter von religiösen oder Drogenerfahrungen heben oft dieses Moment des Sich-selbst-Aufgebens hervor.

Unser Bewußtsein verfügt jedoch über viele Kanäle oder »Sende- und Empfangsstationen«; jeder oder jede davon gehört anderen Aspekten unseres Ursprungs-Selbst an, wie ich glaube. Über den offiziellen Heimatsender irdischen Bewußtseins nimmt die Fokus-Persönlichkeit physisches Leben wahr. Die anderen Kanäle vermischen sich ganz einfach mit dem Hintergrund, solange die Wahrnehmungen der Fokus-Persönlichkeit dominieren.

Doch wir sind imstande, unser Bewußtsein in andere Richtungen zu lenken, uns auf jene anderen Sender einzustellen. Das ermöglicht uns, die Realität von einem völlig anderen Standpunkt aus zu betrachten und auch zu erkennen, daß unsere offiziellen »Nachrichtensendungen« ganz schlicht Lokalprogramme sind, die nur einen Teil der Wahrheit über unsere Existenz präsentieren. Andere Sender (andere veränderte Bewußtseinszustände) bringen uns mit anderen Aspekten des Ursprungs-Selbst oder der Psyche in Kontakt; Aspekte, die uns nicht nur Informationen über jenen Teil der Psyche, aus welchem sie stammen, übermitteln können, sondern auch über die Art von Realität, in der sie existieren. Das erlaubt uns dann bis zu einem gewissen Grad eine Betrachtung der physischen Realität auch aus einem anderen Blickwinkel.

Informationen dieser Art mehren automatisch unser Wissen, bringen uns dazu, andere, weisere Fragen zu stellen, erweitern den Horizont unserer Fokus-Persönlichkeit. Da aber alle Daten von unserem »Heimatsender« übermittelt werden müssen, kommt es mehr oder weniger zu Verzerrungen. In dieser Hinsicht zeigt zum Beispiel schon der Versuch, ein Buch von einer Sprache in eine andere zu übersetzen, was passieren kann.

Offenbarungen, Visionen, Ahnungen, Eingebungen und andere inoffizielle Erkenntnisse – sie alle können bruchstückhafte, durch jene anderen Kanäle gesickerte Informationen sein. Darüber hinaus mögen sie Botschaften verschiedenster Art sein, die ein Teil der Psyche an einen anderen übermittelt. Unglücklicherweise bedarf es wohl einiger Kunstfertigkeit, diese Botschaften aus dem allgemeinen atmosphärischen »Rauschen« herauszufiltern. Zudem kleiden wir sie in die Begriffe unserer persönlichen Überzeugungen und Glaubensvorstellungen; Projektionen, die so blitzartig ablaufen, daß wir uns kaum je dabei erwischen.

Wir sind derart daran gewöhnt, unser Bild von der Welt auf eine ganz bestimmte Weise zusammenzusetzen, daß ein Empfang jener anderen Sender die Bereitschaft erfordert, unsere üblichen Überzeugungen, Urteile und Annahmen in bezug auf unsere Welt außen vor zu lassen. Bewußtseinsveränderungen dieser Art verlangen eine unvoreingenommene Wahrnehmung und die Fähigkeit, für den Moment das gewohnte Weltbild so weit wie möglich in den Hintergrund treten zu lassen.

Meiner Ansicht nach besteht die Schwierigkeit darin, daß wir uns nur mit einem einzigen, beschränkten Bewußtseinsfokus identifizieren. Doch wir brauchen nur unsere Sicht zu erweitern und zu lernen, die anderen Bewußtseinsaspekte als uns ebenfalls zugängliche alternierende Stationen der Existenz anzusehen. Das Selbst, das wir kennen, muß nicht geopfert werden. Und Tatsache ist, daß wir, weil wir psychische Stabilität und körperliche Integrität zu bewahren suchen, das auch gar nicht wagen.

Die Aspekte repräsentieren, wie ich glaube, die normalerweise unbewußten Elemente der Persönlichkeit, die tiefen Quellen, die unser physisches Überleben sichern, ein überschwengliches inneres Urvertrauen, von dem die Fokus-Persönlichkeit getragen wird. Ich sehe das Ursprungs-Selbst oder die Psyche sich ganz buchstäblich von zellularer Erfahrung bis hin zur Göttlichkeit ausdehnen – was immer wir mit diesem Begriff verbinden.

Wir persönlich sind gesund und kreativ, wenn diese Aspekte harmonisch in uns arbeiten. Wenn wir aufgrund unserer Überzeugungen einige davon unter Ausschluß anderer überbetonen, versucht die Psyche, therapeutisch wirksame Anpassungen vorzunehmen. Ich hoffe, in Zukunft mehr über die normale Arbeitsweise der Aspekte herauszufinden, zu entdecken, wie sie sich in der Persönlichkeit ausbalancieren, ihre verschiedenen Eigenschaften und Fähigkeiten als Rohmaterial für die Fokus-Persönlichkeit zur Verfügung stellen. Ich habe bereits einige Einsichten über ihre gesundheitliche Bedeutung gewonnen und kann mir eine Aspekt-Therapie vorstellen, durch die die Menschen lernen, die Anteile ihrer Persönlichkeit zu mischen und miteinander in Einklang zu bringen, um so ihre Kreativität und Effektivität zu steigern. Eine Diskussion dieses Themas würde allerdings den Rahmen dieses Buches sprengen, das nur eine allgemeine Einführung in die Aspekte-Thematik liefern soll.

Sokrates sagte, ein glücklicher Mensch steht sich gut mit »seinem Dämon«. Ich sage, er steht sich gut mit seinen Aspekten.

Ich stimme Seth darin zu, daß wir unsere eigene Realität erschaffen, aus einer unerschöpflichen Quelle wahrscheinlicher Handlungen jene auswählen, die wir als physisch erfahren wollen; und ich habe ein theoretisches Modell des Universums vorgestellt, das erklärt, wie Wahrscheinlichkeiten zu physischen Ereignissen werden.

Meiner Ansicht nach trifft der bewußte Verstand seine Wahl mittels seiner Überzeugungen und Glaubensvorstellungen, wenngleich die aktuelle Realität herbeiführenden Mechanismen unbewußt bleiben. Zumindest in diesem System gehen die Natur der

Ereignisse und die Natur der Psyche, welche diese Ereignisse erfährt, Hand in Hand. Das eine kann nicht ohne das andere gesehen werden.

Die wichtigsten Bestandteile der vorgestellten Theorie kamen mir in veränderten Bewußtseinszuständen, in denen ich nicht in meine, sondern in andere Sendestationen eingeschaltet war und unsere Realität von anderen subjektiven Standpunkten aus betrachtete. Ich bemühte mich, bei der Interpretation der Informationen so unvoreingenommen wie möglich zu sein. Bitte denken Sie daran, daß ich diese anderen subjektiven Zustände als Schwellen zu anderen gültigen Realitäten und Existenzformen ansehe. Noch bin ich nur wenig in diese anderen Bereiche vorgedrungen und so gesehen noch immer eine Touristin in fremden Ländern.

Ich biete diese Aspekte-Theorie als Bezugsrahmen an, der uns helfen kann, unsere Erfahrungen in einem anderen Licht zu betrachten. Und der uns, wie ich hoffe, zu einer frischeren, kreativen Begegnung mit uns selbst in dieser Realität wie auch in jenen Realitäten, die wir erst anfangen zu erahnen, führt. Unser Bewußtsein ist ganz sicher unser Geburtsrecht. Meiner Meinung nach haben wir noch kaum damit begonnen, es zu nutzen, sein Licht in alle Richtungen scheinen zu lassen, in die Psyche wie auch in jene unbekannten Dimensionen, in welchen es ebenfalls sein größeres Sein hat.

Anhang I

In den ersten Kapiteln dieses Buches untersuchte ich die Natur von Seths Realität aus der Perspektive meines gewöhnlichen Bewußtseinszustands. Teil Zwei hingegen wurde weitgehend in veränderten Bewußtseinszuständen geschrieben, und hier betrachtete ich, vor allem in den Passagen über Personagramme, Seths Realität von einem anderen Blickpunkt, von einer anderen Bewußtseinsebene aus.

Das in einem Zustand starker Inspiration geschriebene Gedicht »Die Sprecher« zeigte mir die ganze Spannweite der Psyche – von der zellularen bis hin zur »göttlichen« Existenz – und vermittelte mir neue Einsichten in die Realität der »Dämonen, Musen und Stimmen«. Und obwohl Seth nicht speziell erwähnt wurde, war meine Erfahrung mit ihm der Auslöser zu diesem Gedicht, und meine intellektuellen Fragen nach seiner Realität fanden kreative Antwort.

Ich möchte dem nun ein paar Aussagen Seths zu seiner Existenz und Beziehung zu unserer Welt hinzufügen und umfangreichere Ausschnitte aus unserer Gruppensitzung vom 29. Januar 1974 zitieren.

Diese schon kurz in Kapitel 2 erwähnte Sitzung ist aus verschiedenen Gründen bedeutsam. Seth spricht hier über seine Unabhängigkeit einerseits und die Tatsache andererseits, daß er einen Teil der Psyche repräsentiert. Der Verlauf der Sitzung unterstrich diese beiden Komponenten, denn auf schwer zu beschreibende Weise »sickerten« auch Seth Zwei und Sumari durch, so als spräche Seth, indem er für sich selbst sprach, auch für sie.

Tatsächlich erwähnt er schließlich, daß er für Seth Zwei spricht, und seine Wortwahl ist zuweilen charakteristischer für Sumari als für seine übliche Ausdrucksweise. Seine Übermittlung war darüber hinaus insofern recht außergewöhnlich, als ihm noch mehr Energie als sonst zur Verfügung zu stehen schien. Einige Male dröhnte seine Stimme so laut, daß man den Eindruck gewann, er spräche nicht nur zur Gruppe, sondern zur Welt im allgemeinen.

Bitte denken Sie beim Lesen daran, daß es sich hier um einen spontanen Monolog eines sehr aktiven Seth handelt. Er blickte sich bei seiner Rede um, gestikulierte und wandte sich zuweilen ganz direkt an diesen oder jenen Teilnehmer. Wie in Kapitel 2 erwähnt, meldete sich Seth zu Wort, als sich einer der Teilnehmer laut fragte, ob Seth ihm wohl real in einem seiner Träume erschienen sei oder ob es sich um eine Projektion gehandelt habe. Diese Frage setzte eine Diskussion über die Natur von Seths Realität in Gang, in die er sich lächelnd einschaltete.

Gruppensitzung von Dienstag, dem 29. Januar 1974

»Wer ist Seth? Das ist die Frage, die ich *dir* stelle. Und welche Magie ist hier am Wirken, die du bewirkst, und die wir alle zusammen bewirken? Nun will ich dir folgendes sagen: Einerseits bin ich jemand, den du nicht kennst, verschwunden schon vor den Annalen der Zeit, wie ihr sie versteht, verschwunden in den Annalen der Zukunft, wie ihr sie versteht. Und einerseits ist es das, was ich bin: Und das ist ein Satz, der es in sich hat.

(...)

Andererseits bin ich du ... Durch mich siehst und begegnest du den Selbsts, die du bist. Und so erstehe ich, in euren Begriffen gesprochen, aus der Kraft und dem Uralten und der wunderbaren Blüte deines eigenen Wesens, aus einem Universum, in dem Zeit bedeutungslos ist, hinausprojiziert in die Welt der Zeit.

So bin ich das, was jeder von euch individuell ist, und bin das, was jeder von euch kollektiv ist. Und ich bin, was die Welt ist, im einzelnen und im ganzen.

Wenn ich mit meiner Stimme, mit dieser Stimme, spreche, spreche ich mit allen euren Stimmen und dem Wissen, das jeder einzelne von euch hat, und mit dem Wissen, das die Welt hat. Und so wird das, was ihr wißt, in den Bereich von Raum und Zeit übersetzt, den ihr gegenwärtig erkennt. Ich bringe in euch gewaltige Wogen von Emotion und Sein empor, die aus dem Wissen eurer eigenen Existenz erwachsen. Ich ermögliche euch, Teile eurer eigenen Realität zu erreichen, die jenseits von Raum und Zeit existieren. Jeder von euch projiziert diese Eigenschaften auf mich, die in anderer Hinsicht eure eigenen sind, und so bin ich ein multidimensionales Wesen, wie *ihr* multidimensionale Wesen seid...

Ich bin ich selbst, aber abgesehen davon bin ich auch, was ihr seid. Wenn ihr alle in diesem Moment meine Realität leugnetet, wäre ich noch immer das, was ich bin, und ihr wäret noch immer das, was ihr seid. Und ihr fändet vielleicht andere Wege, das zu kontaktieren, was ihr seid. Weder wäret ihr verloren, noch wäre ich es.

Durch mich spürt ihr eure Realität jenseits der euch gegenwärtig bekannten Realität. Durch euch erinnere ich meine Realität in euren Begriffen, und doch kann ich ihrer nie sicher sein – sie ist weder abgeschlossen noch fertig, denn wie ihr wachst, so wachse auch ich. Seth Zwei wächst. Ihr wachst über mich hinaus, sogar über meine Realität hinaus, in andere Welten hinein, die ihr gegenwärtig nicht kennt, und ich wachse in andere Existenzen hinein, in denen wir uns nicht begegnen können. Doch hier treffen wir uns...

Ich gebe euch euch selbst zurück. Doch dahinter existiert tatsächlich ein neuer Bezugsrahmen, in euren Begriffen, Leitern, die ihr erklettern könnt, und die euch nicht von einem gestrengen Berg aus Dogma und Verweigerung zum nächsten führen; nicht von Nirvana zu Nirvana der Verleugnung und des Nichtseins. Vielmehr biete ich euch Stufen an, lebendig und leuchtend, die euch in die fernsten Reiche von euch selbst führen. Es sind keine Stufen, die von einem Gott oder Teufel oder Guru geschaffen wurden, sondern sie wurden von euch über Jahrhunderte und Jahrtausende hinweg ausgesandt und projiziert; Stufen, geboren aus euren lebendigen Selbsts, die in das Wissen von eurem ewig wachsenden Sein führen.

So spreche ich voller Freude zu euch, mit einer lebendigen und wissenden Freude. Ich spreche mit den Stimmen, die, aus eurer

Sicht, aus noch ungeborenen Jahrhunderten kommen. Doch dies sind die Stimmen, die ihr, ihr selbst, aus den Fossilien eures Seins habt flüstern lassen, als ihr (nun in euren Begriffen gesprochen) nichtdenkende Selbsts auf sonnenbeschienenen Klippen in unwissenden Welten wart. Und von eurem Verlangen projiziert, sprechen diese Stimmen nun zu euch und drängen euch zu eurer Erfüllung ...

Ihr habt zugelassen, daß ›irgend etwas‹ transparent wird, so daß ihr aus euch selbst heraustreten könnt. Benutzt die Energie dieser Stimme als Halteleine und als Weg und Botschaft, und folgt ihr auf welche auch immer von euch gewählte Weise in eure eigene Erfahrungswelt, in eure eigene größere Realität.

Ich werde einige Bilder anregen, doch wenn euch spontan andere kommen, dann folgt jenen. Stellt euch – wenn ihr wollt – eine Pyramide vor. Seht, wie sie in unvorstellbare Ferne reicht, und erkennt, daß sie ein Kanal in die uralte Vergangenheit und Zukunft eures Seins ist. In ihr werdet ihr so weit »fortgeschrittene« Selbsts finden, daß sie euch fremd erscheinen, und Selbsts, die so spektakulär einfach sind, daß ihr keine Beziehung zu ihnen herstellen könnt.

Denn dort (in den tiefsten Sphären eures Seins) existiert eine größere Realität, die eure gegenwärtige Existenz kennt und sie mit den innigsten, liebevollsten und vertrautesten Erinnerungen betrachtet; eine Realität, die, euren Begriffen nach, zu unbeschreiblich riesigen Wesenheiten gewachsen ist: Realitäten, die weitaus komplexere Welten bilden, als es jene ist, in welcher ihr jetzt weilt.

Und doch werdet ihr auch, durch jenen Kanal eures Seins, fossile Zellen finden, die noch keine Selbsts sind, die sich (noch) nicht zu komplexen Organismen zusammengeschlossen haben, sondern daliegen, erfüllt vom Verlangen des Seins, vom Verlangen Gottes, nach Erfüllung und Gedanke und Komplexität. Sie lagern inaktiv in der Geschichte eures Schädels, um noch ins Wissen eures Seins geboren zu werden. Selbsts, die, nach euren Begriffen, noch realisiert werden müssen, im Bauch unbekannter Welten wandern; Selbsts, die einmal Wesenheiten werden; Fossile von euch selbst, die in gewisser Hinsicht immer noch Erinnerungen an Selbsts, die ihr seid, bewahren.

So wie sie in etwas wandern, das euch eine dunkle Welt scheint, so wie sie zu einer Sonne streben, die euer Gehirn ist, so wie sie über unbekannte Klippen reisen und erkannt sein wollen, so wandert ihr in Welten größerer Selbsts, die ihr seid, strebt zu Strahlen anderer Sonnen, die die Gehirne eures eigenen größeren Seins sind. So seid ihr alle eins, und so spricht meine Stimme aus eurem eigenen größeren Sein – aus dem ihr ewig geboren und immer wieder geboren werdet.

Sogar in euren geheimsten und intimsten Träumen gestaltet ihr neue Selbsts mit Verlangen und Wünschen, die latent in unbekannten Welten ruhen, und sich erheben und nach neuen Wahrscheinlichkeiten tasten. So seid ihr sanft in die Seele eures Seins gebettet...

Kehrt nun zu eurem Selbst, wie ihr es kennt, zurück. Erlebt die göttliche Intimität des Selbst, das ihr seid. Dieses Selbst ist der Winkel eures Seins, in dem sich alle Überschneidungen ereignen, und in dem eure private Sphäre stets aufrechterhalten wird und immer einzigartig ist. Ehrt und achtet euch selbst auf angemessene Weise, und indem ihr das tut, gebt ihr Anweisungen an noch ungeborene Zellen, an Fossile, die noch nicht aus eurem Geist entlassene Gedanken sind. Erfreut euch an eurem Selbst und den Göttern eures Seins, in denen ihr ewig sicher aufgehoben seid.«

An dieser Stelle legten wir eine Pause ein. Die Kursteilnehmer hatten damit begonnen, ihre Erfahrungen zu diskutieren, noch bevor Seth seine Übermittlung beendet hatte. Alle waren in Transzendenzgefühlen befangen und empfanden das mehr oder weniger persönliche Selbst als eine Nabe, einen gewählten Kern oder Fokus, um den andere Realitäten in spontaner Ordnung kreisten und wirbelten. Rick, einer der Teilnehmer, sagte, Seths Aussagen erinnerten ihn an etwas, das er über den hinduistischen Gott Vishnu gelesen hatte. Seth unterbrach ihn:

»Ihr träumt von Vishnu und träumt Träume von Gott, so wie die Götter von der Schöpfung träumen. So sind alle eins und nicht eins, denn die Zellen träumen von Gott, wie der Gott von den Zellen träumt. Und ihr träumt von euren Wesenheiten, wie sie von euch träumen. Die kleinste Zelle in eurer Zehe träumt von eurer Realität und hilft sie erschaffen, wie ihr von der Realität der kleinsten Zelle träumt und sie erschaffen helft. Aus der Macht eures Seins entspringen alle seine Entwicklungen und alle Götter und alle Realitäten und die Macht und Kraft der Gegenwart.«

Rick drehte sich um, um Seth besser sehen zu können, der sich nun direkt an ihn wandte: »Du bewegst deine Hand und berührst dein Gesicht, und welche Realitäten rührst du auf, welche Jahreszeiten läßt du auf andere Welten niedersinken. Und welche Bewegung bringst du – wenn du deinen Finger hebst und dein Gesicht berührst – in Teiche der Realität? Was für Frösche sitzen an den Teichen, die du aufgerührt hast, und welche Winde blasen mit der Kraft deiner Gedanken? Wie deine Realität sich von diesem Augenblick ausdehnt, um alle Welten zu berühren! Denn du bist, und weil du bist, ist alles Sein. Deine Lippen wölben sich und beben, und die Muskeln durchziehen dein Gesicht und bewegen sich, und dabei bläst der Wind in andere Universen.

Deine Realität ereignet sich jetzt, und deine Gedanken sind Spuren in anderen Welten. Du hinterläßt Botschaften, wenn du nur den Kopf hebst oder ›hallo‹ sagst. Und aufhorchend heben andere den Kopf und sagen: ›Was für ein seltsamer Wind doch bläst.‹ Und auch du sagst, meine Stimme hörend: ›Was für ein seltsamer Wind doch bläst. Von woher kommen diese Winde?‹

Hört mir nun zu, und hört dabei euch selbst zu. Ihr ›kommt durch‹, wie ich durchkomme. Ihr seid keine Nichtwesen in eines Gottes Traum. Ihr sprecht, und der Gott hört zu. Ihr seid der Gott, der zuhört. Von euch erfährt dieser Gott, dies Alles Was Ist, was in eurer Ecke der Realität geschieht. Ihr schickt Botschaften ›zurück‹ durch das Gewebe von Zeit und Raum, das auch, euren Begriffen nach, das Gewebe des Seins jenes Gottes ist. Und wie gesagt, die kleinste Zelle in eurem Finger oder eurer Zehe sendet Botschaften an euch, und ihr reagiert darauf, wenn auch unbewußt, mit Anpassungen. Analog sendet ihr, um bei diesem Bild zu bleiben, Botschaften vom Geschehen in eurer Ecke des Universums an diesen Gott. Und dieser Gott nimmt entsprechende Anpassungen vor.

In eurem gegenwärtigen Zustand seid ihr euch dieses intimen lebendigen Seins eurer Zellen im Körper nicht bewußt. Aber die Gottheit, von der ihr ein Teil seid, *ist* sich eurer Realität bewußt und nimmt eure Botschaften ernst. So existiert also ein ständiges Geben und Nehmen, durch das euer Sein die Erfahrungen der Gottheit verändert, von welchen ihr ein Teil seid...

In euch findet sich eine Geschichte von allem Sein: die Geburt des

Bewußtseins, in euren Begriffen, das immer wieder geboren wird. Die sichere Anmut, mit der ihr vor mir sitzt, unbekümmert in eurer physischen Integrität ... Doch welche kleinen Selbsts erhalten euch aufrecht? Und wie schmählich ihr die Zellen in euch als winzig ignoriert, ihnen keine eurer Funktionen von Kreativität und Entwicklung zugesteht. Doch laßt eine nach der anderen verlöschen, was geschieht dann mit dem stolzen physischen Mond eures Gehirns? Ihre Existenz ist so heilig wie die eure. Und durch den forschenden Blick *deiner* Augen und die Schönheit *deines* Schnurrbarts (*hier deutete ein lächelnder Seth auf Jerry, der einen eleganten Schnurrbart trägt*) erkennen die Götter sich selbst und leben durch das kleinste Haar auf eurem Kopf.

Und durch mich wird nun Seth Zwei Stimme verliehen, eine Stimme, die ihr verstehen könnt; und eine Halteleine wird euch zugeworfen, die ihr euch selbst in einer für euch noch ungeborenen Zeit zugeworfen habt, und doch habt ihr sie erschaffen ... Ich bin die Stimme eurer Welt in ihrer Vergangenheit und Zukunft, so wie ihr sie begreift. Und deshalb bin ich eure eigene Stimme in ihrer Vergangenheit und ihrer Zukunft.

Felsen können keine für euch hörbaren Worte sprechen, und ihr hört nicht zu, wenn eure Zellen zu euch sprechen, und so spreche ich in aller Bescheidenheit für sie und übersetze für euch die Archäologie eures Seins. Hier nun sprechen die winzigen Fossilien, die in eurem Geist wohnen.«

Seths Stimme wurde im Verlauf der Sitzung zuweilen donnernd laut, zuweilen sank sie zu einem Flüstern herab. Nie war das Gefühl von einer außerordentlichen Energie präsenter gewesen. Die Teilnehmer erfuhren ihre eigene Realität auf vielfältige, unmöglich zu beschreibende und ebenso unmöglich je zu vergessende Weise. Wenn man Seth in einer Realität als unabhängig und zugleich als eine Repräsentation in der Psyche betrachtet, dann war diese Sitzung eine exzellente Beschreibung der Psyche »von innen«, gegeben von einem primären Aspekt, der ebensogut für eine Innenschau der Psyche ausgerüstet ist wie die Fokus-Persönlichkeit für den Blick nach außen.

Hier gewinnen wir Einblicke in eine Innenwelt der Psyche, die ebenso komplex und reich ist wie die äußere, eine, aus der in der Tat die Welt der Sinne entsteht.

Ich nenne Seth eine »Trans-Welt-Wesenheit«, ein Personagramm, was heißt, daß für mich seine Realität unter zweifachen Gesichtspunkten zu sehen ist: seiner gesonderten Existenz in ihren eigenen Dimensionen und seiner Existenz, wie sie sich in der Psyche reflektiert. Seths Persönlichkeit, so wie sie sich durch mich ausdrückt, ist nur *ein* Teil seiner Realität. Jenseits dessen erstreckt sich seine eigene Natur.

Wie ich schon sagte, vermute ich, daß Seths größere Identität irgendwie Sumari, Sieben und Helper mit einschließt, daß diese ein jeweils weiterer Ausdruck seiner Gesamtrealität sind und auch als Aspekte operieren. Seth dirigiert oft das Durchkommen von Sumari, beantwortet zum Beispiel eine Frage auf seine Weise und kündigt dann an, daß eine Sumari-Erklärung folgt.

Bislang kann ich das Seth-Material nur mit Hilfe von Seth erhalten. Doch in anderer Hinsicht ist Seth ein Aspekt von mir... Und spricht er in anderen Welten für mich?

Anhang II

Hier nun eine kurze Sitzung, bei der sich Seth nicht zu Wort meldete. Die Sitzungen an den Gruppenabenden werden auf Tonband aufgenommen; dann tippt sie einer der Teilnehmer ab und kopiert sie. Hier begann ich auf die Bemerkung eines Teilnehmers hin als Kypros zu sprechen, eine der Figuren meines Romans (*Überseele Sieben*).

Wie schon erwähnt, war mir sofort klar, als Kypros in diesem Buch auftauchte, daß sie es war, für die ich seit Beginn der Sumari-Entwicklung gesprochen und gesungen hatte. In diesem Fall allerdings begann ich zunächst in englischer Sprache, um dann zu einem Sumari-Lied überzuwechseln, das ich gleich darauf übersetzte.

Ich nehme diesen Text hier auf, weil er zeigt, wie Fragen, die auf einer Bewußtseinsebene gestellt werden, auf einer anderen Ebene »beantwortet« werden können; und auch, weil ich mich an meine Freude erinnere, Bewußtseinsstufen zu überspringen, einfach, weil es soviel Vergnügen macht und sogar alte Fragen in neuem Licht erscheinen läßt.

Später nahm ich ein paar Veränderungen an der Übersetzung des Sumari-Lieds vor, hier bringe ich es in der endgültigen Version. Denken Sie daran, daß dieses Lied erst gesungen und später niedergeschrieben wurde. Ich übersetzte es zwar sofort für die Gruppe, sang es aber nicht in Englisch.

Niederschrift der Gruppensitzung vom Dienstag, dem 3. Juli 1973

Jane und die Gruppe diskutierten über die Dimensionen eines Ereignisses. Carlos sagte, er würde gern zu einem Ereignis hinreisen, und erwähnte den Anfang der Welt. Jane sagte: »Es geschah morgen, Carlos.«

CARLOS: *»Wie bitte?«*
JANE: *»Es geschah morgen.«*
CARLOS: *»Es geschah morgen?«*
JANE: *»Richtig –die Erschaffung der Welt – sie geschah morgen.«*
JEFF: *»Kypros.« (Er meinte, Jane sprach als Kypros.)*
JANE: *Lest es in der* Times *nach. Da stehen alle diese Neuigkeiten drin. Ja, Jeff.«*
JEFF: *»Kypros!«*

Es kam ein Sumari-Lied durch, gefolgt von dieser Übersetzung Janes:

Aus den Erinnerungen eures Seins
tauchen die Blumen anderer Jahrhunderte auf.
Aus dem unwissenden Glanz eurer Gegenwart
kommen eure Vergangenheiten und Zukünfte.
Sich entfaltend wie Spiegelblumen,
sind die Blütenblätter eures Selbst für immer offen.

Eure künftigen Erinnerungen werden eure vergangenen Morgen.

Die Zellen in den in euren Körpern gegenwärtigen Fossilen
sprechen als Lieder in Zeiten, die ihr nicht kennt.
Das Wunder eures Fleisches entfaltet sich,
wo Fleisch unbekannt ist.
Die Überraschung deines Verstehens
findet sich in der Pupille deines Auges.

Die Pupille deines Auges wächst
im Medium deines Seins.
Sie sieht Realitäten, die nicht erscheinen,
im Gesichtsinn, den du dem Auge zumißt.
Das Auge sieht nach innen,
und nach innen sehend, erschafft es seine Vision.

JANE: »*Und ja, Jeff, dies kam durch Kypros, die*
– vergiß das nicht –
eine fiktive Gestalt ist, wie du weißt.«

Anhang III

Ein Vergleich der in diesem Buch besprochenen veränderten Bewußtseinszustände

Veränderter Zustand	*Wann und wie*
Seth-Trance	Zwei Sitzungstermine die Woche; ansonsten spontan, mit meiner Einwilligung. Seth ist »da«, oder ich werde zu dem, was er ist.
Seth Zwei	Das Gefühl, aus mir »herauszugehen«, um einen Kontakt herzustellen, der dann irgendwo zwischen dort, wo sich mein Körper befindet und dort, wo Seth Zwei ist, stattfindet. Ich scheine durch einen Kanal oder eine Pyramide aufzusteigen. Spontan, mit meiner Einwilligung.
Sumari (Kypros)	Spontan, mit meiner Einwilligung.
Sumari (Dichtung und »Mathematik«)	Kommt einfach, wenn ich allein bin, mit meiner Einwilligung.
Sumari (zur Übersetzung ins Englische)	Gewöhnlich wenn ich allein bin, gelegentlich auch spontan, bei einer Gruppensitzung zum Beispiel.

Zustandsbeschreibung	*Empfindungen und Produkt*
Beschleunigter Bewußtseinszustand; intensiv und aktiv, ich sitze aber; ausgeprägte Persönlichkeitsmerkmale und Eigenschaften; ausgezeichnete Reaktion auf andere.	Das Gefühl einer »anderen«, zusätzlichen Energie, wunderbar in und auf eine Sitzung okussiert. »Produkte«: Bücher; ein vortreffliches Personagramm.
Körper schlaff, inaktiv.	Das Gefühl von Ferne und Distanziertheit. Habe dies noch nicht völlig ausgelotet. Bisherige »Produkte«: weitere Bewußtseinsveränderungen, die zu übersetzen ich noch nicht gelernt habe.
Beschleunigter Bewußtseinszustand; Sprechen in Sumari, Singen, Schauspielern; Stimmendramen. Viele Gesten; exzellente Reaktion auf andere.	Das Gefühl von »anderer« zusätzlicher Energie. »Produkte«: musikalische Dramen, die als Kommunikationsmittel zum Aufbrechen von eingefahrenen verbalen Mustern führen; Verwendung von Rhythmus und Lauten.
Geist und Körper passiv. Der Geist wartet darauf, daß die Worte in ihn einfließen.	Intensives inneres Lauschen. »Produkte«: Dichtung, einiges anregendes Material über mathematische Prinzipien.
Geist ist von wacher Passivität. Das Gefühl, in Laute einzutauchen.	Ich höre eine innere Stille sich in innere Laute verwandeln. Das Tempo kann zu schnell oder zu langsam werden, mein Bewußtseinsfokus muß oft immer wieder neu angepaßt werden.

Veränderter Zustand	*Wann und wie*
Sieben	Siebens Material bekomme ich in normalem Bewußtseinszustand, es fließt mir leicht und natürlich »von einem anderen Ort« zu. Es ist nicht meine normale »eigene« Inspiration, so wie wenn »ich« inspiriert Gedichte schreibe.
Helper	Manchmal bin ich mir spontan der Präsenz von Helper bewußt; gewöhnlich schicke ich ihn, damit er anderen hilft.
Besonderer Zustand	In diesen Zustand begebe ich mich von irgendeinem der anderen veränderten Bewußtseinszustände aus, nie »aus dem Stand« meines normalen Bewußtseins. Es handelt sich um eine sehr viel stärkere Version der Sumari-Zustände.

Zustandsbeschreibung	*Empfindungen und Produkt*
Normaler Zustand, aber leicht verändert, so etwa wie ein Diktat aufnehmen; ein glatter Fluß.	Sieben »produziert« bislang sehr gute Prosa. Obwohl anzunehmenderweise Kypros *Überseele Sieben* schrieb, tat sie es über Sieben durch mich. Ich betrachte Sieben als mein kreatives Selbst, aber er gibt mir auch Ratschläge für meine kreativen Lebensbereiche. Dies geschieht über das Schreiben und auf meine Bitte hin. Ich befasse mich nicht eingehender mit der Natur seiner Realität.
Ich denke, daß Helper ausschließlich auf der inneren Ereignisebene operiert. Um ihn zu erreichen, gehe ich in einen leicht veränderten Bewußtseinszustand. Ich sage zwar »ihn«, betrachte Helper aber als personifizierte Energie.	Er scheint Menschen mit verschiedensten Problemen und Schwierigkeiten beigestanden zu haben. Es bedarf noch einer Menge Arbeit, um zu verstehen, wie Helper operiert.
Hier fühle ich eine unermeßliche Menge zugänglichen Datenmaterials, aber in einer Art »kosmischer Sprache«, die durch das Nervensystem übersetzt werden muß. Ich nehme ständig Anpassungen vor, die ich nicht wirklich verstehe.	Meinem Gefühl nach sind die Informationen und Daten nicht verbaler, sondern vielleicht eher elektromagnetischer Natur. Es kann eine Minute dauern, bis ich eine Silbe bekomme. Oder der Fluß ist für mein Nervensystem zu rasch, und ich versuche, ihn zu verlangsamen. Hier bin ich noch am Lernen und habe das Gefühl, das Ganze wird sich auf seine eigene oder auf meine Weise noch entwickeln.

Anhang IV

Kommentar zu veränderten Bewußtseinszuständen

Den Zustand kreativen Bewußtseins oder hoher Inspiration betrachte ich als normal für mich und deshalb nicht als einen wortwörtlich »veränderten« Bewußtseinszustand. Er war zum Beispiel immer die Basis meiner Dichtung und beinhaltet wahrscheinlich eine spezielle Sicht von der Welt. In solchen Phasen befinde ich mich in einer »beschleunigten Stimmung«, »versunken« in die Idee, die ich gerade habe, Intellekt und Intuition kooperieren mit Volldampf. Ich bin völlig gefangengenommen, und alles andere ist für den Moment bedeutungslos. Dabei erfreut sich mein »Ich« an sich selbst. Manchmal habe ich das Gefühl, daß die Idee oder das Gedicht hinter mir her sind, und ich es zulasse, daß sie mich finden. Mental fühle ich mich gewieft und siegesgewiß wie ein Fuchs, der im Hinterhalt auf eine Beute lauert und sie sich schnappt. Manchmal habe ich auch das Gefühl, auf großer Jagd zu sein nach einer Idee, die wie ein göttliches Tier vor mir in geistiger Ferne dahingalloppiert – ich erwische es nie, aber ich schwöre, es wird mir noch gelingen. Oder manchmal bleibt dieses seltsame Geschöpf kurz stehen, so daß ich es zu fassen kriege; es lädt mich ein zu einem Ritt, falls ich mich trauen sollte – und los geht's. Diese Kunst ist wohl für mich Vergnügen, Sport, Religion und Wahrheitssuche in einem.

In einer Seth-Trance hingegen ist alles ganz anders. Das »Ich«, das im normalen kreativen Zustand so von Erregung erfüllt ist, tritt beiseite. Ich öffne die Tür, und das seltsame göttliche Tier kommt hereingetänzelt, um in dieser Arena der Geschöpfe meines Bewußtseins eine Solovorstellung zu geben. Fast möchte ich mich bei Seth für diese Analogie entschuldigen, doch bin ich sicher, daß er versteht. Denn ich habe die Inspiration »eingefangen«. Sie ist da, in aller Öffentlichkeit. Sie spricht. Und was fangen wir damit an?

Diese merkwürdige Vorstellung von Seth, als sei er eine Art exotische Spezies, ein göttliches Tier, öffnet den Zugang zu Ideen und Gedanken, die, wenn wir ihn als Geistwesen betrachten, unsichtbar bleiben. Er *ist* eine andere Spezies, gleich ob mental, kreatürlich oder spirituell. Und zumindest so wie ich es verstehe, bringt er Gaben und Geschenke. Denn seine Bücher kommen einfach, sind einfach da, zusammen mit ihm. Und sie kommen aus dem, was er ist im Gegensatz zu dem, was ich bin oder glaube zu sein, auch wenn ich dazu notwendig bin. Ich bin diejenige und die einzige, die dieses merkwürdige göttliche Tier »melken« kann. So gesehen stammt das Produkt von Seth, nicht von mir, wenn ich auch eine unverzichtbare Mittlerrolle innehabe. In dieser Hinsicht braucht er mich ebenso sehr wie ich ihn.

Meiner Meinung nach vermischten Seth und ich uns in den Sitzungen. Seth verwandelt sich nicht in mich; aber ich verwandle mich möglicherweise partiell in Seth, werde in gewisser Hinsicht mehr, als ich gewöhnlich bin; ich lasse das Personagramm seine Botschaften meiner Psyche aufprägen und präge zum Beispiel nicht *meine* Botschaften Seths Psyche auf. Komisch, wenn das Personagramm eine Art medialer Zwischenträger sein sollte, der unsere Kreatürlichkeit mit einer Geistigkeit verknüpft, die wir noch nicht verstehen.

Es gibt viele Träume, in denen ich »geprägt« werde; zumindest bekomme ich Seth-Material, oft Nacht für Nacht. Ich bin mir dieses Geschehens ziemlich bewußt. Manchmal wird es mir zu viel, und ich bitte Seth, für eine Weile damit aufzuhören, was er dann auch tut. Die Buchpassagen, oder worum immer es sich auch handelt, verschwinden, wenn ich versuche, sie mir wieder ins Gedächtnis zu rufen. Ich weiß aber, daß sie beim Buchdiktat wieder auftauchen. Ich werde also programmiert.

In einigen Sitzungen wird das Programm nur einfach wieder abgespult; Rob nimmt das Diktat auf, und damit hat es sich. In anderen Fällen ist Seth mit Material präsent, das er mir, wie ich weiß, bis dahin noch nicht hat zukommen lassen. Ich bin im Innern dessen, was er ist, und sonne mich bis zu einem gewissen Grad in seinem Überschwang, seiner Energie und seiner Weisheit. Auf die eine oder andere Weise dringt Seth aber in meinen Heimatsender ein. Wie immer seine Realität sonstwo beschaffen sein mag, während einer Sitzung ist er »lebendig« und unmittelbar präsent.

Bei Seth Zwei ist alles wieder ganz anders. Wenn er durchkommt, habe ich das Gefühl, meinen Körper zu verlassen, in eine Art einsamen Grenzbereich des Bewußtseins zu reisen und auf Signale oder Botschaften zu warten, die ich kaum entschlüsseln kann; es ist ein friedlicher »Ort«, aber keine warme, menschliche, gefühlvolle Umgebung, eher wie ein Warteraum zwischen den Welten. Ich habe das Gefühl, eine Reise nach oben anzutreten, was aber eine symbolische Interpretation sein mag; ich bezweifle, daß im Kontext von Bewußtseinszuständen solche Richtungen eine Bedeutung haben. Ich bin mir hier meiner nicht so ganz sicher und hatte einige Male das Gefühl, in einem Aufzug zwischen Realitätsstockwerken festzusitzen. Angst hatte ich nicht, aber ich fühlte mich nicht wohl. Von diesem Punkt aus war ich weder imstande, meinen Körper in Gang, noch meine Reise weiter fortzusetzen. Also wartete ich einfach. Und jedesmal kam Seth vorbei und half mir, ich weiß nicht, wie, aus der Klemme. Weder sah ich ihn, noch sonst irgend etwas. Er belebte nur wieder meinen Körper und sprach, und das brachte mich zurück.

In Anhang III habe ich meine natürlichen veränderten Bewußtseinszustände beschrieben. Ich sage »natürlichen«, weil sie alle spontan eintreten, nicht induziert werden, und niemals unter Druck oder Streß. Ich glaube, jede Person hat ihre eigenen diesbezüglichen Zustände, die alle in das normale Bewußtsein eingebettet sind; jeder repräsentiert einen Aspekt des Ursprungs-Selbst, operiert als Komponente der Fokus-Persönlichkeit und fügt ihr die ihm zugehörigen Eigenschaften und Fähigkeiten hinzu.

Ich sehe keine besondere Notwendigkeit, daß andere für ihren eigenen Seth »sprechen« oder die Aspekte auf *gleiche Weise* isolieren müssen, wie ich es tue. Ich denke aber, daß unsere persönlichen Talente und natürlichen Neigungen exzellente Hinweise auf die

Natur der Aspekte geben, und daß wir, wenn wir sie besser verstehen, die Komponenten unserer Persönlichkeit wirkungsvoller ausbalancieren können. Natürlich werfen die Aspekte, wenn sie isoliert werden, ein helles Licht auf die Dynamik der Psyche, so wie sie sich durch die Fokus-Persönlichkeit ausdrückt. Mit der Erkundung dieser Wege stehe ich erst am Anfang.

Ich glaube auch, daß die Aspekte für die Entstehung von Zivilisationen verantwortlich sind, da ihr Wissen durch Offenbarungen der verschiedensten Art dem Bewußtsein vermittelt wird. Und ich folgere daraus, daß die Aspekte auch als »eingebauter« Impetus für zivilisatorisches Verhalten dienen, indem sie ein auf unendlich vielfältige Weise zu übersetzendes mathematisches, »wissenschaftliches« und mystisches Grundwissen bereitstellen, woraus sich dann eine beliebige Anzahl von kulturellen Systemen gestalten läßt. Diese variieren dann je nach Realitätssystem, in dem sich die Fokus-Persönlichkeit befindet. Und jedes dieser Systeme kann, von unserem Standpunkt aus gesehen, weniger oder mehr differenziert und verfeinert sein als das unsere.

Damit will ich nicht behaupten, daß ein im Wald ausgesetztes Kind sein eigenes mathematisches, mystisches oder wissenschaftliches System entwickeln wird. Ich meine aber, daß eine Gruppe von Menschen, die bei Null anfangen muß, dies tun würde, getan hat und tun wird. Ich betrachte diese Aspekte mit ihren erhellenden Informationen als natürliche psychische und mediale Komponenten der Persönlichkeit – so gültig wie Zellen mit *ihrem* eingebauten Impetus für physisches Wachstum. Die Aspekte sorgen für einen psychischen Drang; sie liefern die Blaupausen für kulturelles Wachstum und die Mittel, es zu erreichen.

So gesehen könnte uns ein Studium der Aspekte in historischer Hinsicht viel über unsere Vergangenheit als Spezies erzählen und uns zudem Aufschlüsse über künftige Entwicklungen unseres Bewußtseins geben. Trotz ihrer allgemeinen Aufgaben ist aber jeder Aspekt einzigartig und kein stereotypes psychisches Muster, aus dem heraus die Individualität dann gestaltet wird.

Anhang V

Göttlichkeit ist
ein Geben und Nehmen
zwischen Unbekannten,
in dem sich Wunder ereignen,
die niemand allein zu erreichen vermag,
die jedoch immer geschehen –
ein schwindelerregendes Geheimnis
von Beziehungen.

Glossar

Aspekte: Reflektionen anderer Aspekt-Selbsts in der Fokus-Persönlichkeit. Sie operieren als »Spuren-Elemente« und bilden die Grundkomponenten der Persönlichkeit, so wie wir sie verstehen.

Aspekt-Abdrücke: Botschaften von einem Aspekt-Selbst an ein anderes, gewöhnlich an die Fokus-Persönlichkeit.

Aspekt-Selbsts: Jedes Ursprungs-Selbst sendet Projektionen oder Aspekt-Selbsts in verschiedene Realitätsfelder. Diese Aspekte sind jeweils für eine Existenz in den einzelnen dimensionalen Umwelten besonders gut geeignet.

Ereignishorizont: Jene psychische Sphäre, welche wahrscheinliche und physische Ereignisse voneinander trennt.

Fokus-Persönlichkeit: Das irdische, in unserem Raum und in unserer Zeit fokussierte Aspekt-Selbst des Ursprungs-Selbst; das bekannte Selbst.

Freies Gewahrsein: Unser potentielles Wahrnehmungsvermögen im Unterschied zu unserer gewöhnlichen dreidimensionalen Orientierung an Sinnesdaten.

Fundamentale Kern-Aspekte: Die herausragendsten Aspekte in der gegebenen Persönlichkeit; operieren als riesige Kraftzentren und strukturierende Kräfte.

Identitätssphäre: Psychischer und medialer Bereich der Identität, welcher das Ursprungs-Selbst mit seinen Aspekt-Selbsts verbindet.

Kern-Selbst: Der Teil der Identitätssphäre, der die Fokus-Persönlichkeit formt und für unser physisches Überleben verantwortlich ist.

Lebensfeld: »Wege«, denen unser Leben von der Geburt bis zum Tod folgt.

Personagramm: Eine bestimmte Art von Trance-Persönlichkeit; eine als »Brücke« dienende Persönlichkeitsstruktur, die verschiedene Realitäten überspannt.

Reinkarnations-Drama: Ein von zwei oder mehr Menschen wahrgenommenes spontanes Ereignis, welches eine gemeinsam erlebte Episode aus einem anderen Leben zu sein scheint.

Ursprungs-Selbst: »Unbekanntes« Selbst, Seele oder Psyche; Urquell unseres physischen Seins.

Voreingenommene Wahrnehmung: Neigung, undifferenziertes Datenmaterial nach ganz spezifisch differenzierten Sinnesbegriffen zu ordnen.

Vor-Wahrnehmung: Basis für unsere physisch fokussierte Sinneswahrnehmung.

Wahrscheinliches Selbst: Version der Fokus-Persönlichkeit, die sich von unserem Standpunkt aus für wahrscheinliche Ereignisse entscheidet.

Register

Autorin

1929 geboren, besuchte Jane Roberts Schule und College und heiratete später den Künstler Robert F. Butts, der sie bei ihrer medialen Arbeit unterstützte. Zunächst war sie als »normale« Schriftstellerin tätig und schrieb u. a. Science-Fiction-Bücher. 1963 kam sie zum ersten Mal in Kontakt mit einer desinkarnierten Wesenheit, die sich selbst »Seth« nannte und als Energiepersönlichkeit bezeichnete. Seth diktierte durch Jane Roberts als Medium in der Folge zahlreiche Texte von hohem philosophischen Anspruch, die im weiteren in verschiedene Bücher zusammengefaßt wurden, von denen zwei zu Bestsellern gerieten. Nachdem Jane Roberts von den Tantiemen der ersten Seth-Bücher leben konnte, schrieb sie auch wieder eigene Werke, nun jedoch über ihre Bewußtseinsentwicklung in der Arbeit mit »Seth«, aber auch ein psychologisch-archäologisches Werk über das Weltbild von Paul Cezanne.

Jane Roberts starb am 4. September 1984.